utb 5591

Eine Arbeitsgemeinschaft der Verlage

Böhlau Verlag · Wien · Köln · Weimar
Verlag Barbara Budrich · Opladen · Toronto
facultas · Wien
Wilhelm Fink · Paderborn
Narr Francke Attempto Verlag / expert verlag · Tübingen
Haupt Verlag · Bern
Verlag Julius Klinkhardt · Bad Heilbrunn
Mohr Siebeck · Tübingen
Ernst Reinhardt Verlag · München
Ferdinand Schöningh · Paderborn
transcript Verlag · Bielefeld
Eugen Ulmer Verlag · Stuttgart
UVK Verlag · München
Vandenhoeck & Ruprecht · Göttingen
Waxmann · Münster · New York
wbv Publikation · Bielefeld
Wochenschau Verlag · Frankfurt am Main

Andreas Hergovich

Allgemeine Psychologie

Denken und Lernen

2., aktualisierte und erweiterte Auflage

facultas

Der Autor
ao. Univ.-Prof. Mag. DDr. Andreas Hergovich, lehrt und forscht an der Fakultät für Psychologie der Universität Wien. Forschungsschwerpunkte: Anomalistische Psychologie, Philosophie der Psychologie.

Bibliografische Information der Deutschen Nationalbibliothek
Die Deutsche Nationalbibliothek verzeichnet diese Publikation in der Deutschen Nationalbibliografie; detaillierte bibliografische Daten sind im Internet über http://dnb.d-nb.de abrufbar.

2., aktualisierte und erweiterte Auflage

facultas, Universitätsverlag, Stolberggasse 26, 1050 Wien, Österreich

Einbandgestaltung: Atelier Reichert, Stuttgart
Umschlagfoto: © Dr. After123 – iStock
Lektorat: Astrid Fischer, Berlin
Satz: Wandl Multimedia-Agentur
Druck: Friedrich Pustet, Regensburg
Printed in Germany

utb-Nummer 5591

ISBN 978-3-8252-5591-6 (Printausgabe)
ISBN 978-3-8385-5591-1 (Online-Leserecht)
ISBN 978-3-8463-5591-6 (E-PUB)

Inhalt

Vorwort

Im vorliegenden Buch zur Allgemeinen Psychologie werden die Themen Denken, Lernen und Volition einführend und kompakt behandelt. Das Buch wurde begleitend zur Vorlesung Allgemeine Psychologie II des Erweiterungscurriculums geschrieben und kann auch als Lernunterlage für diese Lehrveranstaltung verwendet werden. Die Lehrveranstaltung wird von besonders vielen Studierenden des Unterrichtsfaches „Psychologie und Philosophie" besucht. Daher berücksichtigt das Buch neben der psychologischen Forschung auch philosophische Aspekte. Besonders an zwei Stellen ist das eingehender der Fall. So lässt sich die Frage, ob Menschen prinzipiell rational sind, nicht befriedigend beantworten, ohne zu klären, welches Konzept der Rationalität dahintersteht und ob diese Frage überhaupt einer empirischen Prüfung zugänglich ist. Ebenso wichtig ist es mir, die sehr populäre These, dass neurowissenschaftliche Resultate die Freiheit des menschlichen Willens widerlegt hätten, kritisch zu hinterfragen.

Die Kapitel dieses Buches umfassen die Themen klassisches und operantes Konditionieren, kognitive Wende, Gedächtnis, Gedächtnistäuschungen, deduktives und induktives Denken, Urteilsheuristiken, Problemlösen, Rationalität und Willensfreiheit.

Für die Korrektur und das Lesen des Manuskripts möchte ich mich herzlich bei Franz Brazda, Bernhard Oberfichtner, Andreas Pfaffel, Nicolas Pils und der sehr gründlichen Verlagslektorin Astrid Fischer bedanken. Die Zusammenarbeit mit Sigrid Mannsberger-Nindl und Victoria Tatzreiter vom Facultas-Verlag hat in bewährter Manier bestens funktioniert.

Wien, Jänner 2021 — Andreas Hergovich

1 Lernen

1.1 Klassisches Konditionieren

1.1.1 Die Arbeiten von Pawlow

Iwan Pawlow wurde am 26.9.1849 in Rjasan als ältester Sohn eines Priesters geboren. Er hatte sieben Brüder und zwei Schwestern. Nach dem Priesterseminar studierte er in Petersburg Physiologie und Chemie. Am Ende eines anschließenden Medizinstudiums bestand er 1879 das Ärzteexamen und wurde zum Militärarzt ernannt. Bereits 1880 erhielt er eine Goldmedaille für seine wissenschaftlichen Arbeiten zum Blutkreislauf und den Verdauungsdrüsen. Im Jahre 1883 veröffentlichte er seine Dissertation über die „Zentrifugalen Nerven des Herzens", 1890 erhielt Pawlow an der Petersburger Militärmedizinischen Akademie einen Lehrstuhl für Pharmakologie. Seit 1891 baute er dort das Institut für Experimentelle Medizin auf und leitete die physiologische Abteilung, an der er bis zu seinem Tod im Jahre 1936 tätig war (s. Abbildung 1). 1895 erhielt er einen Lehrstuhl für Physiologische Medizin, den er bis 1925 innehatte (Kussmann, 1977). Für seine Arbeiten zu den Verdauungsdrüsen erhielt er 1904 den Nobelpreis.

Abbildung 1: Ivan Pawlow (aus Gerrig, 2015).

Zwischen 1884 und 1886 hatte sich Pawlow bei Rudolf Heidenhain in Breslau chirurgisch-experimentelle Techniken angeeignet, die zum Ziel hatten, möglichst reinen Magensaft zu gewinnen. Dabei arbeitete Pawlow sein ganzes Leben fast ausschließlich mit Hunden. Pawlow hatte keinerlei moralische Skrupel, seine Tiere am lebendigen Leib zu operieren. Seine Methode der Wahl war die Vivisektion, d.h. die Entfernung von Organen am lebenden Tier, um ihre Funktion zu erklären:

> Um die Funktion und die Bedeutung des einen oder anderen Teils für den Gesamtorganismus zu bestimmen, wird dieser Teil aus dem Körper entfernt, und es werden all die Abweichungen von der Norm beobachtet, die am operierten Tier auftreten. (Pawlow, Sämtliche Werkte [SW] VI, S. 4)

Pawlow setzt sich auch mit der Kritik an den Vivisektionen auseinander:

> Es ist unbestreitbar, dass der menschliche Verstand ohne Versuche und Beobachtungen an lebenden Tieren kein Mittel hat, die Gesetze der organischen Welt zu erkennen. Damit wird in der Frage der Rechtmäßigkeit der Vivisektion alles, und zwar unwiderruflich, entschieden. Wenn die Menschheit bisher die Jagd auf Tiere duldet, d.h. ihre Leiden und ihren Tod zum Vergnügen der Menschen, wenn Tiere geschlachtet werden, um Menschen zu ernähren, wenn die Menschen selbst zu Tausenden im Krieg vielfachen Leiden und dem Tod ausgesetzt werden, wie will man sich dagegen auflehnen, dass Tiere einer der höchsten Bestrebungen des Menschen zum Opfer gebracht werden, dem Streben nach Wissen, und einer der großen Ideen, der Idee der Wahrheit! (Pawlow, SW VI, S. 17)

Meistens wurden die Tiere narkotisiert (wobei er zugesteht, dass es öfters zum Tod durch die Narkose kommt) oder mit Kurare behandelt, um sie an Bewegungen zu hindern, da „sich mit dem Tier viel bequemer arbeiten [lässt], wenn es narkotisiert ist. Wenn das Tier keine Narkose hat, so schreit es, stöhnt es, schlägt um sich, macht Bewegungen, und das alles stört die Arbeit" (ebd., S. 36).

Es wurden am lebendigen Leib Herzen herausgeschnitten, die Reaktion der Lunge auf Ersticken beobachtet, vor allem aber interessierte sich Pawlow für die Verdauung und hier besonders für die Sekretion des Magensaftes und des Speichels.

Damit man einen Eindruck davon bekommt, was die Tiere Pawlows mitmachen mussten, soll hier die Schilderung eines Eingriffs wiedergegeben werden. Nach einer operativen Abtrennung des Leberkreislaufs vom übrigen Kreislauf notiert Pawlow:

> Bei den am Leben gebliebenen Tieren wurde eine ganze Reihe von pathologischen Symptomen beobachtet, die z.B. das Nervensystem betrafen. [...] Die Tiere fraßen bald das eine, bald das andere Futter [...], einmal stürzten sie sich auf Nahrung, dann hörten sie wieder auf zu fressen usw. Gleichzeitig damit beobachtete man Erbrechen und Durchfall. Die Schädigung des Nervensystems machte sich vor allen Dingen in einer starken Reizbarkeit des Tieres bemerkbar. Während die Hunde vorher ruhig waren, wurden sie jetzt so bösartig, dass sie die Laboratoriumsgehilfen nicht an sich heranließen. Weiter bekamen die Hunde zeitweise Anfälle, die mit äußerster Unruhe begannen (die Tiere warfen sich im Käfig umher, bissen in

> das Gitter usw.) und mit klonischen und tonischen Krämpfen endeten. Nach den Krämpfen waren die Hunde geschwächt, hatten einen ataktischen Gang und eine sehr herabgesetzte Sehkraft (an Blindheit grenzend) sowie eine vollkommene Anästhesie. Manche Hunde starben nach den Anfällen, andere dagegen erholten sich und machten im Lauf eines Monats mehrere solcher Anfälle durch, die schließlich dennoch mit dem Tod durch Erscheinungen eines komatösen Zustands und tetanischer Kontraktion endeten. [...] Gleichzeitig damit wurden noch andere Versuche angestellt, die sich einmal mit den Folgen einer Leberexstirpation befassen sollten und zum anderen mit den Folgen einer vollkommenen Blutleere, indem man neben der vena portae auch die arteria hepatica unterband. Bei der Exstirpation verfielen die Tiere schon am Schluss der Operation in einen komatösen Zustand. Bald danach begannen krampfartige Zuckungen einzelner Glieder, die sich verstärkten und den ganzen Körper ergriffen. Schließlich nahmen sie einen klonischen Charakter an, und das Tier verendete. Der Tod trat 2 bis 6 Stunden nach der Operation ein. [Nicht viel besser erging es ihnen nach der Blutentleerung.] (Pawlow, SW II/1, S. 143)

Das bevorzugte Tier für Pawlow ist der Hund, weil er bis zur Rührung des Forschers (SW VI, S. 251) bereitwillig die größten Schmerzen erträgt, danach das Kaninchen, „ein sanftes passives Tier, welches nur selten schreit und protestiert". Mit Katzen, die er als ungeduldige, schreiende und böse Tiere bezeichnet (SW VI, S. 251), arbeitete Pawlow nur ungern.

In seinen Versuchen stellte er dann fest, dass allein der Anblick von Nahrung bei einem hungrigen Tier genügt, dass es zur Magensaftabsonderung kommt. Dabei würde es nicht ausreichen, dem Hund das Futter immer nur zu zeigen, man müsse ihn auch manchmal fressen lassen, weil der Hund als intelligentes Tier ansonsten das Spiel schnell durchschaut und sich verärgert abwendet. Zentraler Einflussfaktor auf die Magensaftabsonderung war der „Appetit". Hunde, die lieber Brot als Fleisch fraßen, sonderten bei Brot viel mehr Magensaft ab als bei Fleisch und umgekehrt. Und wenn

> einem Hund, ohne dass er es merkt, d. h. *ohne Anregung seines Appetits*, durch ein metallisches Röhrchen Brot in den Magen eingeführt wird, so kann es dort eine ganze Stunde unverändert liegenbleiben, ohne die geringste Saftsekretion anzuregen, da es keine Stoffe enthält, die die Magendrüsen reizen. (Pawlow, SW II/2, S. 427)

Diese Erkenntnis führte Pawlow zu der Annahme, dass es sich bei der Tätigkeit der Speicheldrüsen um einen paradigmatischen psychischen Sachverhalt handle: „In der entdeckten Psychologie der Speicheldrüsen finden wir alle Elemente dessen, was wir seelische Tätigkeit nennen: Gefühl, Wunsch, leidenschaftslose Vorstellung, Gedanken über die Eigenschaften dessen, was in den Mund geraten ist" (1899, SW II/2, S. 426). Ab 1900 begann Pawlow, die Wirkung der Reizung auf Distanz zu untersuchen. Neben *physiologischen* Versuchen, bei denen den Versuchstieren verschiedene Substanzen (wie Kieselsteine, Sand oder milde Säuren) in den Mund gelegt wurden, führte er auch *psychische* Versuche durch, bei denen das „Tier durch Eigenschaften äußerer Gegenstände gereizt wird, die für die Funktion der Speicheldrüsen unwesentlich" sind (1903, SW III/1, S. 13), wie den Anblick des Futters, den Futternapf oder die Schritte des Wärters.

Pawlow verwehrt sich dagegen, sich in das Tier einzufühlen und bei ihm „subjektive" innere Zustände zu postulieren:

> Müssen wir uns zum Verständnis dieser neuen Erscheinungen in den inneren Zustand des Tieres versetzen, uns seine Empfindungen, Gefühle und Wünsche analog den unseren vorstellen? Für den Naturwissenschaftler bleibt, wie mir scheint, auf diese letzte Frage nur eine Antwort, ein entschiedenes „Nein". (Pawlow, SW III/1, S. 12)

Es ist vielmehr das Ziel, auf einer „rein objektiven Grundlage" (ebd.) zu forschen und die Physiologie damit nicht nur auf die Beziehungen zwischen den einzelnen Teilen des Mechanismus, sondern auf diejenigen zwischen Organismus und Umwelt zu erweitern. Die „objektive" Untersuchung der Erscheinungen macht es für Pawlow methodisch geradezu erforderlich,

> unser Denken und Reden in dieser Hinsicht streng zu disziplinieren, den vermuteten seelischen Zustand des Tieres überhaupt nicht zu berühren und begrenzten unsere Arbeit ausschließlich darauf, die Distanzwirkung von Objekten auf die Funktion der Speicheldrüsen aufmerksam zu beobachten und genau zu formulieren. (Pawlow, SW III/1, S. 37)

Der Lohn für diese Disziplinierung ist die Entdeckung gesetzmäßiger Zusammenhänge. Pawlow verstand sich also immer als Physiologe, weil er die Psychologie nicht für eine entwickelte und auch nicht für eine mit der Physiologie vergleichbare exakte Wissenschaft hielt: „Unter diesen Umständen gewinnt der Physiologe nichts, wenn er sich der Psychologie zuwendet" (SW IV, S. 3).

So wie Pawlow als Physiologe nur die Wirkung bestimmter Reize auf die Reaktion der Speicheldrüsen beobachtete, interessierte er sich bei den „psychischen" Versuchen nur für die Reaktion auf äußere Reize. Der Unterschied zwischen beiden Versuchen liegt für Pawlow einerseits darin, dass bei den „physiologischen" Versuchen die Reize unmittelbar in Kontakt mit der Mundhöhle des Tieres kommen, während bei den „psychischen" Versuchen eine Wirkung der Reize auf Distanz besteht. Andererseits wird das Tier bei den „psychischen" Versuchen

> durch Eigenschaften äußerer Gegenstände gereizt, die für die Funktion der Speicheldrüsen unwesentlich oder sogar ganz zufällig sind. Optische, akustische und selbst die reinen Geruchseigenschaften unserer Gegenstände bleiben, wenn sie anderen Gegenständen angehören, an und für sich ohne jegliche Wirkung auf die Speicheldrüsen, die sich ihrerseits sozusagen in keinerlei Tätigkeitsverhältnis zu diesen Eigenschaften befinden. Reize für die Speicheldrüsen

> sind bei den psychischen Versuchen nicht nur solche Eigenschaften der Objekte, die für die Funktion der Drüsen unwesentlich sind, sondern überhaupt die ganze Umgebung, in der diese Gegenstände in Erscheinung treten, oder diejenigen Erscheinungen und Gegenstände, mit denen sie in Wirklichkeit in irgendeiner Weise in Verbindung stehen: das Geschirr, in dem sich diese Gegenstände befinden, das Möbelstück, auf dem sie stehen, das Zimmer, in dem dies alles geschieht, die Menschen, die diese Gegenstände bringen, sogar Geräusche, die von ihnen erzeugt werden, selbst wenn sie in diesem Augenblick unsichtbar sind, ihre Stimme, selbst die Geräusche ihrer Schritte. (Pawlow, SW III/1, S. 14)

Ab 1903 bezeichnete Pawlow die psychische Reaktion als „bedingten Reflex", während die physiologische Reaktion unbedingter Reflex genannt wird. Bei den unbedingten Reflexen unterschied er den Nahrungsreflex, den Aggressionsreflex, den aktiven und passiven Abwehrreflex, den Freiheitsreflex, den Untersuchungsreflex, den Spielreflex sowie mit dem Geschlechts- und Elternreflex die Reflexe der Arterhaltung.

Das Pawlowsche *Konditionieren* lief folgendermaßen ab: Das Versuchstier befindet sich in einem schalldichten Versuchsraum. Der Experimentator beobachtet das Tier durch ein Fenster von außen. Ausgangspunkt für die Versuche sind unbedingte Reflexe, d. h. angeborene Reflexe. Pawlow arbeitete mit dem Speichelreflex und dem Abwehrreflex, der als Reaktion auf ekelerregende Substanzen entsteht. Die Hunde sind an ein Gestell angeschnallt (s. Abbildung 2).

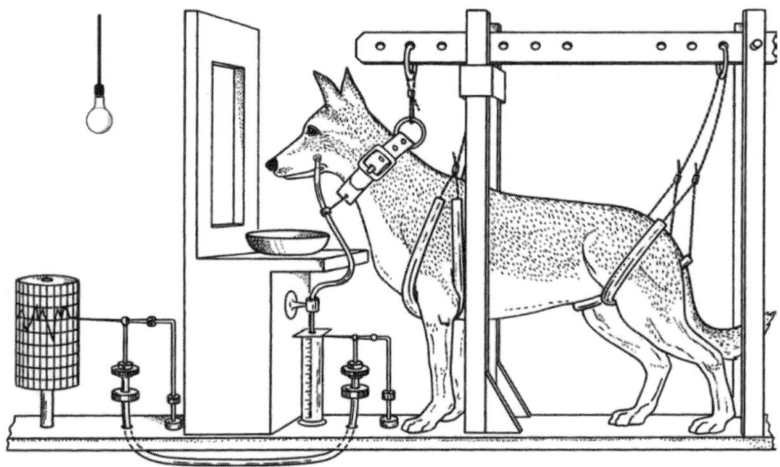

Abbildung 2: Grundlegender Versuchsaufbau von Pawlow (aus Lefrancois, 2015).

Bevor das passiert, müssen sie an den Versuchsraum gewöhnt werden: Man lässt den Hund kurz alles beschnuppern, streichelt ihn etc. Zunächst wird die Stärke des unbedingten Reflexes überprüft und gemessen, wie hoch die Speichelabsonderung auf eine Portion Futter ist. Dann wird getestet, ob ein neuer Reiz tatsächlich neutral bzw. indifferent ist, indem z. B. nach einem Klingelton ebenfalls der Speichelfluss gemessen wird. Fließt kein Speichel, handelt es sich tatsächlich um einen neutralen Reiz. Wirklich neutral wird der Reiz erst dann, wenn er auch keine Orientierungsreaktion mehr auslöst. Dies erreicht man einfach, indem man ihn mehrere Male vorgibt, bis die Orientierungsreaktion erlöscht. Durch die Konditionierung soll erreicht werden, dass der neutrale Reiz ohne Koppelung mit dem unbedingten Reiz alleine den angeborenen (unbedingten) Reflex auslöst. Dazu wird der neutrale Reiz kurz vor Darbietung des unbedingten Reizes präsentiert (s. Abbildung 3). Es ist wichtig, dass der Hund auch wirklich nach der Darbietung des neutralen Reizes gefüttert wird, Pawlow spricht hier von Bekräftigung des bedingten Reflexes. Ohne eine solche Bekräftigung bleibt der bedingte Reflex aus. Ein bedingter Reflex liegt laut Pawlow erst dann vor, wenn die Vorgabe des neutralen Reizes genügt, einen unbedingten Reflex auszulösen.

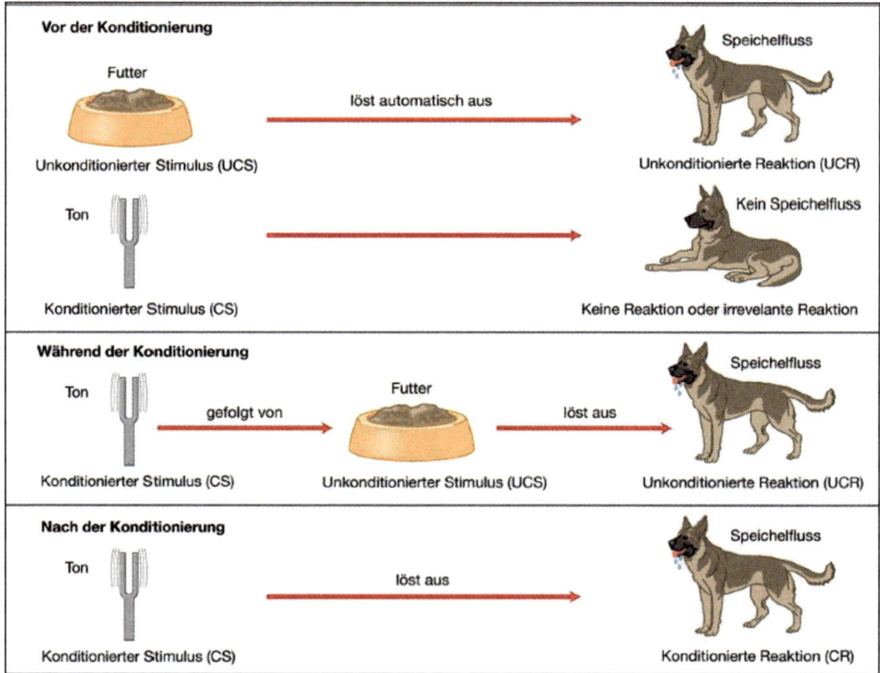

Abbildung 3: Der Ablauf des Konditionierens nach Pawlow (aus Zimbardo & Gerrig, 2008, S. 196).

Die Vorgangsweise ist also die folgende:

> Man macht mehrere Versuchsdurchgänge, in denen jeweils der bedingte (vormals indifferente) Reiz zusammen mit dem unbedingten Reiz dargeboten wird, wobei beide zusammen den unbedingten Reflex auslösen. Dann lässt man den unbedingten Reiz weg und bietet nur den bedingten Reiz. Wenn er den unbedingten Reflex alleine auslöst, dann ist der bedingte Reflex ausgebildet. Ein neutraler Reiz hat die Fähigkeit erworben, eine angeborene Reaktion auszulösen. Diese neue Verbindung heißt bedingter Reflex. (Kussmann, 1977, S. 42)

Prinzipiell kann jede Änderung der äußeren Situation zu Konditionierungsprozessen führen: „*Die zahllosen Schwankungen der Umwelt und Innenwelt des Organismus, von denen sich eine jede in ganz bestimmten Zuständen der Nervenzellen der Großhirnrinde widerspiegelt, können zu einzelnen bedingten Reflexen werden*“ (Pawlow, SW IV, S. 35).

> Was kann zu einem bedingten Reiz werden? [...] Zu einem bedingten Reiz kann jegliches Agens der Natur werden, für das bei einem gegebenen Organismus ein rezeptorischer Apparat vorhanden ist. [...] Als Einzelreiz kann ein winziger Bruchteil eines äußeren Agens dienen, wie z. B. die sehr feine Abstufung eines Tones, eine ganz bestimmte, wenn auch kaum unterscheidbare Lichtintensität usw. Allein schon dadurch wächst die Zahl der möglichen Reize ins Unendliche. [...] So kann denn eine jede Erscheinung der Natur, die in Gegenwart eines Tieres entsteht, in einen bedingten Reiz verwandelt werden. Aber auch das Aufhören einer Erscheinung kann zu einem bedingten Reiz werden. Es mag z. B. in einem Versuchszimmer das Metronom fortwährend ticken. Während dieses Tickens wird ein Hund ins Zimmer gebracht, das Ticken geht ununterbrochen weiter. Wenn wir jetzt unter diesen Umständen das Ticken unterbrechen und sofort nach dem Stillstand des Metronoms einen unbedingten Reflex hervorrufen, in unserem Fall also Futter reichen oder dem Tier Säure ins Maul gießen, so wird nach einigen solchen Kombinationen das Aufhören des Tickens als bedingter Erreger dieser unbedingten Reaktionen wirken. (Pawlow, SW IV, S. 32)

Dieser bedingte Reflex (bedingte Reaktion) ist der unkonditionierten Reaktion meist sehr ähnlich, aber nie mit ihr ident (so kann auf einen Glockenton zwar Speichelfluss registriert werden, aber keine Kaubewegungen). Folgt auf den konditionierten Stimulus für längere Zeit kein unkonditionierter Reiz, dann wird die konditionierte Reaktion immer schwächer, es kommt zur Löschung (Extinktion) des Verhaltens:

> Reizt man einen Hund wiederholt nur mit dem Anblick von Stoffen, die auf Distanz eine Speichelabsonderung bewirken, so wird die Reaktion der Speicheldrüsen immer schwächer, bis sie schließlich gleich Null ist. Je kürzer der Zeitraum zwischen den Reizungen ist, um so schneller ist der Abfall zum Nullpunkt und umgekehrt. (Pawlow, SW III/1, S. 37)

Die Extinktion verläuft dabei negativ beschleunigt, das heißt, die Reaktionsstärke nimmt erst sehr rasch und dann immer langsamer ab. Bei einem bereits gelöschten

Verhalten verläuft die Rekonditionierung schneller, als wenn das Verhalten noch nie gelernt wurde.

Die Lernkurve ist ebenfalls negativ beschleunigt, zunächst verläuft der Lernfortschritt sehr rasch, wird dann aber immer langsamer (s. Abbildung 4).

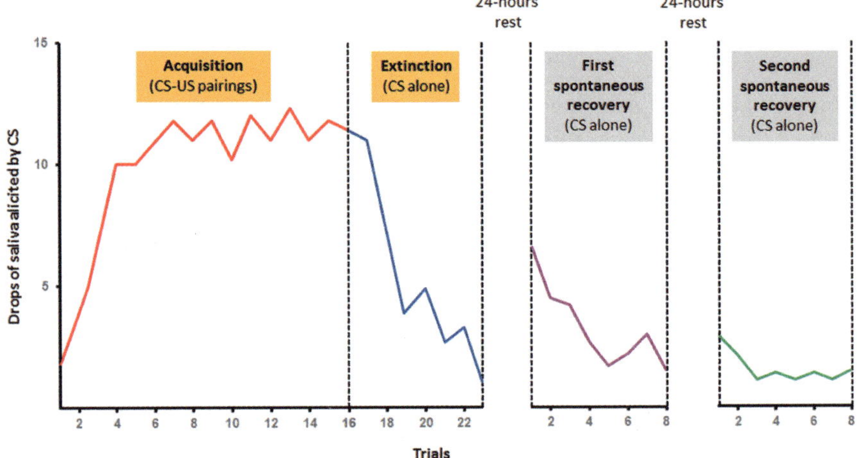

Abbildung 4: Der Verlauf beim konditionierten Lernen, bei der Extinktion und beim Wiederauftreten des konditionierten Stimulus (modifiziert nach Gazzaniga & Heatherton, 2003).

Pawlow konnte verschiedene interessante Phänomene beobachten und überprüfen. Wurde der unbedingte Reiz (das Futter) zeitnah (unmittelbar oder einige Sekunden nach Darbietung des bedingten Reizes) gegeben, kam es zur Ausbildung einer bedingten (konditionierten) Reaktion. Verstrich zwischen der Darbietung des konditionierten und des unkonditionierten Reizes deutlich mehr Zeit, erfolgte die konditionierte Reaktion mit Verzögerung. Pawlow beschreibt einen solchen Versuch folgendermaßen:

> Jetzt wurde der Versuch so angeordnet, dass die Einwirkung der Säure vom Beginn des Aufflammens des grellen Lichts um 3 Minuten abgerückt wurde. In einem solchen Fall entwickelt sich der sogenannte verspätete bedingte Speichelreflex, d. h. in der ersten und zweiten Minute gibt es keinen Speichel, und erst in der dritten Minute, unmittelbar vor dem Eingießen der Säure, erscheint Speichel. (Pawlow, SW III/1, S. 104)

Pawlow stellte auch fest, dass bei Reizen, die dem konditionierten Reiz sehr ähnlich sind, konditionierte Reaktionen auftreten, und zwar umso stärker, je ähnlicher der Reiz dem ursprünglichen konditionierten Reiz ist. Die größte Reaktionsstärke erzielt der bedingte Reiz selbst. Man nennt dieses Phänomen *Generalisierung*.

Wenn z. B. ein Hund auf einen Ton von 800 Hertz konditioniert war, erfolgte auch eine Reaktion (Speichelabsonderung) auf 750 oder 850 Hertz, wohingegen bei 200 oder 1400 Hertz keine oder nur mehr eine schwache Reaktion festzustellen war.

Die natürliche Generalisierung auf einen zunächst breiten Reizbereich kann durch *Diskriminationslernen* eingeschränkt werden. Dabei wird ein bestimmter Reiz (z. B. ein Ton von 800 Hertz) verstärkt (von einer Futtergabe gefolgt), während ähnliche Reize (wie Töne von 700 oder 900 Hertz) nicht verstärkt werden. Dieser Bereich lässt sich zunehmend einengen, sodass immer genauer differenziert werden kann. So gelang es Pawlow, dass seine Hunde zwischen 800 und 812 Hertz unterscheiden konnten.

Pawlow berichtet auch von einer traumatischen Neurose eines besonders gelehrsamen Hundes, der nach der Überschwemmung des Laboratoriums alle gelernten Reflexe verlernt hatte.

> Bei diesem Hund waren sechs positive Reflexe ausgearbeitet: auf das Klingelzeichen, auf Metronomschläge, auf einen bestimmten Ton, auf die Verstärkung der Gesamtbeleuchtung des Zimmers, auf das Erscheinen eines Kreises aus weißem Papier und auf das Erscheinen eines Spielhäschens vor seinen Augen. [...] Der Größe nach ordneten sich die positiven Reflexe folgendermaßen: Alle akustischen Reflexe übertrafen die optischen einundeinhalb- bis zweimal. Unter den akustischen Reflexen stand an erster Stelle das Klingelzeichen, dann kamen die Metronomschläge und am schwächsten wirkte der Ton. Die optischen Reize waren ungefähr alle von gleicher Größenordnung. Wie schon erwähnt, arbeitete auch dieser Hund in vollkommenster Weise. Alle erwähnten Beziehungen wurden stereotyp produziert. (Pawlow, SW III/2, S. 335)

Nach der Überschwemmung in Leningrad dauerte es einige Tage, bis alles wieder in Ordnung war. Der dem Anschein nach völlig gesunde Hund versetzte die Forscher[1] in großes Erstaunen: „Alle positiven, bedingten Reize waren vollkommen verschwunden, es floss überhaupt kein Speichel, und der Hund nahm kein Futter zu sich, das ihm in üblicher Weise vorgelegt wurde“ (SW III/2, S. 336). Nach einiger Zeit stellten die Forscher die Hypothese auf, dass es etwas mit der Überschwemmung zu tun haben könnte, und versuchten mit Geduld und unter Beisein eines Forschers (gewöhnlich war der Hund alleine im Zimmer und der Experimentator im Nebenraum), dem Hund die Reflexe wieder beizubringen. Wurde aber unter der Tür in das Zimmer, in dem sich der Hund befand, ein Strahl Wasser gegossen, waren die bedingten Reflexe wieder verschwunden.

[1] Es wird das generische Maskulinum (bei Begriffen wie Forscher) sowie Femininum (bei Begriffen wie Person) verwendet. Begriffe wie „Forscher“ und „Person“ abstrahieren also vom konkreten biologischen Geschlecht (das aus biologischer Sicht auch in mehr als zwei Ausprägungen vorliegen mag).

Pawlow rief auch experimentell Neurosen hervor, indem er sehr starke erregende oder hemmende Reize vorgab und dadurch glaubte, entweder den Erregungs- oder den Hemmungsprozess überbeanspruchen zu können:

> In all diesen Fällen tritt bei den entsprechenden Tieren eine chronische Störung der höheren Nerventätigkeit ein, eine Neurose. Der erregbare Typ verliert fast gänzlich die Fähigkeit, irgend etwas zu hemmen, wobei er allgemein ungewöhnlich erregt ist. Der hemmbare lehnt es, auch wenn er hungrig ist, ab, bei unseren bedingten Reizen zu fressen, wobei er bei der geringsten Schwankung der Umwelt außerordentlich unruhig, gleichzeitig aber auch passiv wird. (Pawlow, SW III/2, S. 400)

Über eine experimentelle Neurose berichtet er:

> Bisher wirkte der hemmende Reiz immer nur 30 Sekunden lang. Im folgenden Versuch wendeten wir ihn volle 5 Minuten an. Am nächsten Tag wiederholten wir die 5 Minuten andauernde Hemmung. Und das genügte, damit sich bei dem Hund alles radikal veränderte, und er schwer erkrankte. [...] Jeder Tag brachte ein besonderes Bild des Verhaltens. Alle positiven Reflexe verminderten sich außerordentlich, einige fielen vollkommen aus. Der Hemmungsreflex war enthemmt. [...] Der Hund war während des Versuchs manchmal außerordentlich erregt, mitunter zeigte er eine starke Atemnot. Er war höchst unruhig, verfiel dann wieder in tiefen Schlaf bis zum Schnarchen, und manchmal zeigte er eine hochgradige Reizschwäche, wobei er auf die geringfügigsten Veränderungen der Umgebung reagierte. [...] Dasselbe zeigte sich auch im allgemeinen Verhalten des Hundes. Es wurde schwierig, ihn ins Gestell zu bringen und zum Versuch auszurüsten. [...] Die Wärter, die ihn brachten und wegführten, sagten, der Hund sei verrückt geworden. (Pawlow, SW III/2, S. 470)

Durch die Gabe von Brom konnte Pawlow die Neurose nach eigenen Angaben heilen, dann wurde sie abermals experimentell hervorgerufen, danach wieder einige Tage Brom gegeben, bis der Hund wieder vollkommen gesund und normal schien.

Als weitere Methoden, experimentell Neurosen hervorzurufen, nennt er die Kastration und die Kollision der hemmenden und erregenden Prozesse (Pawlow, 1932). Bei der Kollisionsmethode wird die Differenzierungsfähigkeit der Hunde überfordert. Wenn die Hunde gelernt hatten, dass sie nach der Darbietung eines Kreises Futter bekamen (erregender Prozess) und bei der Darbietung einer Ellipse einen Stromstoß (hemmender Prozess), wurde jetzt die Form des Kreises schrittweise immer mehr der Ellipse angeglichen, bis diese kaum mehr zu unterscheiden waren. Neurotisches Verhalten (Winseln, die Hunde bissen in die Messapparatur) war die Folge, die Hunde konnten am Tag danach nicht einmal mehr zwischen der ursprünglichen Form des Kreises und der Ellipse unterscheiden.

Pawlow selbst versuchte, die Konditionierungsprozesse physiologisch durch Hemmungs- und Erregungsprozesse zu erklären, wobei diese Erklärungen weitgehend spekulativ blieben. So „können auch die Reflexe von zweierlei Art sein: positive und negative oder hemmende, oder mit anderen Worten: sie können eine bestimmte Tätigkeit in Gang bringen oder eine schon bestehende Tätigkeit hemmen“ (SW IV, S. 7).

Bei den Hunden selbst unterschied er auch Typen von Hunden, bei denen sich die positiven Reflexe leicht ausbilden (bei denen also die erregenden Prozesse stärker sind), und Hunde, bei denen die hemmenden Reflexe leicht gelernt werden können, während die positiven nur langsam gelernt werden und auch leicht (durch unbedeutende Störreize) gehemmt werden können. Besonders scheue Hunde (die vorsichtig laufen, mit eingezogenem Schwanz und abgewinkelten Beinen) erwiesen sich als besonders lernfähig, wobei es zunächst einige Zeit dauerte, bis die konditionierte Reaktion ausgebildet war:

> Ganz zu Beginn ist bei ihm die Bildung der bedingten Reflexe außerordentlich erschwert: Das Anschnallen im Gestell, das Anbringen verschiedener kleiner Geräte am Tier, [...]. Wenn aber das alles schließlich überwunden ist, wird der Hund zu einem musterhaften Experimentalobjekt, fast zu einer guten Maschine. (Pawlow, SW III/2, S. 335)

Zwischen den beiden Extremtypen (denen er beim Menschen den Choleriker und den Melancholiker gegenüberstellte) verortete er den zentralen Typ, bei dem beide Prozesse in ausgeglichenem Verhältnis stattfinden (beim Menschen ordnete er den Sanguiniker dem lebhaften ausgeglichenen Typus zu und den Phlegmatiker dem ruhigen). Später versuchte er auch Persönlichkeitsunterschiede (Neurasthenie und Hysterie) durch ein Überwiegen der hemmenden oder erregenden Prozesse zu erklären, bis hin zu einer spekulativen Erklärung der Schizophrenie, die er als höchsten Grad der Hysterie betrachtete (SW III/2, S. 353).

Die bedingten Reflexe bilden für Pawlow die Grundlage der gesamten höheren Nerventätigkeit bei Mensch und Tier, während die unbedingten Reflexe der niederen Nerventätigkeit zugrunde lägen. Zu diesem Schluss kommt er, nachdem er die Großhirnrinde von Hunden entfernt hatte. Diese Hunde bleiben lebensfähig, gehen aber, auf sich allein gestellt, schnell zugrunde. Wenn diese Hunde einige Stunden nach der Fütterung aus zeitweiligem Schlaf erwachen, laufen sie ziellos herum, bis sie gefüttert werden. Von alleine finden sie kein Futter mehr. Dann versinken sie wieder in Schlaf. Während sie herumlaufen, fließt der Speichel. Pawlow schließt daraus, dass diese Tiere keine Signale der Umwelt mehr wahrnehmen können und daher zwar noch ihre unbedingten Reflexe zeigen, wenn man sie füttert, aber sie bilden keine bedingten Reflexe mehr aus, können also nicht mehr adäquat auf Umweltreize reagieren und z. B. das Futter nach seinem Aussehen oder Geruch finden.

Pawlow bleibt auch bei der Untersuchung psychischer Erscheinungen immer Physiologe, ein Naturwissenschaftler, der die fraglichen Phänomene immer nur von außen betrachtet:

> Ich habe mit Absicht dem Wort „Seelentätigkeit" das Beiwort die sogenannte zugefügt. Wenn der Naturwissenschaftler sich die *vollständige Analyse* der Tätigkeit der höheren Tiere zur Aufgabe stellt, so kann er nicht, ohne die Grundsätze der Naturwissenschaft zu ändern, von einer *psychischen* Tätigkeit dieser Tiere sprechen. Er hat nicht das Recht dazu, Naturwissenschaft – das ist die Arbeit des menschlichen Verstandes, der der Natur zugewandt ist und der sie ohne irgendwelche Deutungen und Begriffe erforscht, die aus anderen Ursprungsquellen entlehnt sind als der äußeren Natur selbst. Spräche der Naturforscher von einer psychischen Tätigkeit der höheren Tiere, so würde er aus seiner Innenwelt entlehnte Ideen auf die Natur übertragen, d. h., er würde jetzt das wiederholen, was der Mensch beim ersten Zusammentreffen seiner Gedanken mit der Natur schon einmal tat, als er verschiedenen toten Erscheinungen der Natur seine Gedanken, Wünsche und Gefühle unterschob. Für den konsequenten Naturwissenschaftler existiert auch bei den höheren Tieren nur eines: diese oder jene *äußere* Reaktion des Tieres auf die Erscheinungen der Umwelt. Mag diese Reaktion im Vergleich mit der eines niederen Tieres auch sehr kompliziert sein und unendlich kompliziert im Vergleich mit der eines beliebigen toten Gegenstandes, so bleibt doch das Wesen der Sache dasselbe. (Pawlow, SW III/1, S. 42)

Neben der Konditionierung des Speichelflusses wie bei Pawlow wurde zu weiteren Paradigmen der klassischen Konditionierung geforscht (s. Tabelle 1). Das Paradigma der aversiven Konditionierung konnte auch bei einfacheren Lebewesen nachgewiesen werden. So versuchen Fruchtfliegen (Drosophila) zu fliehen, wenn Elektroschocks mit bestimmten Gerüchen gekoppelt werden (Quinn & Dudai, 1976, s. Abbildung 5). Das zeigt, dass der Mechanismus des Lernens durch klassische Konditionierung ein phylogenetisch sehr alter Mechanismus ist.

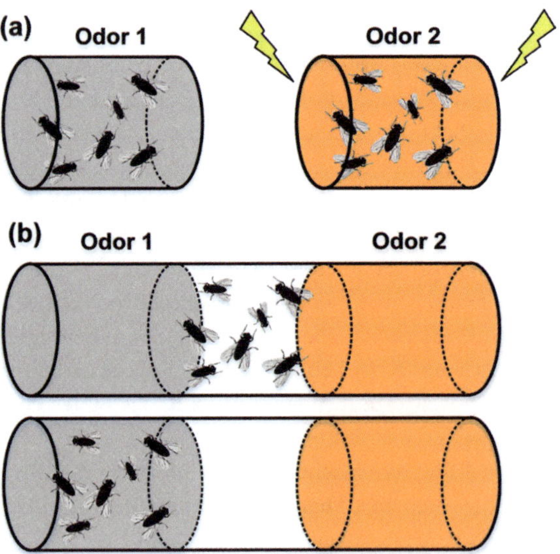

Abbildung 5:
Der Versuch von Quinn und Dudai (1976; modifiziert nach Gluck, Mercado & Meyers, 2010).

Auch an der Meeresschnecke Aplysia wurden Konditionierungsversuche erfolgreich durchgeführt (Kandel, 1979). Häufig wurde auch die Reaktion des Einfrierens („freezing", eine Art Schockstarre) als Reaktion auf Geräusche nach Koppelung mit Elektroschocks untersucht und die Konditionierung des Lidschlussreflexes (Blinzeln) durch Töne. Der Lidschlussreflex lässt sich auch beim Menschen gut untersuchen.

Tabelle 1: Paradigmen der Konditionierung.

	Konditionierung des Speichelflusses			
	unkonditionierter Stimulus, US	unkonditionierte Reaktion, UR	konditionierter Stimulus, CS	konditionierte Reaktion, CR
Pawlows Hund	Futter	Speichelfluss	Glocke	Speichelfluss
	aversive Konditionierung			
Fliegenschock	Schock	Fluchtversuch	Geruch	Fluchtversuch
konditionierte emotionale Reaktion	Schock	Einfrieren	Ton	Einfrieren
Augenblinzeln	Luftstoß	Blinzeln	Ton	Blinzeln

In einem Experiment von Siegel, Hearst, George und O'Neal (1968) erhielten Kaninchen kleine Elektroschocks (US) nahe dem Auge nach Vorgabe von Tönen unterschiedlicher Frequenz (CS). Die (un-)konditionierte Reaktion war der Lidschlussreflex. Das Experiment belegt, dass die konditionierte Reaktion schwächer wird, umso unähnlicher der vorgegebene Reiz dem konditionierten Reiz ist (s. Abbildung 6, S. 22). Man spricht hier von einem Generalisierungsgradienten.

Die Steilheit des Generalisierungsgradienten lässt sich experimentell beeinflussen. Betrachten wir dazu Abbildung 7. Wird zunächst auf den mittelgrünen Stimulus konditioniert, so reagieren die Versuchspersonen (Vpn) fast genauso stark auf Reize ähnlicher Farbe. Der Generalisierungsgradient bei A ist flach. Unterscheiden sich die vorgegebenen Reize stärker in der Farbe, ist der Generalisierungsgradient steiler (B). Wird ein Diskriminationstraining durchgeführt, bei dem der unkonditionierte Reiz immer nur auf den mittelgrünen Stimulus folgt, resultiert der Gradient in C.

In vielen Studien wurde analysiert, wie das optimale Intervall zwischen konditioniertem und unkonditioniertem Reiz sein sollte. So untersuchte McAllister (1953) die Konditionierung des Lidschlussreflexes. Es stellte sich heraus, dass ein zu kurzes Intervall zwischen konditioniertem und unkonditioniertem Reiz genauso ineffizient war

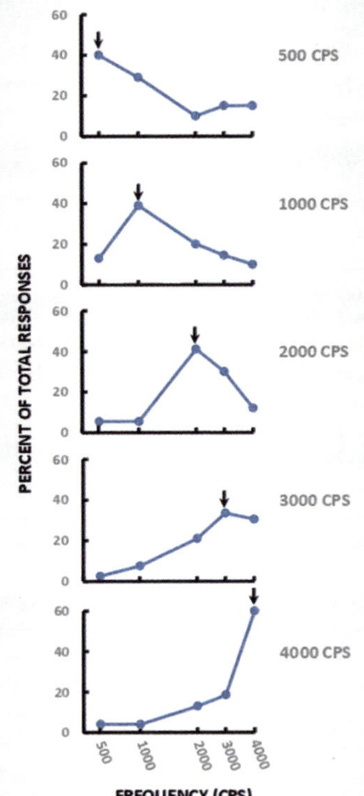

Abbildung 6: Generalisierung der konditionierten Reaktion in Lidschluss-Experimenten mit Kaninchen (modifiziert nach Siegel et al., 1968).

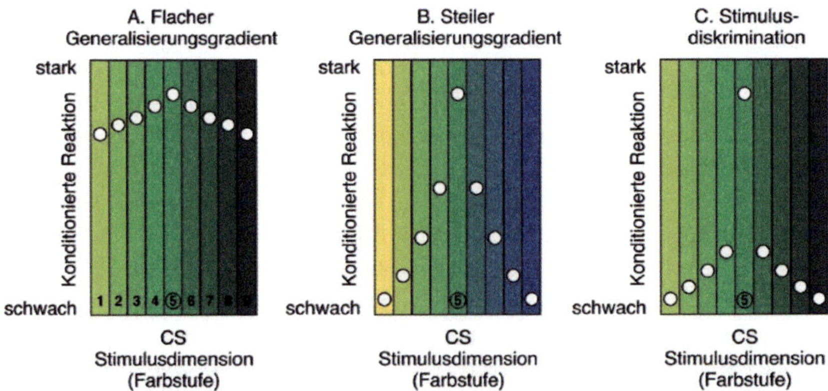

Abbildung 7: Verschiedene Generalisierungsgradienten beim klassischen Konditionieren (aus Zimbardo & Gerrig, 2004).

wie ein zu langes Intervall. Am besten gelang die Konditionierung bei einem Intervall von 250 Millisekunden (s. Abbildung 8).

Generell variiert das optimale Intervall je nach Reizen, Reaktion und Lebewesen. Während bei vielen Reaktionen ein Intervall von 0,5 Sekunden am effektivsten ist, erweist sich bei der Speichelsekretion ein Zeitintervall von bis zu 10 Sekunden als optimal, bei Furchtreaktionen liegt das „optimale" Intervall bei bis zu 60 Sekunden (Becker-Carus & Wendt, 2017). Dabei spielt eine Rolle, ob das schnellere zentrale Nervensystem oder das langsamere vegetative System beteiligt ist.

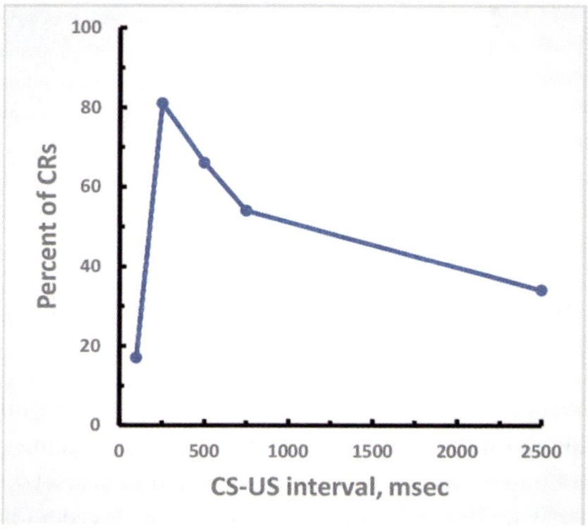

Abbildung 8:
Die Ausprägung des Lidschlussreflexes in Abhängigkeit vom Intervall zwischen CS und UCS (modifiziert nach McAllister, 1953).

In der Studie von Garcia, Ervin und Koelling (1966) wurde Ratten nach dem Trinken einer mit Saccharin gesüßten Flüssigkeit eine Injektion gegeben, die Übelkeit auslöste. Die Ratten lernten, die Flüssigkeit zu vermeiden. Die Konditionierung war selbst dann wirksam, wenn zwischen CS und UCS ein Intervall von 75 Minuten lag. In der Untersuchung von Smith und Roll (1967) lag das Intervall zwischen CS und UCS bei zwölf Stunden, dennoch konnte eine Aversion gegen Saccharin beobachtet werden.

Die Untersuchung von Garcia und Koelling (1966) belegt, dass es eine angeborene Tendenz gibt, bestimmte Reiz-Reaktions-Verbindungen leichter zu erlernen als andere. Die Ratten vermieden die Zuckerwasserlösung, wenn sie Übelkeit vorhersagte (gleichgültig ob durch Röntgenstrahlung oder eine Lithiumchloridlösung verursacht), tranken aber sogar mehr Wasser, wenn im Anschluss Elektroschocks verabreicht wurden. Umgekehrt vermieden die Ratten „helles, lärmendes" Wasser (wenn die Ratte trank, leuchtete eine Lampe auf und ein Klicken war zu hören), das Elektroschocks vorhersagte, nicht aber, wenn danach Übelkeit eintrat (s. Abbildung 9). Offenbar ist der Geschmack eher ein biologischer Hinweisreiz für Übelkeit (der Geschmack ist ein natürlicher Stimulus im Zuge der Nahrungsaufnahme) und Helligkeit bzw. Geräusche signalisieren eher einen drohenden Schock (bzw. fordern zum Fluchtverhalten auf).

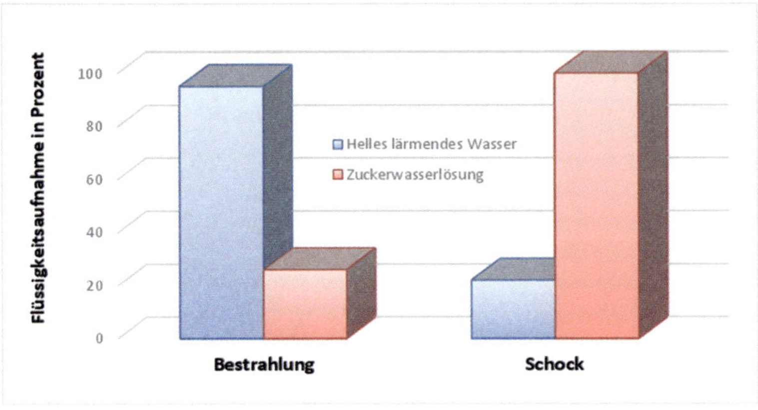

Abbildung 9: Die Resultate der Studie von Garcia und Koelling (1966; modifiziert nach Gerrig, 2015).

Während Pawlow die zeitliche Kontiguität (das zeitliche Zusammentreffen) von konditioniertem und unkonditioniertem Reiz betonte und davon ausging, dass der konditionierte Reiz den unkonditionierten Reiz ersetzt,[2] zielen neuere Modelle (kognitive Sicht auf das Phänomen) eher darauf ab, dass der Organismus versucht, die Beziehung zwischen konditionierten und unkonditionierten Reizen vorherzusagen. Nach dem Modell von Rescorla und Wagner (1972) geht es um die Bildung von Assoziationen zwischen konditionierten und unkonditionierten Reizen. Je überraschender der unkonditionierte Reiz, je schlechter er also durch den konditionierten Reiz vorhergesagt werden kann, desto größer ist der Lernfortschritt. Im Laufe der Konditionierung lernt der Organismus, dass bestimmte konditionierte Reize den unkonditionierten Reiz besser vorhersagen können. Der „Erkenntnisgewinn" durch jeden weiteren Durchgang wird immer geringer und dadurch auch der Lernfortschritt. Jeder konditionierte Stimulus steht auch gewissermaßen in Konkurrenz zu anderen anwesenden Reizen. Hat der Organismus bereits gelernt, dass ein bestimmter konditionierter Reiz (z. B. Licht) den unkonditionierten Reiz sehr gut vorhersagen kann, dann erfolgt keine Konditionierung auf andere Reize mehr, die den unkonditionierten Reiz vielleicht fast ebenso gut vorhersagen können, weil kein Bedarf für eine bessere Vorhersage mehr besteht.

2 So beobachtete Pawlow, dass Hunde versuchten, die Lichtquellen als konditionierten Reiz zu fressen.

1.1.2 Praktische Anwendung der Konditionierung

Viele aus dem Alltag bekannte Phänomene können durch klassische Konditionierung erklärt werden, z. B. das Sauce-Béarnaise-Phänomen, benannt nach der Aversion des Psychologen Martin Seligman (1970), der sich vor dieser Speise ekelte, da er nach einem Genuss von ihr erkrankt war. Viele kennen dieses Phänomen aus eigener Erfahrung: Man isst ein Gericht und danach wird einem übel, man bekommt eine Darmgrippe o. Ä. Mit einem Male ist das betreffende Gericht zum konditionierten Reiz für die Übelkeit geworden und man entwickelt einen dauerhaften Ekel davor, obwohl das Gericht überhaupt nicht die Ursache der Erkrankung gewesen sein muss. Ein solcher Effekt tritt vor allem bei außergewöhnlichen Speisen ein, die man nicht regelmäßig zu sich nimmt (alltägliche Speisen kommen für eine klassische Konditionierung kaum in Frage, s. Degen, 2005).

Auch der Placebo- und der Nocebo-Effekt, also die scheinbare positive oder negative Wirkung von Medikamenten, können durch klassische Konditionierung erklärt werden. Zum Beispiel kommt es bei einer Überdosierung von Insulin bei Zuckerkranken zu einem Insulinschock, der zur Bewusstlosigkeit führen kann. In Versuchen mit Ratten konnte gezeigt werden, dass Ratten nach mehrmaliger Injektion von Insulin bereits beim Anblick der Injektionsnadel in diese schockartige Bewusstlosigkeit fielen (Becker-Carus & Wendt, 2017).

Immunreaktionen lassen sich ebenfalls konditionieren (Schedlowski & Tewes, 1996). In einem Versuch erhielten Ratten zunächst eine süße Saccharinlösung, kurz darauf das Medikament Cyclophosphamid, das bei den Ratten zu Übelkeit und Erbrechen führte. Für die Ratten war die Saccharinlösung ein aversiver konditionierter Reiz, den sie zu vermeiden lernten (manche lernten das schon nach einer einzigen Medikamentengabe). Wenn jetzt versucht wurde, die Konditionierung wieder zu löschen, indem größere Mengen von Saccharin ohne Medikament dargeboten wurden, starben manche Ratten (ohne Medikamenteneinwirkung!). Es stellte sich heraus, dass Cyclophosphamid auch auf das Immunsystem wirkt. Es wirkt immunsuppressiv, sodass die Antikörperbildung gegen Krankheiten unterdrückt wird und die Tiere eher krank werden und in Folge sterben. Offensichtlich wurde das Saccharin für die Ratten auch zum konditionierten Reiz für die Immunsuppression (Ader & Cohen, 1975), sodass die Gabe der Saccharinlösung alleine genügte, um die Immunabwehr der Ratten zu schwächen.

Asthma-Patienten können schon beim Anblick von auslösenden Reizen (wie Katzen oder Pollen) einen Anfall bekommen (Becker-Carus & Wendt, 2017).

Auch Ängste können durch klassische Konditionierung entstehen. Wenn der Lehrer den Schüler für eine schlechte Leistung tadelt, kann er als Person zum negativ konditionierten Stimulus werden und alleine der Anblick des Lehrers kann unangenehme Gefühle oder Ängste auslösen.

Besonders problematisch bei Ängsten ist, dass die auslösenden Reize gerne vermieden werden (man bricht die Schule ab oder meidet den Zahnarzt), weil die Vermeidung angstauslösender Reize angstreduzierend wirkt. Wenn angstauslösende Reize aber immer vermieden werden, können die Ängste auch nicht mehr gelöscht werden. Es ist dann überhaupt nicht mehr möglich, die Erfahrung zu machen, dass ein bestimmter Stimulus nicht mehr mit negativen Konsequenzen verbunden ist. Wenn man z. B. erst dann zum Zahnarzt geht, wenn tatsächlich gebohrt werden muss, ist das nicht unbedingt die beste Strategie, um die Angst vor dem Zahnarzt zu reduzieren.

Bereits Razran (1940) konnte zeigen, dass Einstellungen zu politischen Aussagen durch klassische Konditionierung geändert werden können. Seine Vpn bewerteten zunächst Slogans wie „Amerika den Amerikanern“ oder „Arbeiter der ganzen Welt, vereinigt euch“. Danach wurde die Hälfte der Slogans zusammen mit anderen Aussagen wiederholt dargeboten, während die Vpn köstliche Speisen verzehrten. Die andere Hälfte der Aussagen hörten die Vpn, während sie unangenehmen Gerüchen ausgesetzt waren. Wie erwartet war die Zustimmung zu den Slogans, die während des Essens bewertet wurden, deutlich höher als die Zustimmung zu den Slogans, die mit unangenehmen Gerüchen gekoppelt waren.

Staats und Staats (1958) gaben so auf Länder bezogene Adjektive wie „deutsch“ oder „griechisch“ mit positiv (wie „schön“ oder „froh“) oder negativ (wie „bitter“ oder „böse“) konnotierten Wörtern zusammen vor. Die zunächst neutral konnotierten Länderadjektive wurden durch die Koppelung ebenfalls positiv oder negativ konnotiert.

Ein großer Anwendungsbereich für die Prinzipien der klassischen Konditionierung ist die Werbung. Seit je her wird mit physisch attraktiven Menschen geworben. Dabei werden auch erotische Reize gezielt eingesetzt und prominente Sympathieträger wie Sportler oder Schauspieler als Testimonials präsentiert, da man davon ausgeht, dass das Produkt von der positiven Assoziation profitiert und es zu einer positiveren Bewertung der Produkte sowie einer höheren Kaufbereitschaft kommt.

1.2 Operantes Konditionieren

1.2.1 Der Problemkäfig von Thorndike

Während Pawlow in Russland seine Konditionierungsversuche mit Hunden durchführte, experimentierte zeitgleich der Amerikaner Edward Lee Thorndike (s. Abbildung 10) v. a. mit Katzen (von diesen Versuchen erhielt Pawlow Kenntnis).

Thorndike, der stark von Charles Darwin beeinflusst war, wollte den Ursprung „des geistigen Lebens“ des Menschen im tierischen Verhalten näher untersuchen:

Abbildung 10: Edward Lee Thorndike (1874–1949).

> Die Vielschichtigkeit des Lernens beim Menschen wird am Ende am besten verstanden werden, wenn wir ihr zunächst aus dem Wege gehen und statt dessen lieber das Verhalten der niederen Tiere untersuchen, während sie lernen, bestimmten Situationen auf andere, gewinnbringende Weise zu begegnen. (Thorndike, 1913, zit. nach Amsel & Rashotte, 1977, S. 85)

Für seine Tierversuche entwickelte er den Problemkäfig (die Puzzlebox, s. Abbildung 11), bei der ein hungriges Tier in einen Käfig gesetzt wird und einen Mechanismus erfolgreich bedienen muss, um an das außerhalb des Käfigs befindliche Futter zu kommen. Zum Beispiel mussten Katzen oder Hunde einen Hebel betätigen oder an einer Schlinge ziehen. Hühner wiederum mussten erfolgreich den Weg aus einem Labyrinth finden, um an Futter zu gelangen. Dieser Problemkäfig war der Prototyp für ähnliche Vorrichtungen der aus den Forschungen Thorndikes hervorgegangenen *behavioristischen* Forschungsrichtung. Typischerweise brauchten die Tiere längere Zeit, um den Mechanismus herauszufinden. Zunächst rannten sie ziellos herum, probierten verschiedene Verhaltensweisen („Versuch und Irrtum"), bevor sie zufällig den richtigen

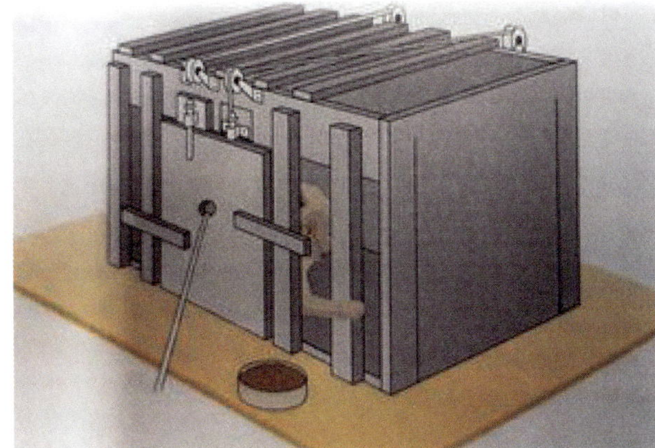

Abbildung 11: Thorndikes Puzzlebox: Die Katzen mussten einen Mechanismus bedienen, der ein Gewicht entfernte und dadurch die Tür öffnete, um an ihr Futter zu gelangen (aus Zimbardo & Gerrig, 2008, S. 206).

Mechanismus entdeckten. Wurde das Tier dann ein zweites Mal in den Käfig eingesperrt, war die Wahrscheinlichkeit hoch, dass es die richtige Verhaltensweise schneller herausfindet. Nach ein paar Durchgängen hatten die Tiere gelernt, die Tür zum Käfig zu öffnen.

Thorndike verstand Lernen ähnlich wie Pawlow als Lernen von Assoziationen, wobei bei Pawlow die Assoziation von konditioniertem und unkonditioniertem Stimulus zu lernen war und bei Thorndike eine Reiz-Reaktions-Verbindung (Stimulus-Response-Koppelung). Während die Hunde bei Pawlow nichts tun müssen, um belohnt zu werden, müssen die Tiere bei Thorndike aktiv eine bestimmte Handlung setzen. Man spricht deshalb auch von *instrumentellem* Lernen, weil die Aktivität des Tieres das Instrument zur Erreichung eines bestimmten Zieles ist. Basierend auf den Ergebnissen seiner Forschung formulierte Thorndike das Gesetz des relativen Effektes: Handlungen, die „angenehme" Folgen haben, werden in Zukunft wieder durchgeführt, Handlungen, die unangenehme Folgen haben, werden unterlassen. Unter „angenehmen" Folgen verstand Thorndike „befriedigende" Zustände, die von den Lebewesen angestrebt werden, wie den Zustand der Sättigung.

1.2.2 Der Behaviorismus

Als Begründer des *Behaviorismus* gilt der Amerikaner John Broadus Watson (s. Abbildung 12), der zunächst mit Tieren neurophysiologisch arbeitete und 1908–1920 eine Professur an der Johns Hopkins Universität in Baltimore innehatte. Nach seiner wissenschaftlichen Tätigkeit (als verheirateter Mann musste er die Universität wegen einer

Abbildung 12: John B. Watson (1878–1958).

Affäre mit seiner Assistentin Rosalie Rayner verlassen) arbeitete er als Werbepsychologe und gab Erziehungsratgeber heraus.

Die Ziele des Behaviorismus skizzierte er folgendermaßen:

> Psychology as the behaviorist views it is a purely objective experimental branch of natural science. Its theoretical goal is the prediction and control of behavior. *Introspection* forms no essential part of its method, nor is the scientific value of its data dependent upon the readiness with which they lend themselves in terms of consciousness. The behaviorist, in his efforts to get a unitary scheme of animal response, recognizes *no dividing line between man and brute.* (Watson, 1913, S. 248)

Watson wandte sich entschieden gegen die Methode der Introspektion, die er als unfruchtbar ansah. Er bekannte offen, mit dem Begriff des Bewusstseins nichts anfangen zu können, und hatte daher wie alle Behavioristen auch keine Probleme damit, Gesetzmäßigkeiten aus dem Tierversuch auf den Menschen zu übertragen. Für das aus seiner Sicht nicht zugängliche kognitive Innenleben des Menschen interessierte er sich nicht. Im Zentrum seines Interesses standen Reiz-Reaktions-Verbindungen, d. h. die Frage, welche Reize welches Verhalten bedingen. Allein mittels der behavioristischen Methode könnte es der Psychologie gelingen, als Naturwissenschaft anerkannt zu werden. Das Endziel wäre die Elimination sämtlichen psychologischen Vokabulars und seine Ersetzung durch physikalisch-chemische Begriffe:

> This suggested elimination of states of consciousness as proper objects of investigation in themselves will remove the barrier from psychology which exists between it and the other sciences. The findings of psychology become the functional correlates of structure and lend themselves to explanation in physico-chemical terms. (Watson, 1913, S. 253)

In seinem berühmten Experiment mit dem „kleinen Albert“, einem elf Monate alten Kleinkind, wendete Watson die Prinzipien der klassischen Konditionierung auf die unkonditionierte Reaktion der Furcht an (Watson & Rayner, 1920). Es gelang ihm, bei Albert die Reaktion der Furcht beim Anblick von Ratten, die anfangs keine Furchtreaktion ausgelöst hatten, zu erzeugen. Die Angst generalisierte dann schnell auf Kaninchen, Hunde und pelzähnliche Objekte wie den Bart des Nikolaus.

Das grausame Experiment veranschaulicht eindrucksvoll, welchen starken Einfluss ein inhumanes mechanistisches Menschenbild auf die Behandlung von Menschen hat. So war es bis in die 80er-Jahre des 20. Jahrhunderts üblich, dass Neugeborene bei Operationen überhaupt nicht oder zu schwach narkotisiert wurden, da man davon ausging, dass diese noch keine Schmerzen empfinden können. Das behavioristische Weltbild des Menschen als „unbeschriebenes Blatt“ (*tabula rasa*), der alles (auch Emotionen) noch erlernen müsse und beliebig geformt werden könne, hat dazu entscheidend beigetragen (Hall & Anand, 2014).

Auch gegenwärtig wird noch zur Konditionierung von Angst geforscht, wenn auch unter humaneren Bedingungen. In einer Studie von Dunsmoor, Mitroff und LaBar (2009) konnte gezeigt werden, dass die Generalisierung der Angst nicht nur von der Ähnlichkeit mit dem angstauslösenden Stimulus abhängt. Den Vpn[3] wurden Gesichter einer Person (der Gesichtsausdruck variierte in der Ängstlichkeit) am Bildschirm präsentiert, wobei auf die Vorgabe des einen Gesichts (CS+) zu 60 % ein milder Elektroschock am Handgelenk[4] folgte, auf die Vorgabe des anderen Gesichts (CS–) aber nie. Nach der Konditionierung generalisierte die Angst, gemessen über den Hautwiderstand (Skin Conductance Response), auf alle Gesichter (s. Abbildung 13). Das interessante war aber, dass der Ausdruck des Gesichts die Angst mit beeinflusste. Die Angst generalisierte eher in Richtung des sehr ängstlichen Gesichts (Abbildung 13 linker Teil, das Gesicht ganz rechts) und weniger in Richtung des neutralen Gesichts (Abbildung 13 rechter Teil, das Gesicht ganz links). Die Reaktion auf das neutrale Gesicht ist nach der Konditionierung noch immer schwächer als die Reaktion auf den hemmenden Reiz (sehr ängstliches Gesicht, auf das nie ein Stromschlag gefolgt war, Abbildung 13 ganz rechts). Offenbar bewirkt die Assoziation der Angst ausdrückenden Bilder, dass man bei der Konfrontation mit solchen Bildern leichter lernt, selbst Angst zu haben.

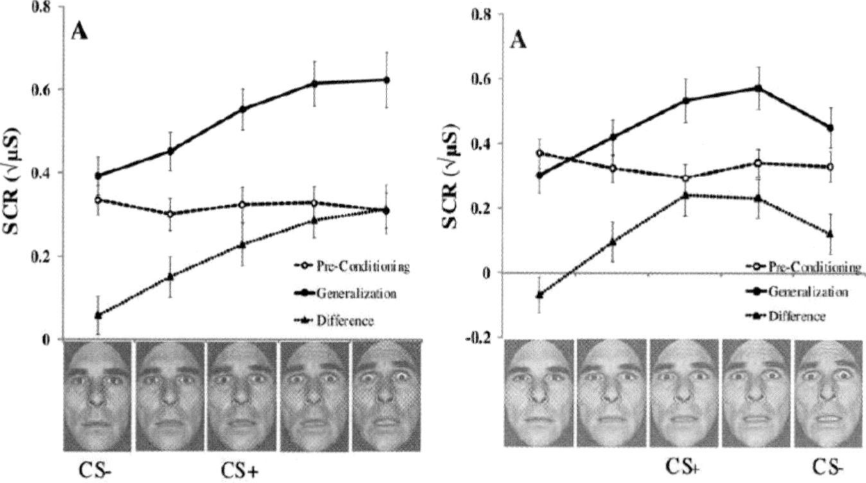

Abbildung 13: Ergebnisse der Studie von Dunsmoor et al. (2009).

[3] Die Vpn waren gesunde Freiwillige, die für die einstündige Teilnahme am Experiment zehn Dollar Entschädigung bekamen.

[4] Die Intensität des Elektroschocks wurde vorab so gewählt, dass der Schock „sehr unangenehm, aber nicht schmerzhaft" war.

Eine ähnliche Asymmetrie des Generalisierungsgradienten besteht, wenn die Lautstärke von Tönen mit Angst gekoppelt wird (die Generalisierung verläuft eher in Richtung lauter Töne), während Generalisierungsgradienten für Tonhöhen weitgehend symmetrisch verlaufen (s. das oben erwähnte Experiment von Siegel et al., 1968).

1.2.3 Die Arbeiten von Skinner zum Operanten Konditionieren

Die von Thorndike und Watson begründete behavioristische Tradition wurde von Burrhus Frederic Skinner (1904–1990) weiter entfaltet und zu ihrem Höhepunkt gebracht (s. Abbildung 14). Skinner, der als einer der bekanntesten und einflussreichsten Psychologen des 20. Jahrhunderts gilt,[5] war ab 1948 als Professor in Harvard tätig.

Abbildung 14: Burrhus Frederic Skinner (1904–1990) (aus Zimbardo & Gerrig, 2004).

Skinner war radikaler Behaviorist: „All we need to know in order to describe and explain behavior is this: actions followed by good outcomes are likely to recur, and actions followed by bad outcomes are less likely to recur" (Skinner, 1953). Einhergehend mit seinem Behaviorismus vertrat er ein durch und durch deterministisches Weltbild. Das Verhalten ist für ihn einerseits durch die Gene und andererseits v. a. durch Umwelterfahrungen bestimmt, wie in folgendem Zitat zum Ausdruck kommt: „Does a poete create, originate, initiate the thing called a poem, or is his behavior merely the product of his genetic and environmental histories?" (Skinner, 1972a, S. 34). Konsequenterwei-

5 2002 wurde Skinner sogar zum bedeutendsten Psychologen des 20. Jahrhunderts bestimmt (Haggbloom et al., 2002, vor Jean Piaget, Sigmund Freud und Albert Bandura).

se schließt er auch am Ende seiner Ausführungen: „And now my labor is over. I have had my lecture. I have no sense of fatherhood. If my genetic and personal histories had been different, I should have come into possession of a different lecture" (ebd., S. 35).

Originalität oder Urheberschaft kann nach Skinner ein Mensch genauso wenig wie die Gans, die goldene Eier legt, für sich beanspruchen, das wäre für ihn eine wundersame Erklärung, die der ähnelt, dass Gott die Erde aus dem Nichts geschaffen hat. Für Skinner ist es aber inkonsequent, nach Darwin den Glauben an die Schaffung der Erde durch Gott verbannt zu haben, aber noch immer Kreativität für Dichter wie Shakespeare zu reklamieren. Aus diesen Bemerkungen ersieht man abermals sehr schön, welche zerstörerischen Konsequenzen für das menschliche Selbstverständnis ein derartig naiv vorgetragener Determinismus haben kann. Die Parallelen zum gegenwärtigen Paradigma der Neurowissenschaften sind offensichtlich.

Die wichtigsten Begriffe seiner Theorie der operanten Konditionierung sind Reize und Verhalten. Beim Verhalten unterscheidet er Reflexe und Operanten. *Reflexe* sind Verhaltensweisen, die unwillkürlich von bestimmten Reizen ausgelöst werden (das Zusammenzucken nach einem Knall, der Lidschlussreflex oder der Pupillenreflex). *Operanten* sind beliebige Verhaltensweisen, die willkürlich begonnen und beendet werden können (wie sprechen, gehen etc.).

Bei den Reizen interessiert sich Skinner im Unterschied zu Pawlow für diejenigen, die einem Verhalten folgen. Dabei kann man Reize, die die Reaktionsstärke eines Verhaltens erhöhen, von Reizen, die die Stärke eines Verhaltens verringern, unterscheiden. *Verstärker* sind Reize, die die Reaktionsstärke eines Verhaltens erhöhen. Den Begriff des Verstärkers hat Skinner von Pawlow übernommen, dessen Schriften er Ende der 1920er-Jahre gelesen hatte: „I got the word from Pawlow and feel that it has a distinctive advantage over ‚reward' by identifying the effect of a consequence of behavior in strengthening the behavior – that is, making the behavior more likely to occur again" (zit. nach Bjork, 1997, S. 99). *Strafreize* sind Reize, die die Stärke eines Verhaltens verringern. Reize, die keinerlei Einfluss auf die Stärke des Verhaltens haben, heißen *neutrale Reize*. Die Reaktionsstärke zeigt sich in der Verhaltenshäufigkeit, in der Reaktionszeit, in der Schnelligkeit bzw. Intensität der Ausführung des Verhaltens und in seiner Extinktionsresistenz. Je öfter ein Verhalten verstärkt wird, desto häufiger wird es ausgeführt, desto geringer ist die Latenzzeit bis zu seiner Ausführung, desto schneller und intensiver wird es ausgeführt und umso schwerer lässt es sich löschen (umso mehr nichtverstärkte Verhaltensweisen werden durchgeführt).

Skinner interessiert sich v. a. für die Häufigkeit des Verhaltens und möchte diese beeinflussen. Nach der Theorie des Operanten Konditionierens (oder Operanten Lernens) hängt das Ausmaß der Verhaltenshäufigkeit weitgehend von der Menge bzw. Qualität der Verstärker und Strafreize ab. Das gilt für Skinner sowohl für das Verhalten von Versuchstieren im Labor als auch für Menschen (s. die Experimente von Skinner zum Verbalen Konditionieren).

Vergleicht man *klassisches* mit *operantem* Konditionieren, handelt es sich bei ersterem um ein Lernen von regelhaften Beziehungen zwischen Reizen (Verbindungen zwischen konditioniertem und unkonditioniertem Stimulus, die angeborene Reaktionen auslösen), die nicht vom eigenen Verhalten abhängig sind. Demgegenüber kann das Lebewesen beim operanten Konditionieren durch sein Verhalten bestimmte Konsequenzen bewirken. Es lernt, welche Konsequenzen das eigene Verhalten unter bestimmten Stimulusbedingungen hat. Hierbei kann auch von einer Dreifach-Kontingenz gesprochen werden, weil der Zusammenhang zwischen einem Verhalten (V) in Anwesenheit eines diskriminativen Hinweisreizes (R) und den positiven oder negativen Konsequenzen des Verhaltens gelernt wird. Dazu zwei Beispiele: Eine Ratte lernt, dass ein Hebeldruck (V) in einem bestimmten Käfig (R) dazu führt, dass sie Futter (K) bekommt. Ein Kind lernt, dass Schreien (V) im Bett (R) dazu führt, dass die Mutter kommt (K).

Skinner entwickelte seine Theorie basierend auf den Ergebnissen im Tierversuch v. a. mit Ratten und Tauben. Nachdem er festgestellt hatte, wie gut Tauben konditioniert werden können, verfolgte er während des Zweiten Weltkriegs ein Projekt zur ferngesteuerten Lenkung von Raketen, die durch die Pickbewegungen der Tauben auf Kurs gehalten werden sollten. Das Projekt wurde eine Zeitlang vom amerikanischen National Defense Research Committee finanziert, dann aber zugunsten anderer militärischer Projekte, die unmittelbareren Erfolg versprachen, eingestellt (Bjork, 1997).

Skinner führte seine Versuche mit einem eigens ersonnenen Behälter, der sogenannten Skinner-Box, durch (s. Abbildung 15).

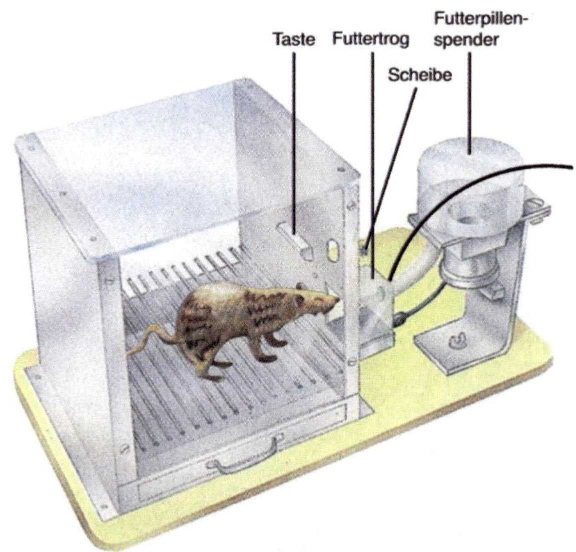

Abbildung 15:
Die Skinner-Box (aus Zimbardo & Gerrig, 2004).

In der Skinner-Box befindet sich das Versuchstier, ein Hebel zum Drücken, ein Futterspender und gegebenenfalls ein Lautsprecher bzw. verschiedenfarbige Lampen. Zunächst wird registriert, welche Handlungen das Versuchstier ausführt (wie sich in der Schachtel bewegen, schauen, schnuppern etc.). Wenn das Versuchstier zufällig auf den Hebel drückt, wird dieses Verhalten (der vom Versuchsleiter ausgewählte Operant) sofort mit einer Futtergabe verstärkt. Dies erfolgt automatisch und wird auch automatisch registriert. Das Resultat eines solchen Versuchs ist, dass das Versuchstier die Häufigkeit des verstärkten Verhaltens (Hebeldruck) über die Basisrate hinweg kontinuierlich erhöht, bis eine Plateauphase erreicht ist, bei der selbst eine weitere Futtergabe keine Erhöhung der Verhaltenshäufigkeit mehr bewirkt. Die zeitliche Distanz zwischen Operant und Verstärkern hat einen großen Einfluss auf die Lerngeschwindigkeit. Je kürzer der zeitliche Abstand zwischen Operant und Verstärker ausfällt, desto höher ist das Lerntempo (der optimale zeitliche Abstand liegt dabei unter einer halben Sekunde, bei einem Abstand von mehr als fünf Sekunden tritt praktisch kein Lernen mehr auf, s. Grice, 1948).

Skinner, der ein geschickter Bastler war, hatte zeitlebens eine Schwäche für Aufbewahrungsbehälter („boxes“). So entwickelte er einen „Baby-Tender“, ein Plexiglasgehäuse zur Aufbewahrung von Babys (s. Abbildung 16), in den er auch seine elf Monate alte Tochter Deborah über 2½ Jahre immer wieder steckte, wodurch das Kind nach

Abbildung 16:
Der Baby-Tender von Skinner.

Skinners Ansicht „den sonst üblichen Zwängen der Erwachsenen entzogen war“ (Der Spiegel 40/1971 vom 27.9.1971), und schlief im höheren Lebensalter auch selbst in einer von japanischen Freunden geschenkten Schlafbox (Bjork, 1997).

Skinner versuchte in späteren Werken zu zeigen, dass seine Prinzipien der operanten Konditionierung auf alle Bereiche des gesellschaftlichen Zusammenlebens anwendbar sind (s. das Buch „Science and Human Behavior“ von 1953, dt. Skinner, 1973). Die Kontrolle menschlichen Verhaltens durch wissenschaftliche Methoden war das erklärte Ziel Skinners (Skinner, 1973). Zugutehalten muss man ihm, dass die Bestrafung bei ihm nur einen sehr geringen Stellenwert hatte, weil er nicht von der Dauerhaftigkeit ihrer Wirkung überzeugt war. Auch in „Jenseits von Freiheit und Würde“[6] (Beyond Freedom and Dignity, Skinner, 1972b) bleibt er seinem mechanistischen Weltbild und seiner Idee treu, Verhalten wissenschaftlich kontrollieren zu können, um eine bessere Gesellschaft zu entwickeln: „A scientific view of man offers exciting possibilities. We have not yet seen what man can make of man“ (Skinner, 1972b, S. 215). Nimmt man heute Bücher wie „Wissenschaft und menschliches Verhalten“ oder „Jenseits von Freiheit und Würde“ zur Hand, wirken die Werke nicht nur erstaunlich unwissenschaftlich und oberflächlich (Skinner formuliert in den späteren Werken zunehmend utopische Gesellschaftsentwürfe, ohne seine aus dem Tierversuch abgeleiteten Aussagen auf konkrete wissenschaftliche Studien zu stützen), sondern geradezu nichtssagend und inhaltsleer:

> Literatur, Kunst und Unterhaltung sind künstliche Verstärker. Ob die Leute Bücher, Kunstwerke oder Eintrittskarten kaufen, hängt davon ab, ob diese Bücher, Bilder, Schauspielaufführungen oder Konzerte sie verstärken. Häufig beschränkt sich ein Künstler auf die Erforschung eines Gegenstands, der ihn selbst verstärkt. Tut er das, so „spiegelt sein Werk seine Persönlichkeit wider“, so dass es nun dem Zufall oder der Universalität des Künstlers zuzuschreiben ist, wenn sein Buch, sein Theaterstück, sein Musikstück oder sein Gemälde auf andere verstärkend wirkt. Insoweit ihm ein kommerzieller Erfolg wichtig ist, kann er auch eine direkte Untersuchung von Verhalten anderer durchführen. (Skinner, 1973, S. 78)

Lesenswert ist hingegen Skinners 1948 erschienener utopischer Roman „Futurum Zwei: ‚Walden Two‘[7]. Die Vision einer aggressionsfreien Gesellschaft“ (Skinner, 1972c), der mit einiger Verspätung ab den 1960er-Jahren doch noch ein Bestseller wurde, weil er viel über Skinners Persönlichkeit verrät. Darin skizziert er seine Vorstellungen von einer besseren Gesellschaft auf Grundlage wissenschaftlicher Experimente. Es handelt sich um eine Gesellschaft, in der das Gemeinschaftsleben im Vordergrund steht (dadurch kann Wohnraum, können Transportmittel wie Autos gespart werden), eine

[6] Beides, Freiheit und Würde des Menschen, ist für Skinner eine Illusion.

[7] Benannt nach dem Aussteigerbericht „Walden“ (oder Leben in den Wäldern) von Henry David Thoreau aus dem Jahr 1854.

Gesellschaft, in der alles durch sogenannte Planer optimiert ist (denen wiederum die Wissenschaftler zuarbeiten), angefangen von den Teetassen bis hin zum Zusammenleben der Menschen. Selbst der Einfluss des Wetters kann kontrolliert werden, indem möglichst viel überdacht wird. Gemeinschaftsräume sind nie überfüllt, weil sich alle ihre Zeit nach ihren Bedürfnissen einteilen können. In „Futurum Zwei" ist es nicht ungewöhnlich, dass 15- oder 16-Jährige schon Kinder bekommen, weil in dieser Zeit die „Liebeskraft" am größten ist und das Jünglingsalter mit seinen überflüssigen Problemen und „Hinzögerungen" (S. 121) so deutlich verkürzt wird. Wenn eine junge Frau dann ihre plangemäße Anzahl an Kindern bekommen hat (dabei wird auch die Möglichkeit der künstlichen Befruchtung als Methode der genetischen Planung eingeräumt), ist sie noch immer jung genug, um die gleichen Chancen wie die Männer am Arbeitsmarkt zu haben. Der Arbeitsmarkt regelt sich, indem jeder die Arbeit wählt, die ihm zusagt. Ungeliebte Tätigkeiten sind mehr wert als beliebte und müssen daher nur wenige Stunden in der Woche verrichtet werden. Obwohl die Ehe noch ihren Platz neben dem Modell der Zukunft, der Zuchtwahl, hat, soll die Tradition der Familie geschwächt werden, indem die Kinder von Anfang an der Gruppenbetreuung übergeben werden: „In früheren vorwissenschaftlichen Zeiten konnte den Eltern die erste Erziehung des Kindes überlassen bleiben – und wurde ihnen ja auch tatsächlich überlassen. Aber mit dem Aufkommen der Verhaltensforschung ist alles anders. [...] Unser Bestreben geht dahin, dass jedes erwachsene Mitglied alle Kinder hier als eigene sieht, und dass jedes Kind alle Erwachsenen als Eltern empfindet. Zu diesem Zweck lehnen wir es als Verstoß gegen guten Geschmack ab, dass ein eigenes Kind in irgendeiner Weise bevorzugt wird" (Skinner, 1972c, S. 130). Der Roman ist durchzogen von einer Ablehnung des Individualismus und dem Misstrauen gegenüber Emotionen als schwer kontrollierbare Phänomene: „Der Neuling mag noch nach Motiven handeln, die wir bei der Behandlung unserer Kinder sorgfältig ausschließen. Er mag noch unter Emotionen leiden, die wir über Bord werfen" (ebd., S. 147). „Futurum Zwei" erinnert insgesamt in vielem eher an ein totalitäres System, wie es zur Zeit der Entstehung des Romans in der Sowjetunion realisiert war, als an westliche Gesellschaften, auch wenn die Darstellung im Vergleich zur Sowjetunion wesentlich abgemildert und ohne Gewaltmaßnahmen erscheint[8] (in „Futurum Zwei" funktioniert alles problemlos ohne Friktionen, anstelle der Demokratie steht die Kontrolle über die Wünsche der Bewohner). Am Ende des Romans beschließt Skinners anfangs frustriertes Alter Ego, der Erzähler und Psychologieprofessor Burris („Was mich so bekümmerte, waren die klaren Beweise, dass meine Lehrtätigkeit ihr Ziel verfehlt hatte", Skinner, 1972c, S. 14), zu kündigen und nach Futurum Zwei zu ziehen: „Dann, unter Außerachtlassung des üblichen Telegrammstils und meine euphorische Ausgelassenheit mühsam beherrschend, malte ich langsam

8 Der Roman musste sich ja nie der rauen Wirklichkeit stellen, obwohl es bis in die Gegenwart Versuche gibt, Gemeinschaften auf Grundlage der in „Futurum Zwei" entworfenen Ideen zu bilden.

und pedantisch diese Worte: LIEBER REKTOR MITTELBACH STOP SIE KÖNNEN SICH IHRE BLÖDE UNIVERSITÄT …" (Skinner, 1972c, S. 276). Typisch für Skinner ist, dass dieses Aufbegehren gegen Autoritäten selbst im Roman noch einmal kontrolliert und in seine Schranken gewiesen wird: „Das hübsche Fräulein hinter dem Schalter überlas die Nachricht von vorn bis hinten mit beruflicher Routine. […] Es tut mir leid, mein Herr, aber diese Art von Text können wir nicht weitergeben'" (ebd., S. 277). Wie immer, wenn man noch so gut gemeinte behavioristische Phantasien über eine bessere Gesellschaft liest (s. Watson, 1928/29, dt. 1985), ist man am Ende froh, in einer Gesellschaft zu leben, in der nicht die sogenannten Experten den maßgeblichen Einfluss auf die Gestaltung der Gesellschaft haben.

Skinner versuchte selbst sprachliches Verhalten rein auf die Prinzipien des operanten Konditionierens zurückzuführen. Sprachliches Verhalten unterscheidet sich von sonstigem Verhalten dadurch, dass es nicht direkt auf die Umwelt einwirkt, sondern über die Vermittlung eines anderen Menschen: „Behavior which is effective only through the mediation of other persons" (Skinner, 1957, S. 2). Wenn jemand „Bitte gib mir Wasser" sagt, wird er dadurch verstärkt, dass ihm die angesprochene Person Wasser bringt (die wiederum durch Konditionierung gelernt hat, solchen Bitten nachzukommen). Die Bedeutung von Aussagen erschöpft sich für Skinner letztlich in der empirischen Beziehung zwischen der Aussage und ihrer Wirkung auf den Hörer. Wenn das Kind „Zuckerl" sagt, bekommt es das Zuckerl, wenn man „Raus!" ruft, öffnet sich die Tür: „Candy! is characteristically followed by the receipt of candy and Out! by the opening of the door. These effects are not inevitable, but we can usually find one consequence of each response which is commoner than any other" (Skinner, 1957, S. 35). Auch Denken ist für Skinner letztlich nur Verhalten, er widersteht aber als orthodoxer Behaviorist der Versuchung, sich eingehender mit dem kognitiven Innenleben zu befassen. Noam Chomsky (1959) unterzog diesen Ansatz einer viel beachteten Kritik (s. auch Günther, 1976), die allerdings selbst Schwächen hat (MacCorquodale, 1970); heute ist der Ansatz nur mehr von historischem Interesse. Die Kritikpunkte sind zahlreich, hier sei nur darauf hingewiesen, dass es Skinner nicht gelungen ist, plausibel zu machen, dass jede Aussage auf spezifische Reiz-Reaktions-Verbindungen rückführbar ist:

> Wenn, um ein Skinnersches Beispiel zu nehmen, eine Sonate gespielt wird und ein Hörer sagt „Mozart", so soll die Musik der Reiz sein und das Wort „Mozart" die sprachliche Reaktion, die durch diesen Reiz hervorgerufen wird. Ebenso könnte der Hörer sagen „Scheußlich", „Schön", „Das hat meine Großmutter immer gerne gehört" usw. Um eine spezifische Reaktion zu erklären, muss Skinner also einen spezifischen Reiz annehmen, der in allen genannten Fällen der Reaktion verschieden ist. Aber welcher objektive Reiz entspricht z. B. der letztgenannten Antwort? Hier werden offenbar subjektive Faktoren für den Reiz bestimmend, d. h. die Reize verlieren ihre externe, physikalische Natur. Außerdem können wir die Reize nur über die Reaktion identifizieren, wir können also nicht Reaktionen durch Reize erklären und voraussagen, und damit wird die Analyse wertlos. (Kutschera, 1975, S. 92)

Der behavioristische Ansatz kann auch die grammatische Struktur von Aussagen überhaupt nicht erklären. Letztlich scheitern Skinners Bemühungen an einem falschen und überzogenen Wissenschaftsideal, das nur das seiner Ansicht nach empirisch objektiv Messbare als wissenschaftlich anerkennen will und das „Subjektive", „Emotionale" und der empirischen Messung und Steuerung nicht Zugängliche aus den Erklärungen verbannen will.[9]

1.2.4 Arten von Verstärkern

Man kann zwischen primären und sekundären Verstärkern bzw. Strafreizen unterscheiden (Herkner, 1992). Primäre Verstärker sind jene Verstärker, die ohne Lernerfahrung eine verstärkende oder verhaltensfördernde Wirkung haben. Sie sind angeboren und benötigen kein spezielles Training, wie Futter, Wasser oder Fortpflanzungsmöglichkeiten. Zu den primären Strafreizen gehören alle sehr intensiven Reize wie laute Geräusche, helles Licht, Stromstöße, intensive Gerüche, Hitze oder Kälte, die unangenehm bis schmerzhaft empfunden werden. Die Reduktion solcher primären Strafreize wirkt ebenfalls primär verstärkend, hat also Verstärkerqualitäten, während die Reduktion primärer Verstärker primär bestrafend wirkt (s. Tabelle 2).

Tabelle 2: Wirkung von Verstärkern und Strafreizen (bzw. deren Entzug) auf die Verhaltenshäufigkeit.

	Verhaltenskonsequenz	
	Angenehmer Reiz	**Unangenehmer Reiz**
Auf die Reaktion folgt ein Reiz	Positive Verstärkung (Belohnung) ↑	Bestrafung 1. Art ↓
Reaktion eliminiert oder vermeidet Reiz	Bestrafung 2. Art (Omission training) ↓	Negative Verstärkung (Flucht/Vermeidung) ↑

	Verhaltenskonsequenz	
	Angenehmer Reiz	**Unangenehmer Reiz**
Auf die Reaktion folgt ein Reiz	Futter, Lob, Geld	Schmerz, Tadel
Reaktion eliminiert oder vermeidet Reiz	Futter, Lob, Geld wird entzogen	Schmerz wird beendet Tadel wird nicht erteilt

9 Ähnlich grandios war das Scheitern von Rudolf Carnaps Programm, im Rahmen des logischen Empirismus alle sinnvollen Aussagen letztlich auf direkt Beobachtbares zu beziehen.

Butler (1953) konnte in einer Studie zeigen, dass auch sensorische Stimulation primäre Verstärkerqualitäten hat. Bei dem Versuch öffnete sich entweder ein Fenster mit Blick in den Laborraum für 30 Sekunden oder die Sichtblende ging herunter. Das Öffnen des Fensters stellte für die Affen im Versuch einen primären Verstärker dar.

In einer berühmten Studie konnte Harry Harlow (1905–1981) wiederum klären, dass auch Körperkontakt ein primärer Verstärker ist. Er führte Experimente mit Rhesusaffen durch (Harlow, 1958). Die Rhesusaffen der Kontrollgruppe 1 waren bei ihren natürlichen Müttern aufgewachsen. Die Rhesusaffen der Versuchsgruppe 1 wurden nach ihrer Geburt von ihrer Mutter getrennt. Eine Assistentin fütterte sie regelmäßig, es bestanden aber sonst keinerlei Sozialkontakte. Die Rhesusaffen der Versuchsgruppe 2 hatten eine Drahtmutter zur Verfügung, bei der sie trinken konnten. Die Rhesusaffen der Versuchsgruppe 3 bekamen eine Futter spendende Drahtmutter und eine Handtuchmutter (sie spendete kein Futter, besaß aber einen gesichtsähnlichen Kopf und ihr Körper war mit Frottee überzogen, an dem sich die Affen festkrallen konnten) (s. Abbildung 17).

Abbildung 17:
Harry Harlow mit seinen bedauernswerten Rhesusaffen.

Die Ergebnisse zeigen, dass die Affen der Versuchsgruppe 1 schon im Säuglingsalter schwere Verhaltensstörungen entwickelten. Sie reagierten kaum auf Außenreize, zeigten keine emotionalen Ausdrücke und verharrten apathisch in der Ecke. Ihre Bewegungen waren monoton und starr. Die Affen der Versuchsgruppe 3 hielten sich fast ausschließlich bei der Handtuchmutter auf. Bei Stress flüchteten sie zu ihr und klammerten sich an sie. Sie zeigten auch ein gewisses Neugier- und Explorationsverhalten, nachdem sie Zuflucht bei der Handtuchmutter gefunden hatten. Diese Gruppe suchte auch zu anderen Lebewesen Kontakt.

Alle Tiere der Versuchsgruppen, aber in besonderer Weise die der Gruppen 1 und 2 zeigten als erwachsene Tiere schwere Verhaltensauffälligkeiten. Sie reagierten mit Aggressionen oder sozialem Rückzug auf Artgenossen und ließen ein gestörtes Paarungsverhalten erkennen. Weibliche Rhesusaffen der Versuchsgruppen, die selbst Mütter geworden waren, versorgten ihre Kinder nicht und begegneten ihnen mit Aggressionen und Gewalt.

Die Versuche von Harlow, die aus heutiger Sicht ethisch nicht zu verantworten sind, belegen, dass es sich beim Bedürfnis nach Körperkontakt um ein angeborenes Bedürfnis handelt und Körperkontakt damit als primärer Verstärker eingesetzt werden kann.

Bei *sekundären Verstärkern* bzw. *sekundären Strafreizen* handelt es sich zunächst um neutrale Reize, die erst durch Lernprozesse zu Verstärkern bzw. Strafreizen werden. Beispiele für sekundäre Verstärker sind Lob, Geld oder Lächeln, Beispiele für sekundäre Strafreize sind Tadel, Geldstrafen oder ein böser Blick. Sekundäre Verstärker bzw. Strafreize werden durch Prozesse der klassischen Konditionierung gebildet, indem auf einen neutralen Reiz ein unbedingter primärer Verstärker oder Strafreiz folgt. Sekundäre Verstärker (Strafreize) kündigen also einen primären Verstärker (Strafreiz) an! Wenn in der Küche mit den Töpfen geklappert wird, ist das ein solcher sekundärer Verstärker, weil es die bald verfügbare Mahlzeit ankündigt. Untersuchungen zeigen, dass Kreditkarten sekundäre Verstärkerqualitäten haben, weil sie den Konsum von angenehm bewerteten Dingen ermöglichen (Feinberg, 1986). Wenn sich allerdings an sekundäre Verstärker nicht zumindest manchmal ein primärer Verstärker anschließt, verlieren erstere ihre Verstärkerqualität.

1.2.5 Verstärkerpläne

Wird jedes erwünschte Verhalten verstärkt, spricht man von einer *kontinuierlichen* Verstärkung. In der Lernpraxis kommt das aber selten vor, sodass sich alternative Verstärkerpläne als ebenso wirksam oder noch effizienter erwiesen haben (s. Abbildung 18): Bei intermittierender Verstärkung wird nicht jede Reaktion verstärkt. Dabei ist zwischen einem *Quotenplan* oder *Verhältnisplan* und einem *Intervallplan* zu unterscheiden. Beim Verhältnisplan wird nur eine bestimmte Anzahl von Operanten verstärkt, z. B. jede fünfte Reaktion, beim Intervallplan erfolgt die Verstärkung nach einem vorgegebenen Zeitintervall, z. B. wird der erste Operant verstärkt, der nach einem Intervall von drei Minuten auftritt. Innerhalb der Verhältnis- und Intervallpläne ist noch zwischen fixen und variablen Plänen zu differenzieren. Bei den fixen Plänen findet eine völlig regelmäßige Verstärkung statt, also z. B. genau jeder fünfte Operant oder die erste Reaktion nach genau fünf Minuten, während bei den variablen Plänen im Durchschnitt jeder fünfte Operant oder die erste Reaktion nach einem durchschnittlichen Zeitintervall von fünf Minuten verstärkt wird.

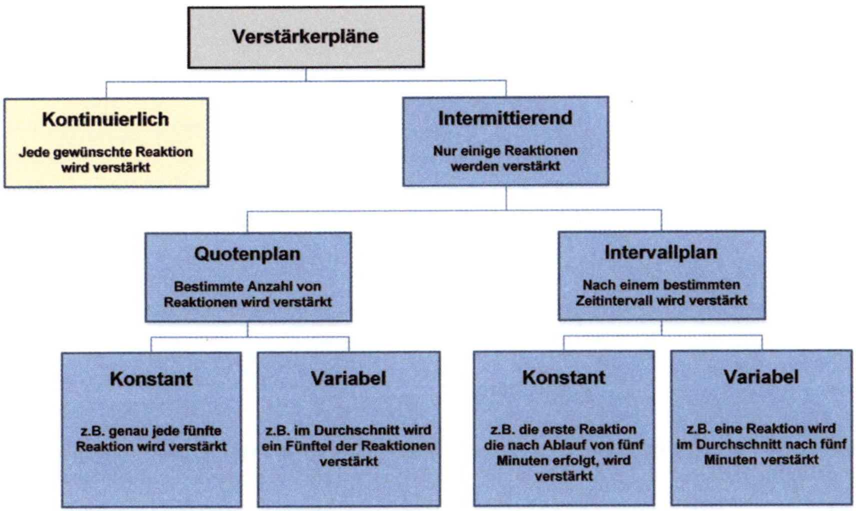

Abbildung 18: Verstärkerpläne.

Wie wirken sich diese Pläne auf den Lernerfolg aus? Generell wird bei intermittierender Verstärkung langsamer gelernt als bei kontinuierlicher (je seltener und unregelmäßiger verstärkt wird, desto langsamer erfolgt das Lernen). Dafür ist auch die Extinktionsresistenz größer als bei kontinuierlicher Verstärkung (je seltener und unregelmäßiger die Verstärkung erfolgt, desto langsamer verläuft die Extinktion). Im Vergleich zur kontinuierlichen Verstärkung führt ein Quotenplan zu einer höheren Verhaltenshäufigkeit, das erwünschte Verhalten wird häufiger ausgeführt, weil die Verstärkung direkt von der Anzahl der Operanten abhängt. Demgegenüber führen Intervallpläne im Vergleich zur kontinuierlichen Verstärkung zu einer geringeren Verhaltenshäufigkeit, weil hier nicht die Anzahl der Operanten entscheidend ist, sondern das Zeitintervall. Das führt dazu, dass die Verhaltenshäufigkeit unmittelbar nach der Verstärkung gering ist und dann wieder am Ende des Intervalls ansteigt (s. Abbildung 19).

Für die Lern- und Erziehungspraxis bedeuten die Ergebnisse zu den Verstärkerplänen:

> Bei erwünschten Verhaltensweisen ist also die Verwendung intermittierender Verstärkung zu empfehlen. Bei unerwünschten Verhaltensweisen ist unbedingt davon abzuraten. [...] Vielfach geschieht jedoch der Fehler, dass das unerwünschte Verhalten doch gelegentlich durch „gutes Zureden" oder eine andere Form der Zuwendung belohnt wird. Das ist aber nichts anderes als intermittierende Verstärkung. Die Folgen kennen wir: Das unerwünschte Verhalten verschwindet nicht, sondern wird ganz im Gegenteil sehr dauerhaft. (Herkner, 1992, S. 166)

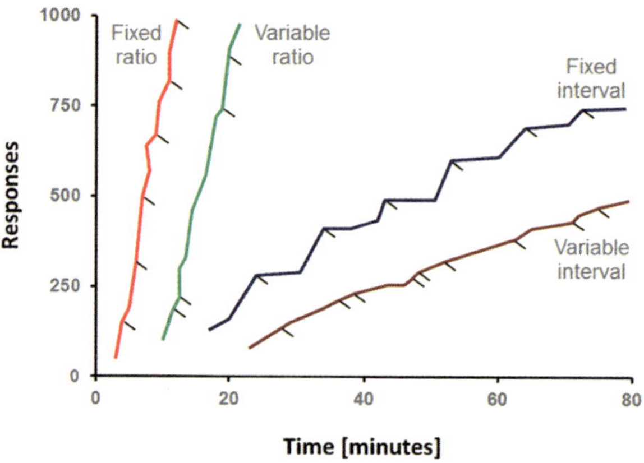

Abbildung 19: Der Zusammenhang zwischen Verstärkerplänen und der Verhaltenshäufigkeit (modifiziert nach Gazzaniga & Heatherton, 2003). Anmerkung: Ratio steht für Quotenplan, interval für Intervallplan, fixed für einen konstanten Plan; die Querstriche zeigen an, wann eine Verstärkung gegeben wird. Beim konstanten Intervallplan kommt es nach dem Erhalt des Verstärkers zu einem Absinken des Verhaltens.

Die Häufigkeit eines Verhaltens hängt nicht nur davon ab, wie sehr es verstärkt wird, sondern auch davon, wie sehr alternative Verhaltensweisen verstärkt werden. Das Gesetz des *relativen Effekts* (Herrnstein, 1970) drückt diesen Sachverhalt aus: Es kommt nicht auf die absolute Qualität und Menge einer Belohnung an, sondern auf die relative im Vergleich zu anderen Verhaltenskonsequenzen. Eine große Belohnung kann wirkungslos bleiben, wenn für andere Verhaltensweisen noch größere Belohnungen gegeben werden.

Leo Paul Crespi (1916–2008) wies nach, dass sich eine Änderung in der Belohnung auf die Ausführung des Verhaltens auswirkt (Crespi, 1942). In seinem Versuch erhielten Ratten entweder 1, 16 oder 256 Futterpillen als Belohnung. Die Ratten mit der höchsten Belohnung lernten den Weg durch ein Labyrinth schneller und bewegten sich schneller auf das Ziel zu (s. Abbildung 20, linker Teil). In einer zweiten Phase erhielten alle Ratten 16 Futterpillen. Die Gruppe, die jetzt eine deutlich niedrigere Belohnung für ihr Verhalten bekam, verringerte ihre Laufgeschwindigkeit (s. Abbildung 20, rechter Teil). Die Belohnung war im Vergleich zur Ausgangsbelohnung zum Strafreiz geworden. Die Gruppe mit der deutlich höheren Belohnung erhöhte hingegen ihre Laufgeschwindigkeit. Offensichtlich spielen hier implizite Erwartungen in Bezug auf die Höhe der Belohnung eine Rolle (das Futter stellt für die Tiere einen Anreiz dar).

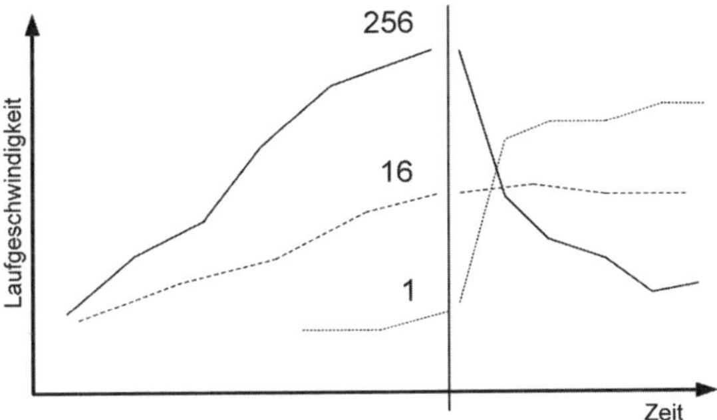

Abbildung 20: Laufgeschwindigkeit in Abhängigkeit von der Höhe der Belohnung (modifiziert nach Crespi, 1942).

David Premack (1925–2015) hat gezeigt, dass nicht nur Reize, sondern auch Verhaltensweisen als Verstärker eingesetzt werden können (Premack, 1959; 1961). Die Trennung zwischen Verhalten und Reizen ist begrifflich zwar sauber möglich, tatsächlich ist jedes Verhalten aber auch von Reizkonstellationen begleitet (z. B. führt Essen dazu, dass dem Organismus Nahrung geboten wird, beim Laufen wird die Aktivität der eigenen Muskeln wahrgenommen usw.). Premack (1959; 1961) formuliert folgende als Premack-Prinzip bekannt gewordene Hypothese: Von zwei Verhaltensweisen, deren spontane Auftrittswahrscheinlichkeit verschieden ist, kann die häufigere Verhaltensweise als Verstärker für die weniger häufige Verhaltensweise fungieren. Registriert man bspw. bei einer Ratte im Labor, dass sie spontan 10 % der Zeit im Laufrad und 20 % der Zeit mit Trinken verbringt, kann man das Trinken als Verstärkung für das Laufen einsetzen. Wenn die Ratte erst dann Trinken darf, wenn sie im Laufrad war, erhöht sich die Wahrscheinlichkeit für das Laufen im Laufrad. Premack (1971) formulierte zusätzlich das Bestrafungsprinzip, wonach ein Verhalten, das mit geringerer Wahrscheinlichkeit auftritt, als Bestrafung des Verhaltens, das mit höherer Wahrscheinlichkeit auftritt, fungiert. Verlangt man bspw. von einer Ratte, dass sie erst dann trinken darf, wenn sie gelaufen ist (Mazur, 1975), wird die Zeitdauer des Laufens gegenüber der registrierten Basisrate des Verhaltens ansteigen (weil es durch das Trinken belohnt wird) und gleichzeitig die Zeitdauer des Trinkens zurückgehen (weil das Trinken durch die Anforderung des Laufens bestraft wird). Mit der Zeit verliert das Trinken damit seine Verstärkerqualität.

1.2.6 Die Konditionierung abergläubischen Verhaltens

Auch abergläubisches Verhalten kann lerntheoretisch erklärt werden (s. Hergovich, 2005). Die nachstehende Geschichte liefert ein schönes Beispiel für alltäglichen Aberglauben:

Der fünffache Wimbledon-Sieger Björn Borg stammt aus einer abergläubischen Familie. Während des Wimbledon-Finales 1979 gegen Roscoe Tanner lutschte seine Mutter Margarethe Bonbons. Als Borg drei Matchbälle gegen Tanner hatte, dachte sie, dass der Zeitpunkt zum Jubeln gekommen sei, und spuckte das Bonbon, das sie gerade im Mund hatte, aus. Nachdem Tanner alle drei Matchbälle abgewehrt und den Einstand in diesem Game erreicht hatte, fühlte sie, dass sie einen Fehler gemacht hatte. Sie hob das Bonbon vom Boden auf und nahm es wieder in den Mund. Kurz danach gewann ihr Sohn zum dritten Mal das Finale (Vyse, 1997).

Diese Geschichte beschreibt eine typische abergläubische Handlung. Offensichtlich hat die Mutter eine Verbindung zwischen dem Lutschen des Bonbons und Borgs erfolgreichem Spiel hergestellt. Jeder von uns kennt solche abergläubischen Handlungen: Ein Student zieht sich jedesmal vor einer schwierigen Prüfung dasselbe T-Shirt an, ein Sportler rasiert sich vor einem Wettkampf nicht oder vollzieht ein bestimmtes, an Zwangsverhalten erinnerndes Ritual.

In einer Reihe von Arbeiten konnte nachgewiesen werden, dass abergläubisches Verhalten durch Konditionierung erzeugt werden kann. Skinner (1948) setzte hungrige Tauben in einen kleinen Käfig. Die Futtergabe war nach einem fixen Intervallplan eingestellt, sodass die Taube alle 15 Sekunden für fünf Sekunden Zugang zum Futter erhielt. Obwohl sich die Tauben anfangs ganz ruhig und unauffällig verhalten hatten, entwickelte jede Taube nach ein paar Minuten ein auffälliges Ritual. Eine Taube ging fortwährend im Kreis, um sich nach der Verstärkung zwei- oder dreimal um die eigene Achse zu drehen. Eine weitere Taube hob ruckartig ihren Kopf in Richtung einer Käfigecke, andere wiederum bewegten ihren Kopf permanent auf und ab, als würden sie einen imaginären Ball köpfeln. Nach Skinner lassen sich diese Spielarten „seltsamen" Verhaltens allein durch zeitliche Kontiguität erklären. Egal, welches Verhalten die Tauben zufällig während der ersten Futtergabe ausgeführt hatten, sie behielten es bei.

Die Bezeichnung „abergläubisches Verhalten" mag zwar für Tauben fragwürdig erscheinen, aber bei Menschen konnte auf die gleiche Weise abergläubisches Verhalten konditioniert werden. Wagner und Morris (1987) untersuchten 3- bis 6-jährige Vorschulkinder. Am Beginn des Experiments durfte sich jedes Kind ein Spielzeug aussuchen. Dann wurden die Kinder in den Testraum geführt. In diesem Zimmer, das durch einen Einwegspiegel einzusehen war, befand sich an einer Wand eine Clownpuppe namens Bobo und ein Plastikhalter. Den Kindern wurde mitgeteilt, dass Bobo von Zeit zu Zeit Murmeln ausgeben würde und sie die Murmeln in den Plastikhalter geben sollten. Wenn die Kinder genug Murmeln gesammelt hätten, würden sie das gewählte Spielzeug erhalten (am Ende erhielten alle Kinder das Spielzeug, was sie aber nicht wussten). Bobo war so eingestellt, dass er nach einem fixen Intervallplan Murmeln aus dem Mund warf, unabhängig davon, was das Kind tat. Für manche Kinder war der Intervallplan so festgelegt, dass Bobo alle 15 Sekunden Murmeln hergab, andere mussten 30 Sekunden warten. Jedes Kind wurde an sechs aufeinanderfolgenden Tagen für die Dauer von acht Minuten beobachtet. Genauso wie Skinners Tauben entwickelten die meisten Kinder (75 %) individuelles abergläubisches Verhalten. Manche Kinder standen vor Bobo und schnitten Grimassen, andere berührten sein Gesicht oder seine Nase, wieder andere schaukelten mit den Hüften. Ein Mädchen lächelte Bobo zu und ein anderes küsste ihn auf die Nase. Die Kinder behielten ihr ideografisches Verhalten auch über mehrere Sitzungen hinweg bei.

In einem ähnlichen Experiment bei Erwachsenen wurden japanische Studenten in einen Versuchsraum geführt (Ono, 1987). In diesem Raum stand an einer Wand ein Tisch mit einem Sessel. Auf dem Tisch waren drei Kästchen montiert, die mit Hebeln versehen waren. Darüber befand sich an der Wand ein Lichtsignal und ein Zähler (s. Abbildung 21). Den Studenten wurde gesagt, dass sie nichts Spezielles tun müssten, sie sollten nur danach trachten, möglichst viele Punkte zu bekommen. Die Punktevergabe war wieder unabhängig vom Verhalten durch Intervallpläne (für eine Gruppe fix, für eine andere variabel) geregelt. Alle Studenten wurden durch den Einwegspiegel beobachtet, zusätzlich wurde jede Hebelbetätigung elektronisch registriert. Eine Sitzung dauerte 40 Minuten. Auch bei dieser Stichprobe von erwachsenen Vpn trat bei den meisten schnell abergläubisches ritualisiertes Verhalten auf. Dabei behielten manche ihre Verhaltensweisen die ganze Sitzung über bei. Andere Verhaltensweisen traten zeitweilig auf, um dann wieder zu verschwinden. Ein Student zog z. B. rasch hintereinander an einem Hebel, um ihn dann einige Sekunden zu halten, bevor er zum nächsten Hebel wechselte und die Sequenz wiederholte. Dieses Verhalten behielt er über 30 Minuten lang bei. Die meisten Handlungen bezogen die Hebel mit ein, wenige handelten so eigentümlich wie jene Studentin, deren Verhalten Ono (1987) kurz schildert:

> About 5 minutes into the session, a point delivery occured after she had stopped pulling the lever temporarily and had put her right hand on the lever frame. This behavior was followed by a point delivery, after which she climbed on the table and put her right hand to the counter. Just as she did so, another point was delivered. Thereafter she began to touch many things in turn, such as the signal light, the screen, a nail on the screen, and the wall. About 10 minutes later, a point was delivered just as she jumped to the floor, and touching was replaced by jumping. After five jumps, a point was delivered when she jumped and touched the ceiling with her slipper in her hand. Jumping to touch the ceiling continued repeatedly and was followed by points until she stopped about 25 minutes into the session, perhaps because of fatigue. (Ono, 1987, S. 265)

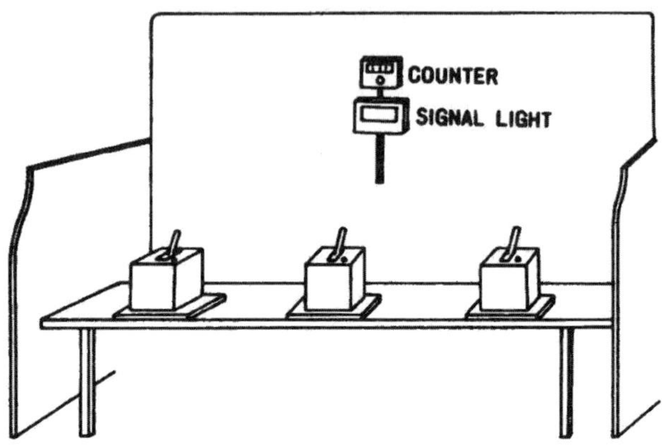

Abbildung 21: Versuchsaufbau bei Ono (1987).

In einer Reihe von Experimenten konnte gezeigt werden, dass auch ganze Handlungssequenzen konditioniert werden können (Catania & Cutts, 1963; Vyse, 1991). In dem Experiment von Vyse (1991) nahmen Studenten an einem Computerspiel teil. Auf dem Bildschirm sahen sie eine 5 × 5-Matrix und einen Kreis im linken oberen Eck, den die Studenten durch Betätigung zweier Tasten bewegen konnten. Ein Druck auf die eine Taste bewegte den Kreis eine Spalte nach rechts, wurde auf die andere Taste gedrückt, bewegte er sich eine Zeile nach unten. Die Aufgabe bestand darin, so viele Punkte wie möglich zu erreichen. Punkte konnte man gewinnen, indem der Kreis durch die Betätigung der Tasten ins rechte untere Eck gesteuert wurde. In einer Bedingung erhielten die Studenten nur dann Punkte, wenn sie zunächst zweimal den Kreis nach unten bewegten. Jeder mögliche Weg, der ab der zweiten Spalte unterhalb der zweiten Zeile verlief, wurde mit Punkten belohnt. Obwohl diese Aufgabe nicht ganz leicht war, konnte sie von den meisten Studenten nach einigen Durchgängen gelöst werden. Dabei ereignete sich nichts Auffälliges. Wurde hingegen ein Unsicherheitsfaktor eingeführt, indem die Punkte z. B. nur mehr bei der Hälfte der richtigen Lösungen vergeben wurden, dann entstand bei manchen Studenten wieder abergläubisches Verhalten. Manche dachten, dass bestimmte Felder unbedingt erreicht werden müssten, andere meinten, bestimmte Felder müssten unbedingt vermieden werden. Ein Student glaubte, dass man die Tasten nur sehr langsam drücken dürfe. Zum Teil wurden noch kompliziertere Theorien geäußert.

In einer Variation des Experiments (Heltzer & Vyse, 1994) waren wieder alle Wege gleich zulässig, um Punkte zu erringen, solange sie nur in das rechte untere Eck führten. Allerdings erhielten die Vpn wieder nur während der Hälfte der Durchgänge Punkte. Die eine Hälfte der Vpn scorte jedes zweite Mal, wenn sie die untere rechte Ecke erreicht hatte. Die andere Hälfte bekam ebenfalls in 50 Prozent der Durchgänge Punkte zugeteilt, die belohnten Durchgänge wurden allerdings zufällig ausgewählt. Die Vpn mussten jetzt nicht nur einfach versuchen, ihre Punkteanzahl zu maximieren, sondern sollten herausfinden, wie das Spiel funktionierte. In Abhängigkeit von den Bedingungen zeigten sich große Unterschiede in den geäußerten Theorien. Fast jede Vp, die bei jedem zweiten korrekten Durchgang belohnt wurde, äußerte eine richtige Theorie, wohingegen die zufällig belohnten Vpn z. T. bizarre Beschreibungen des Spiels abgaben. Viele Vpn meinten, dass es nur einen einzigen zulässigen Weg ins Ziel gäbe, andere formulierten noch komplexere Theorien, wonach es mehrere richtige Wege gäbe, bei jedem Durchgang aber immer nur eine Lösung zulässig wäre.

Nach Vyse (1997) entspricht der alltägliche Aberglaube, der sich in Maskottchen, glücksbringenden Schreibwerkzeugen oder Kleidungsstücken manifestiert, der Konditionierung sensorischen Aberglaubens, die Morse und Skinner (1957) nachwiesen. Wieder wurden hungrige Tauben in einen kleinen Käfig gesetzt. Nach einem fixen Intervallplan wurde der Zugang zu den Futterkörnern durch Pecken auf eine Futtertaste für einige Sekunden freigegeben. Unter einer solchen Bedingung peckten die Tauben während der ganzen Sitzung in relativ konstanter und mäßiger Geschwindigkeit auf die Futtertaste. Während des Experiments war die meiste Zeit ein orangefarbenes Licht zu sehen. In unregelmäßigen und großen Zeitabständen wurde das orangefarbene Licht für vier Minuten durch ein blaues Licht ersetzt. Das Auftreten des blauen Lichts war völlig unabhängig vom Intervallplan, der die Futtergabe steuerte. Dennoch trat nach einiger Zeit bei Vorhandensein des blauen Lichts ein dramatischer Anstieg der Rate des Peckens auf die Futtertaste ein. Die Tauben behandelten das blaue Licht so, als ob es eine bestimmte Bedeutung hätte und Futtergabe signalisieren würde. Nach einiger Zeit jedoch konnte dieses „abergläubische" Verhalten der Tauben leicht in das Gegenteil umschlagen: Die Tauben peckten jetzt in einer wesentlich langsameren Rate auf die Futtertaste. Die Bedeutung des blauen Lichts hatte sich geändert, so als würde aus einem Glücksbringer ein Ankündigungssignal für Unglück.

1.3 Kognitive Wende

1.3.1 Kritik am behavioristischen Paradigma

Edward Tolman war vielleicht der Erste, der eine alternative Theorie zum Konditionierungsparadigma aufstellte. Er nahm an, dass Versuchstiere lernen, eine Beziehung zwischen ihrem eigenen Verhalten und der Reaktion herzustellen. Während Pawlow und die Stimulus-Response-Theoretiker annahmen, dass eine Verbindung zwischen Reizen vor dem Verhalten und nachfolgenden Reaktionen aufgebaut würde, nahm Tolman an, dass die Reaktionen und die Konsequenzen auf die Reaktionen verknüpft würden. Tolmans Hauptwerk „Purposive behavior in animals and men" (Tolman, 1932) stand im Widerspruch zum damals dominierenden behavioristischen Ansatz: „Begriffe wie Hypothesen, Gelehrigkeit, Mittel-Ziel-Bereitschaft, Zeichen-Gestalt-Erwartung und kognitive Landkarten vermitteln den Eindruck einer völlig unwissenschaftlichen Untersuchung von Verhalten, eines Ansatzes, der damals drohte, alle hart umkämpften Positionen der behavioristischen Revolution preiszugeben“ (Mackintosh, 1977, S. 165). Er entwickelte auch das Konzept der kognitiven Landkarten (eine innere Repräsentation des Weges), nachdem er beobachtet hatte, dass Ratten einen Weg durch ein Labyrinth selbst dann lernen können („latentes Lernen“), wenn sie nicht am Ende des Wegs belohnt werden.[10]

Es dauerte noch einige Jahrzehnte, bis der Behaviorismus als führendes Paradigma zu erodieren begann. Nach und nach setzte sich aber verbreitet die Ansicht durch, dass ohne die Berücksichtigung *innerer Prozesse* das menschliche Verhalten nur unzureichend verstanden werden kann. Am prägnantesten hat das Unbehagen an der behavioristischen Psychologie vielleicht Noam Chomsky ausgedrückt: „It is quite possible – overwhelmingly probable, one might guess – that we will always learn more about human life and human personality from novels than from scientific psychology“ (Chomsky, 1988, S. 159). Wenn man ehrlich ist, muss man dem Satz auch heute noch zustimmen. So findet man in der Literatur viele Phänomene geschildert, die

> in der wissenschaftlichen Psychologie – so überhaupt – nur sehr randständig behandelt werden: die Macht des unwillkürlichen Erinnerns zum Beispiel, die Macht der mémoire involontaire, die, ausgelöst durch zufällige Sinneswahrnehmungen, den Schreibfluss des Ich-Erzählers in Prousts Auf der Suche nach der verlorenen Zeit in Gang bringt und über dreitausend Romanseiten hinweg auch in Gang hält. (Benetka, 2012, S. 4)

Die ursprüngliche Idee, dass die Psychologie so wie jede andere große Wissenschaft mit einer fixen Bezugsgröße beginnen müsse, nämlich dem Reflex, aus der sich dann alle komplexen Phänomene ableiten ließen (Bruner, 1960),[11] war lange Zeit erfolgreich, aber letztlich dem menschlichen Verhalten unangemessen:

---

10 Das Konzept des latenten Lernens ohne/oder doch mit Verstärkung wurde in der behavioristischen Psychologie über 30 Jahre lang von den renommiertesten Vertretern des Faches wie Watson, Meehl, Skinner, Thorndike, Hull und Guthrie kontrovers diskutiert ohne eindeutigen „Sieger“. Letztlich wurde die Debatte ad acta gelegt, auch wenn die meisten einführenden Lehrbücher der Psychologie das Bild einer Weiterentwicklung von der falschen behavioristischen Position hin zu der richtigen kognitiven Sichtweise vermitteln, schlicht weil sich die kognitive Perspektive insgesamt durchgesetzt hatte (Jensen, 1996; für die Sichtweise, dass das Konzept der „kognitiven Landkarte“ nicht sinnvoll ist, s. Bennett, 1996).

11 „Given a simple unit, complicated phenomena are then desirable as lawful compounds. That is the essence of the highly successful strategy called ‚scientific analysis‘. The elementary unit that modern, experimental psychologists generally select for their analysis of behavior is the reflex“ (Bruner, 1960, S. 21).

> The notions of „stimulus", „response", „reinforcement" are relatively well defined with respect to the bar-pressing experiments and others similarly restricted. Before we can extend them to real-life behavior, however, certain difficulties must be faced. We must decide, first of all, whether any physical event to which the organism is capable of reacting is to be called a stimulus on a given occasion, or only one to which the organism in fact reacts [...]. (Chomsky, 1959, S. 23)

Neue Ideen wurden entwickelt. Miller, Galanter und Pribram (1960) zeigten, dass Menschen ihr Verhalten nach Plänen ausrichten. Bartlett (1932) hatte mit seinem Konzept des Schemas für Handlungen hier schon frühe Vorarbeiten geleistet. Ausgehend von kybernetischen und informationstheoretischen Theorien war für Miller et al. (1960) nicht mehr der Reflex die grundlegende analytische Einheit, sondern die abstraktere TOTE-Einheit (TOTE steht für *Test-Operate-Test-Exit*). Betrachten wir zur Veranschaulichung die Handlung (Operation) des Einschlagens eines Nagels. Das Hämmern (= Operation) wird solange ausgeführt, bis die Überprüfung (Test) ergeben hat, dass der Nagel eingeschlagen ist, dann erfolgt der Abbruch der Handlung (Exit). Menschliches Verhalten sollte aus solchen regelkreisartigen TOTE-Einheiten zusammengesetzt sein. Diese Überlegungen hatten einen großen Einfluss auf Theorien der Handlungsregulation.

Die Computer-Metapher als Bild für den menschlichen Geist wurde zunehmend attraktiv. Informationsverarbeitung hieß das neue Schlagwort. Computerprogramme (wie der „*General Problem Solver*" von Newell, Shaw & Simon, 1959) sollten veranschaulichen, wie menschliches Denken funktioniert.

Auch Jerome Bruner (1915–2016) hatte entscheidenden Anteil am „*New Look*". Dabei handelt es sich um den „neuen Blick" auf die Wahrnehmung – mit der Idee, dass innere Prozesse wie Erwartungen, Wissen und Bedürfnisse auch unsere Wahrnehmung beeinflussen. In einer berühmten Studie (Bruner & Goodman, 1947) zeigte er, dass Kinder die Größe von gesehenen Münzen beim Zeichnen aus der Erinnerung überschätzten, wenn diese wertvoll waren, und besonders, wenn die Kinder aus armen Verhältnissen kamen. In späteren Arbeiten wandte sich Bruner zunehmend dem „Sinn" und der Entstehung von „Bedeutung" zu (Bruner, 1997): „Es ist ja gerade die Teilhabe des Menschen *an* einer Kultur und die Verwirklichung seiner mentalen Kräfte *durch* eine Kultur, die es unmöglich machen, eine Psychologie des Menschen nur vom Individuum her aufzubauen" (Bruner, 1997, S. 31). Anstelle einer Psychologie aus Sicht des Individuums verfolgte er die Idee einer „Kulturpsychologie".

Der zentrale Unterschied zwischen behavioristischen und kognitiven Theorien besteht darin, dass sich behavioristische Theorien auf beobachtbares Verhalten beschränken. Sie interessieren sich dafür, welche Vorgänge in der Umwelt (Reize) welche Vorgänge auf der Verhaltensseite verursachen. Der Organismus selbst wird dabei als Blackbox betrachtet (s. Abbildung 22). Für die inneren Vorgänge interessieren sich Behavioristen nicht, weil sie nicht genau und objektiv zu erfassen sind.

Abbildung 22: Das Blackbox-Modell im Rahmen des Behaviorismus.

Kognitive Theorien wiederum interessieren sich auch für die inneren vermittelnden Prozesse im Organismus zwischen den Reizen und dem Verhalten. Dazu gehören Variablen wie Einstellungen, Werthaltungen, Erwartungen oder Gefühle und vieles andere mehr.

1.3.2 Die Lerntheorie von Bandura

Albert Bandura (* 1925, s. Abbildung 23) wendet sich in seiner Theorie gegen die behavioristische Annahme, dass Lernvorgänge nur durch den Zusammenhang zwischen Reiz und Reaktion verstanden werden können.

Er stellt folgende Kernannahmen auf (Bandura, 1986):

(1) Stellvertretende Prozesse sind neben unmittelbarer Erfahrung die zweitwichtigste Quelle von Erfahrungen.

(2) Symbolische Prozesse machen die Vorstellung von Ereignissen möglich und erlauben Analysen und Planungen. Menschen müssen ein Verhalten nicht unbedingt ausprobieren, sie können es auch symbolisch (d. h. gedanklich) vorwegnehmen.

(3) Selbstregulierende Prozesse laufen ab, wenn Menschen nicht direkt auf äußere Einflüsse reagieren, sondern Reize auswählen und diese organisieren, umformen usw.

Abbildung 23: Albert Bandura (* 1925).

Bandura wendet sich damit eindeutig gegen das zu seiner Zeit dominante mechanistische Menschenbild. Für ihn ist das Charakteristische beim Lernen, dass höhere kognitive Prozesse beteiligt sind.

In seiner Theorie des Modelllernens führt er aus, dass Menschen lernen können, indem sie andere Menschen beobachten. Die beobachtete Person ist das Modell, der Beobachter ist die lernende Person. Wird eine andere Person beobachtet, wie sie für ein bestimmtes Verhalten belohnt (verstärkt) wird oder ein Verhalten erfolgreich durchführt (auch das kann schon als stellvertretende Verstärkung verstanden werden), erhöht das die Wahrscheinlichkeit, dass man selbst das Verhalten durchführt. Man spricht hier auch von stellvertretender Verstärkung, weil die Modellperson stellvertretend für einen selbst belohnt wird. Der Vorteil des Lernens durch Beobachtung ist, dass die Person das Verhalten nicht selbst durchführen muss und dennoch a) schnell und b) ohne Gefahr lernen kann.

Lernen am Modell ist nur durch die Annahme von inneren Prozessen verstehbar. Bandura (1986) nennt vier Teilprozesse in folgender Reihenfolge:

a) Aufmerksamkeit: Wie aufmerksam eine Modellperson betrachtet wird, hängt von ihrer Auffälligkeit (Salienz), von ihrer affektiven Valenz (wie bewertet man die Modellperson, ist sie einem sympathisch) und vom funktionalen Wert ihres Verhaltens ab (ist das beobachtete Verhalten nützlich für den Beobachter, kann er selbst etwas damit anfangen).
b) Gedächtnis: Wie gut ein beobachtetes Verhalten gelernt wird, hängt davon ab, wie gut es im Gedächtnis abgespeichert wird, und das wiederum ist von der Enkodierung und von der Wiederholung (tatsächlich oder in Gedanken) des beobachteten Verhaltens abhängig.
c) Verhalten: Wie gut ein beobachtetes Verhalten reproduziert werden kann, hängt auch von den motorischen Fähigkeiten des Beobachters ab bzw. davon, wie gut er selbst bereits das Verhalten beherrscht.
d) Motivation: Wie oft ein beobachtetes Verhalten imitiert wird, hängt auch von der Verstärkung bzw. Bestrafung des Verhaltens (hat man selbst Erfolg, wenn man ein Verhalten imitiert, wird man dafür gelobt oder getadelt), von der stellvertretenden Verstärkung, von Selbstverstärkung und Selbstbestrafung sowie von den Effizienzerwartungen ab.

In der ursprünglichen Version der Theorie des Modelllernens wurde angenommen, dass sich die Häufigkeit des Verhaltens v. a. aus den Konsequenzen (Verstärkung/Bestrafung) ableitet, die das Verhalten nach sich zieht. Später hat Bandura die *Effizienzerwartungen* (Erwartungen in Bezug auf die Selbstwirksamkeit) als weitere Variable hinzugefügt, die bestimmt, ob ein Verhalten tatsächlich ausgeführt wird (Bandura, 1977). Effizienzerwartungen sind subjektive Wahrscheinlichkeiten dafür, ob man imstande ist, das Verhalten gut durchzuführen, welches notwendig ist, um die erwartete

Konsequenz hervorzurufen. Effizienzerwartungen können hoch oder niedrig sein. Sie hängen (1) von eigenen Erfahrungen, (2) von der Beobachtung (aus der Beobachtung vergleichbarer Personen zieht man Schlüsse auf seine eigene Kompetenz), (3) von sprachlicher Kommunikation (Rückmeldungen über das eigene Verhalten beeinflussen die Effizienzerwartungen) und (4) von der Aktivierung (je höher die Aktivierung oder Erregung, desto niedriger ist die Effizienzerwartung) ab.

Wenn z. B. ein Student vor einem Auftritt sehr nervös ist, wird das seine Erwartung, die Prüfung gut bewältigen zu können, negativ beeinflussen. Effizienzerwartungen beeinflussen a) die Wahl der Reize und Situationen, die wir aufsuchen, b) die Wahl der Verhaltensweisen, die wir durchzuführen versuchen, und c) den Grad der Ausdauer, mit der ein Verhalten auch unter ungünstigen Bedingungen ausgeführt wird.

In einem klassischen Experiment (Bandura, 1965) sahen 66 Kinder im Alter zwischen vier und sechs Jahren einen Film, in dem eine erwachsene Modellperson eine lebensgroße Plastikpuppe namens Bobo malträtiert (schlägt, tritt und beschimpft), die ihr nicht aus dem Weg geht (s. Abbildung 24). Es gab drei Versuchsbedingungen, in denen die Vpn jeweils ein anderes Ende des Films sahen:

(1) Stellvertretende Belohnung: Die Modellperson wird am Ende des Films von einer anderen Person gelobt und mit Süßigkeiten belohnt.
(2) Stellvertretende Bestrafung: Die Modellperson wird am Ende des Films durch Schläge und Drohungen bestraft.
(3) Version ohne Folgen für die Modellperson.

Abbildung 24: Szenen aus dem vorgeführten Film von Bandura (1965, oberste Reihe), darunter sind die Reaktionen der beobachtenden Kinder zu sehen (aus Gazzaniga & Heatherton, 2003).

Nach dem Sehen des Films wurden die Kinder in ein Spielzimmer gebracht, das Gegenstände aus dem Film enthielt (Holzhammer, Puppe etc.). Daraufhin wurde die Zahl der nachgeahmten Verhaltensweisen registriert, welche die Kinder jeweils praktizierten.

Es zeigte sich, dass bei den spontan registrierten Aggressionen die Versuchsbedingung einen großen Einfluss hatte. In der Bedingung „stellvertretende Bestrafung" wurden deutlich weniger aggressive Verhaltensweisen registriert als in den anderen Bedingungen. Anschließend wurde den Kindern für jede richtig erinnerte Handlung eine Belohnung in Aussicht gestellt. Dabei zeigte sich, dass die Kinder in der Bedingung „stellvertretende Bestrafung" das aggressive Verhalten genauso gut gelernt hatten wie die beiden anderen Gruppen und es daher auch reproduzieren konnten (s. Abbildung 25). In allen Bedingungen wurde das Verhalten gut gelernt. Stellvertretende Verstärkung bzw. Bestrafung wirkt sich also nicht auf das Lernen, sondern auf das Verhalten aus.

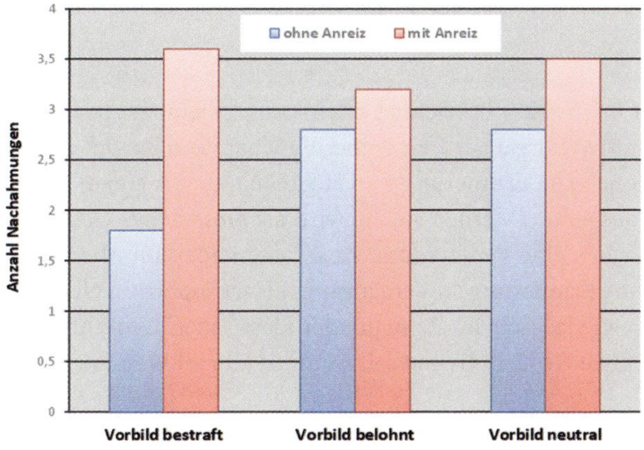

Abbildung 25: Anzahl aggressiver Handlungen der Kinder in der Studie von Bandura (1965) in Abhängigkeit von der Bedingung und dem Anreiz (mit/ohne).

1.4 Gedächtnis

Was ist das Gedächtnis? Wie lässt es sich definieren? „Ihr Gedächtnis ist der Speicher des Mentalen, das Reservoir all dessen, was Sie im Lauf ihres Lebens lernen" (Myers, 2008, S. 380). Die Annahme, dass es sich beim Gedächtnis um einen Ort handelt, in dem Wissen gespeichert ist, gilt den meisten Menschen als selbstverständlich. Im Laufe der Geschichte wurden viele Metaphern für das Gedächtnis verwendet, so die von einem Vogelhaus, einer Wachstafel, einem Haus, einem Grammophon, einer Flasche, dem Magen einer Kuh, einem Wörterbuch, einer Bibliothek, einem Tonband oder einem Computerprogramm (Roediger, 1980).

Wie immer man sich die Funktionsweise des Gedächtnisses auch vorstellen mag, alle gegenwärtigen Gedächtnisforscher gehen davon aus, dass die Information im Gehirn gespeichert wird. Folgt man aber den Überlegungen von Bennett und Hacker (2010), dann äußert sich in einem solchen Denken der mereologische Fehlschluss. Dem Gehirn wird eine Fähigkeit zugeschrieben, über die tatsächlich nur der Mensch verfügt. Der Mensch erinnert sich, merkt sich und vergisst:

> Von einem Buch können wir sagen, dass es das gesamte Wissen der Lebensarbeit eines Gelehrten enthält, oder von einem Aktenschrank, dass er alles verfügbare, ordnungsgemäß katalogisierte Wissen über Julius Cäsar enthält. Das heißt, dass auf den Buchseiten oder den Registerkarten im Aktenschrank *Ausdrücke* einer großen Zahl bekannter Wahrheiten niedergeschrieben wurden. In diesem Sinne *enthält* das Gehirn kein Wissen, welcher Art auch immer. Es gibt keine Symbole im Gehirn, die durch ihre Anordnung eine einzelne Proposition ausdrücken, geschweige denn eine als wahr aufgefasste Proposition. (Bennett & Hacker, 2010, S. 201)

Nach Neisser (1982, S. 327) bezeichnet das Wort „remember" (erinnern) zwei unterschiedliche kognitive Vorgänge: „remembering what we must do" und „remembering what we have done". Die Erinnerung an Tätigkeiten, die zu einem späteren Zeitpunkt in der Zukunft ausgeführt werden sollen, wird als *prospektives* Gedächtnis bezeichnet (z. B. die Erinnerung, eine Verabredung einzuhalten oder am Abend ein Medikament einzunehmen), die Erinnerung an Vergangenes als *retrospektives* Gedächtnis. Während das retrospektive Gedächtnis im Zentrum der klassischen Gedächtnisforschung steht, wird das prospektive Gedächtnis erst seit wenigen Jahrzehnten intensiv erforscht.

1.4.1 Die Gedächtnisforschung von Ebbinghaus

Ein Pionier der Gedächtnisforschung ist Hermann Ebbinghaus (1850–1909, s. Abbildung 26). Er experimentierte mit sinnlosen Silben, und zwar sogenannten Trigrammen (ein Konsonant gefolgt von einem Vokal und noch einem Konsonant, z. B. LUK oder GIM). Dabei entwickelte er einen Pool von 2300 Silben. Als Grund für die Verwendung der sinnlosen Silben gab er an, dass diese einfach, gleichartig und „frei von störenden Einflüssen" wären, Vorwissen also keine Rolle spielte. Ebbinghaus experimentierte mit sich selbst, er selbst war also seine einzige Vp. Die Grundmethode bestand darin, die Silben laut vorzulesen (in einem Tempo von ca. 2,5 Silben pro Sekunde) und danach zu versuchen, sie in der richtigen Reihenfolge wiederzugeben.

Abbildung 26: Hermann Ebbinghaus (1850–1909).

Genauer wandte er zwei Methoden an, die *Erlernmethode*, bei der die Anzahl der Lerndurchgänge bis zu einem festgelegten Kriterium (z. B. Wiedergabe von 100 % der gelernten Silben) gezählt wurden, und die *Ersparnismethode*, bei der nach einem erfolgreichen Lernen und nach einer verstrichenen Zeit (z. B. 24 Stunden später) gemessen wurde, wie viele Lerndurchgänge beim Wiederlernen der Silbenfolge benötigt werden, um abermals das festgelegte Lernkriterium zu erreichen.

Dazu ein Beispiel (aus Ebbinghaus,1885, S. 57 f.):

(1) Ebbinghaus lernte zunächst acht Reihen zu je 13 KVK-Silben (KVK steht für Konsonant – Vokal – Konsonant), bis die Silbenlisten zweimal fehlerfrei in richtiger Reihenfolge reproduziert werden konnten. Dafür benötigte er 1156 Sekunden, also knapp 20 Minuten.

(2) Nach 20 Minuten lernte er die Silbenlisten erneut, bis zweimal eine korrekte Reproduktion möglich war. Die Dauer betrug diesmal nur 467 Sekunden. Die Ersparnis lag also bei 1156 – 467 = 689 Sekunden, was eine prozentuelle Ersparnis von 689/1156 = 64,3 % bedeutet. Ebbinghaus sparte also beim zweiten Lernvorgang 64,3 % der Lernzeit. Nach einem Tag Pause belief sich die Ersparnis allerdings nur mehr auf 33,8 % (s. Abbildung 27).

Die wichtigsten beiden Forschungsergebnisse von Ebbinghaus waren:

(1) Je öfter eine Liste wiederholt wird, desto besser ist die Erinnerung daran.

(2) Die Erinnerungsleistung hängt von der Verteilung der Lerneinheiten ab. Es ist besser, 36 Lerneinheiten auf drei Tage zu je 12 Lerneinheiten aufzuteilen, als zu versuchen, alle 36 Lerneinheiten an einem Tag zu lernen. Dieses Ergebnis ist als Spacing-Effekt bekannt geworden und gilt auch heute noch als robuster Effekt in der Lernpsychologie. Verteiltes Lernen ist wesentlich effektiver als massiertes Lernen.

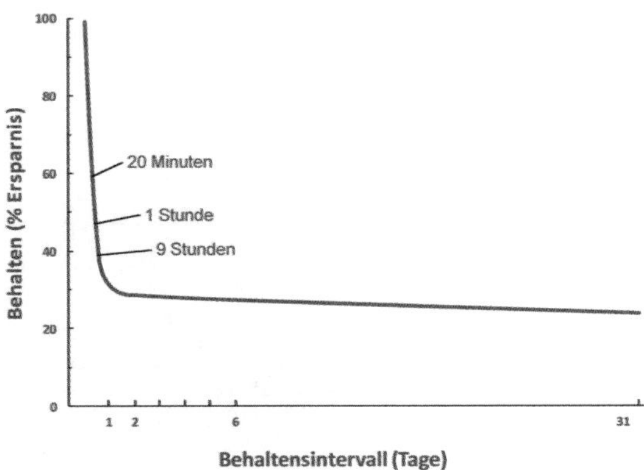

Abbildung 27: Die Ebbinghaussche Vergessenskurve (je mehr Zeit zwischen dem ersten Lernen und dem erneuten Lernen verstrichen ist, desto geringer ist die Lernersparnis beim erneuten Lernen).

Ebbinghaus beobachtete auch, dass die jeweils ersten und letzten Silben einer Liste besser gemerkt werden können. Man spricht hier von Positionseffekten bzw. vom *Primacy*- und *Recency*-Effekt. Und er beobachtete, dass ein doppelt so umfangreicher Lernstoff (doppelt so lange Listen) nicht die doppelte Lernzeit erfordert, sondern wesentlich mehr Zeit beansprucht. Die Lernzeit wächst überproportional mit der Stoffmenge.

Adolf Jost (1896) führte weitere Versuche nach dem Paradigma von Ebbinghaus durch, jedoch nicht mit sich selbst, sondern mit einigen wenigen Versuchspersonen, die in seiner Arbeit noch namentlich genannt werden. Dabei interessierte er sich für alternative Maße der Güte der Erinnerung neben der Anzahl der Wiederholungen, die nötig sind, um etwas zu lernen. So registrierte er ganz einfach die Anzahl der Treffer nach verschiedenen Perioden. Dabei fand er heraus, dass die beiden Maße „Anzahl an Treffern" (richtig gemerkte Silben) und „Anzahl der Wiederholungen, die nötig sind, um einen Inhalt vollständig wiedergeben zu können" nicht unbedingt korrespondieren müssen. So kann bei einem älteren Inhalt nur mehr eine schwache Erinnerung vorhanden sein, die Anzahl der Treffer ist also gering im Vergleich zu einem jüngeren Lerninhalt, aber die Anzahl der Wiederholungen, die zum Beherrschen des Stoffes nötig sind, kann dennoch geringer sein als bei dem später gelernten Inhalt. Dies drückte Jost in seinem ersten später nach ihm benannten Satz so aus:

(1) Sind zwei Assoziationen von gleicher Stärke, aber von verschiedenem Alter, so hat für die ältere eine Wiederholung einen größeren Wert.

Der zweite von Jost aufgestellte Satz wird als ergänzende Erklärung zur Vergessenskurve von Ebbinghaus angefügt. Nach Jost genügt Satz (1) nicht zur Erklärung der Tatsache, dass beim Erlernen jeden Tag weniger Wiederholungen nötig sind, um die Reihe zu beherrschen, weil irgendwann die ganze Reihe auch ohne Wiederholungen am nächsten Tag erinnert wird. Daher nimmt er zusätzlich an:

(2) Haben zwei Assoziationen mit gleicher Stärke ein verschiedenes Alter, so wird die Stärke der älteren Assoziation langsamer geringer als die der jüngeren (Jost, 1896).

Man lernt einen Lerninhalt nicht nur schneller, wenn man ihn zuvor schon einmal gelernt hatte, sondern man vergisst ihn auch langsamer, wenn man ihn bereits öfter wiederholt hat.

Welche Ansicht vertritt die Psychologie zum Überlernen, das heißt, lohnt es sich, bereits beherrschtes Material weiter zu repetieren? Dabei muss man zwischen sinnlosem Lernmaterial (wie bei Ebbinghaus) und sinnvollem Lernmaterial differenzieren. Für sinnloses Lernmaterial ist ein positiver Lerneffekt eindeutig erwiesen. Man merkt sich also Inhalte, mit denen man wenig oder nichts Bedeutungsvolles verbindet, besser, wenn man überlernt (s. Abbildung 28). In der Studie von Krueger (1929, zit. nach Zimbardo, 1983) lernten drei Gruppen Listen von Wörtern bis zur fehlerfreien Wiedergabe. Nach dem Lernen übte die erste Gruppe die Wörter genauso lange weiter wie beim ursprünglichen Lernen (100 %), die zweite Gruppe lernte noch die Hälfte der Zeit der ersten Lernphase weiter (50 %) und die dritte Gruppe lernte nicht mehr weiter (0 %). Überlernen hatte über die Zeit hinweg (selbst nach 28 Tagen noch) einen positiven Effekt auf die Behaltensleistung.

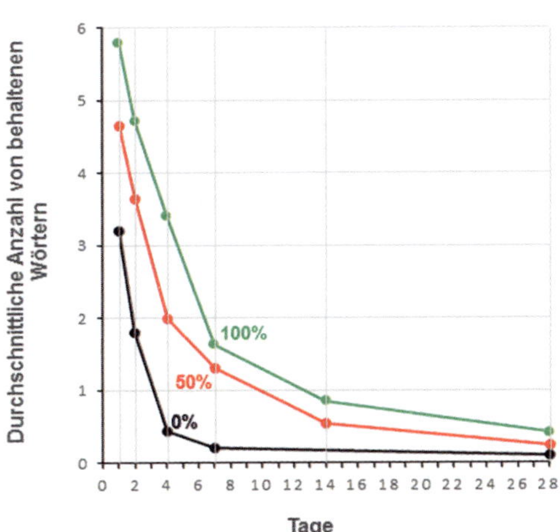

Abbildung 28:
Insbesondere bei längeren Zeiträumen verbessert Überlernen das Behalten (modifiziert nach Krueger, 1929, aus Zimbardo, 1983).

Bei sinnvollem Lernmaterial ist das Überlernen aber aus motivationaler Sicht zu hinterfragen, weil es einfach nicht so viel Spaß macht, einen Stoff weiter zu lernen, den man eigentlich schon beherrscht. Sinnvoller erscheint es allemal, mehr Lerndurchgänge durchzuführen, nachdem die Vergessenskurve bereits eingesetzt hat, d. h. nicht weiter zu lernen, wenn der Stoff bereits beherrscht wird, sondern den Stoff zu wiederholen, nachdem ein Tag verstrichen ist, zwei Tage danach nochmals usw. (*repetitio est mater studiorum*, s. Abbildung 29). Dies setzt natürlich voraus, dass genügend Zeit zwischen dem erstmaligen erfolgreichen Lernen des Stoffes und der Prüfung vorhanden ist, der Lernende also frühzeitig mit dem Lernen beginnt.

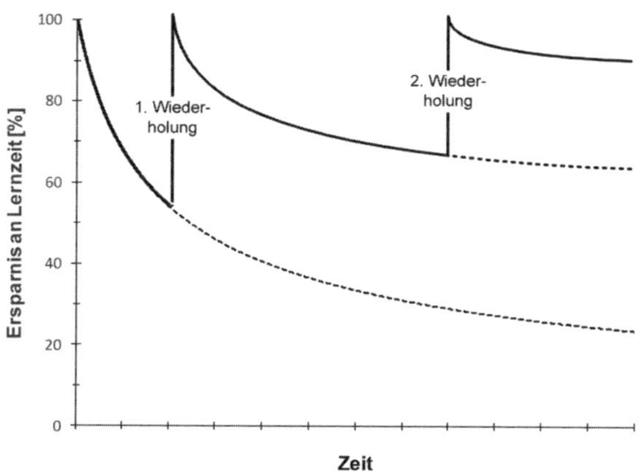

Abbildung 29: Effekt von Lernwiederholungen auf die Lernersparnis (nach jeder Wiederholung fällt die Vergessenskurve weniger ab, das heißt, die Lernersparnis in Prozent bis zur 100-prozentigen Beherrschung des Stoffes wird immer höher).

Das Überlernen bringt auch langfristig keinen Gewinn. In einer Studie (Pashler, Rohrer & Cepeda, 2007) lernten Studenten Vokabeln fünf Durchgänge lang (sie gingen jeweils die Vokabeln durch und prüften sich dann selbst), in einer zweiten Bedingung zehn Durchgänge lang. Nach vier Wochen zeigte sich kein Effekt des Überlernens mehr (s. Abbildung 30).

Generell sind Lernen und Vergessen negativ beschleunigt. Man spricht hier auch von dem Potenzgesetz des Lernens bzw. Vergessens (s. Anderson, 2000). Am Beginn des Vergessens vergisst man am meisten, je mehr Zeit verstreicht, desto weniger wird von dem (noch) Vorhandenen vergessen. Ebenso beim Lernen: Am Beginn verläuft die Lernkurve am steilsten, man lernt in kurzer Zeit sehr viel. Um noch besser zu werden und noch mehr zu wissen, muss allerdings immer mehr Zeit aufgewendet werden, das

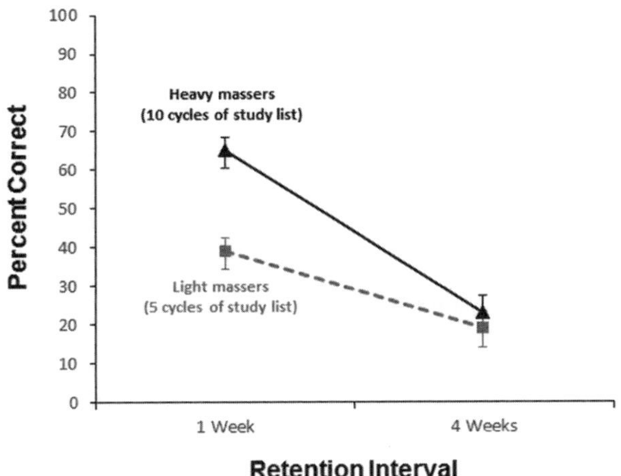

Abbildung 30: Langfristiger Effekt des Überlernens (modifiziert nach Pashler et al., 2007).

heißt die Lernkurve wird immer flacher (s. Abbildung 31). Das Potenzgesetz konnte für Experten in verschiedensten Domänen bestätigt werden: Eine Aufgabe kann mit zunehmender Expertise immer schneller gelöst werden, wobei der Übungsgewinn asymptotisch immer geringer wird (Ericsson, Krampe & Tesch-Römer, 1993).

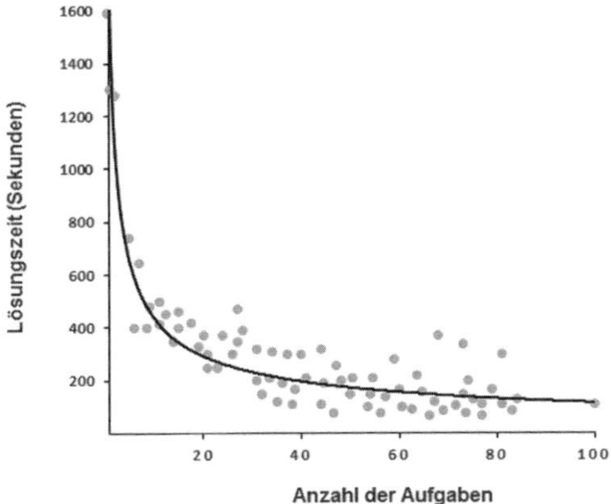

Abbildung 31: Potenzgesetz des Lernens.

1.4.2 Die Studie von Bartlett (1932)

Frederic Bartlett (1886–1969) bemühte sich, abseits der dominanten Strömung des Behaviorismus die Prozesse des Erinnerns zu verstehen. In einer berühmten Studie (Bartlett, 1932) bat er Studenten, kurze Geschichten zu lesen und danach aus dem Gedächtnis niederzuschreiben. Die Niederschrift der ersten Vpn wurde Vpn Nr. 2 gegeben, diese sollte sie lesen und aus dem Gedächtnis schriftlich wiedergeben usw.

Eine der bekanntesten Geschichten lautete „Krieg der Geister“ („The war of the ghosts“, Bartlett, 1932, zit. nach Mayer, 1979, S. 125):

Eines Nachts gingen zwei junge Männer aus Egulac an den Fluss, um Seehunde zu jagen. Allmählich wurde es neblig und still. Dann hörten sie Kriegsschreie und dachten: „Das ist vielleicht ein Kriegsfest.“ Sie flüchteten sich hinter einen Baumstamm am Ufer. Jetzt näherten sich Boote, und sie hörten Paddelgeräusche. Ein Boot kam auf sie zu. Darin saßen fünf Männer, die sie ansprachen: „Was denkt ihr denn? Wir wollen euch mitnehmen. Wir fahren flussaufwärts und greifen die Leute dort an.“

Einer der jungen Männer sagte: „Ich habe keine Pfeile.“

„Pfeile haben wir im Boot“, entgegneten die Männer.

„Ich komme nicht mit. Ich könnte umkommen. Meine Verwandten wissen nicht, wo ich hingegangen bin. Aber du“, wandte er sich an seinen Begleiter, „kannst mit ihnen gehen.“

So ging einer der beiden jungen Männer mit, doch der andere ging nach Hause.

Die Krieger fuhren flussaufwärts zu einer Stadt gegenüber von Kalama. Die Leute aus der Stadt kamen zum Fluss und der Kampf begann. Viele wurden getötet. Plötzlich hörte der junge Mann einen der Krieger sagen: „Schnell, ziehen wir uns zurück; dieser Indianer ist verletzt worden.“ Nun dachte er: „Ach, sie sind Geister.“ Er fühlte keinen Schmerz, aber sie sagten, er sei angeschossen worden.

So fuhren die Boote zurück nach Egulac, und der junge Mann begab sich ans Ufer, ging zu seinem Haus und entzündete ein Feuer. Und er rief alle und sagte: „Seht her! Ich habe die Geister zum Kampf begleitet. Viele unserer Kameraden wurden getötet, und viele unserer Angreifer kamen um. Mir wurde gesagt, ich sei verletzt, aber ich fühlte keinen Schmerz.“ Er erzählte alles, dann verstummte er. Als die Sonne aufging, fiel er zu Boden. Etwas Schwarzes rann aus seinem Mund. Sein Gesicht verzerrte sich. Die Leute sprangen auf und schrien. Er war tot.

Nacherzählung der ersten Versuchsperson

Es waren einmal zwei junge Indianer; sie wohnten in Egulac und gingen hinunter an den Fluss, um Seehunde zu jagen. Wo sie jagten, war es sehr neblig und still. Nach einer Weile hörten sie Schreie, und sie kamen aus dem Wasser und versteckten sich hinter einem Baumstamm. Dann hörten sie Paddelgeräusche und sahen fünf Boote. Ein Boot kam auf sie zu, und es saßen fünf Männer darin, welche ihnen zuriefen: „Kommt mit uns flussaufwärts und gegen die Leute dort kämpfen.“

Doch einer der Indianer erwiderte: „Wir haben keine Pfeile.“

„Es sind Pfeile im Boot."
„Aber ich könnte umkommen, und meine Leute brauchen mich. Du hast keine Eltern", sagte er zu dem anderen, „du kannst mit ihnen gehen, wenn du willst. Ich bleibe hier."
So ging einer der Indianer mit, doch der andere blieb zurück und ging nach Hause. Und die Boote fuhren flussaufwärts zum anderen Ufer von Kalama, um dort gegen die Leute zu kämpfen. Viele der Leute kamen um, auch viele aus den Booten.
Dann rief einer der Krieger dem jungen Indianer zu: „Geh zurück zum Boot, ein Pfeil hat dich verwundet." Doch der Indianer wunderte sich, denn er fühlte keinen Schmerz. Und als auf beiden Seiten viele gefallen waren, kehrten sie zu den Booten zurück und fuhren wieder flussabwärts, und so kam der junge Indianer nach Egulac zurück.
Dann erzählte er ihnen, dass dort eine Schlacht gewesen war, und wie viele umgekommen waren und wie die Krieger ihm gesagt hatten, er sei verletzt, er aber keinen Schmerz gefühlt hatte. Bei Tagesanbruch wurde er schwach; und als die Sonne aufging, fiel er zu Boden. Er stieß einen Schrei aus, und als er seinen Mund öffnete, quoll etwas Schwarzes heraus. Dann rannten sie verwundert auf ihn zu, um ihn aufzuheben. Doch er antwortete ihnen nicht. Er war tot.

Nacherzählung der zehnten Vp
Zwei Indianer fischten nach Seehunden in der Bucht von Manpapan, als ein Boot mit fünf anderen Indianern auf sie zukam. Sie waren auf dem Kriegspfad.
„Kommt mit uns", sagten die fünf den beiden, „und lasst uns kämpfen."
„Ich kann nicht kommen", antwortete der eine, „denn ich habe eine alte Mutter zuhause, die auf mich angewiesen ist." Der andere sagte ebenfalls, er könne nicht kommen, er habe keine Waffen. „Das ist keine Schwierigkeit", antworteten die anderen, „denn wir haben genug im Boot." So stieg er ins Boot und kam mit.
Bald darauf begann der Kampf, und dieser Indianer wurde tödlich verletzt. Er sah seine letzte Stunde gekommen und schrie laut, dass er sterben müsse. „Unsinn", sagte einer der anderen, „du stirbst nicht." Doch er starb.

Wie man an den Nacherzählungen erkennt, wird die Geschichte gegenüber dem Original zunehmend verändert. Bartlett (1932) konnte drei Phänomene beobachten:

(1) Nivellierung: Die Geschichte wird immer mehr vereinfacht. Im obigen Beispiel ist die Nacherzählung der zehnten Vp wesentlich kürzer und einfacher als das Original. Die meisten Eigennamen sind verloren gegangen.
(2) Akzentuierung: Bestimmte Details werden herausgearbeitet und stärker betont.
(3) Assimilation: Die Geschichte wird insgesamt kohärenter, an ein der eigenen Kultur vertrautes Schema angepasst und dem widersprechende Details werden zunehmend weggelassen. Zum Beispiel verschwinden die Passagen mit den Geistern sehr rasch aus der Geschichte.

Bartlett (1932) gab aber nicht nur Geschichten, sondern auch Bilder vor (s. Abbildung 32). Auch hier erkennt man sehr schön, dass die Zeichnung an ein vertrautes Schema eines Gesichts oder Tieres angepasst wird und inkohärente Details weggelassen werden.

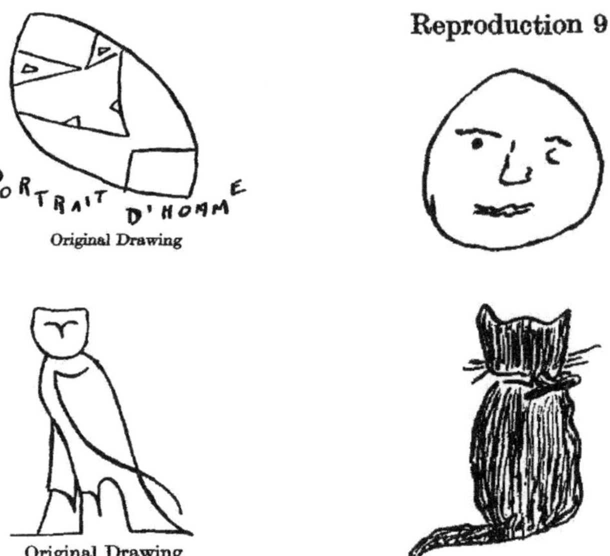

Abbildung 32: Vorgegebene Originalbilder von Bartlett (1932) und die Wiedergabe der neunten (Gesicht) bzw. zehnten Vpn (Katze).

Der wesentliche Beitrag Bartletts für die Gedächtnisforschung besteht damit in den folgenden Erkenntnissen:

(1): Das Erinnerte ist keine exakte Kopie des Dargebotenen, sondern hängt auch von dem Schema ab, an das es assimiliert wird.

(2): Der Akt des Erinnerns erfordert einen aktiven, konstruktiven Prozess. Manche Details werden in Übereinstimmung mit einem Schema konstruiert.

1.4.3 Das Ultrakurzzeitgedächtnis

Nach dem Mehrspeichermodell des Gedächtnisses (Atkinson & Shiffrin, 1968) werden drei Speicher unterschieden: das *Ultrakurzzeitgedächtnis* (ein sensorischer Speicher), das *Kurzzeitgedächtnis* und das *Langzeitgedächtnis* (s. Abbildung 33).

Das Ultrakurzzeitgedächtnis zeigt sich darin, dass Informationen für Bruchteile von Sekunden (bei visuellen Reizen) bis zu knapp über einer Sekunde (bei akustischen Reizen) behalten werden können. Das Kurzzeitgedächtnis ermöglicht die Aufrechterhaltung von begrenzten Informationen durch aktive Wiederholung. Und das Langzeitgedächtnis dient der dauerhaften Speicherung einer großen Menge an Informationen, die unbewusst bleiben, bis sie wieder abgerufen werden.

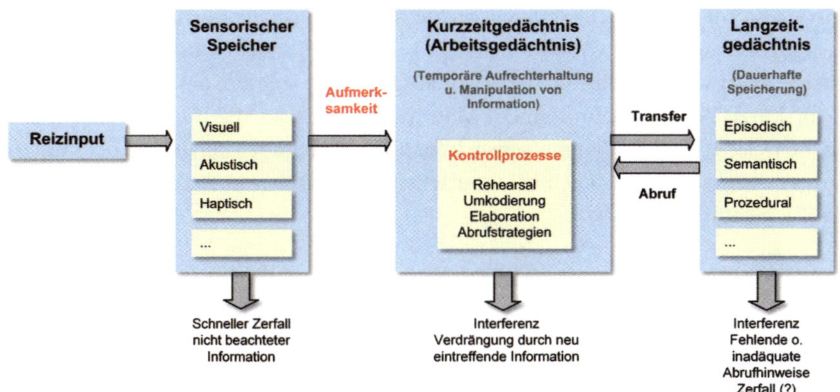

Abbildung 33: Das Mehrspeichermodel des Gedächtnisses von Atkinson und Shiffrin (1968).

Einen Beleg dafür, dass die Annahme eines sensorischen Speichers sinnvoll ist, liefert das Experiment von Sperling (1960). Seinen Vpn wurde kurzzeitig eine Buchstabenmatrix dargeboten (s. Abbildung 34), gefolgt von einem Maskierreiz, danach sollten möglichst viele Buchstaben reproduziert werden. Es zeigte sich, dass maximal vier bis fünf Buchstaben wiedergegeben werden können. In einer Variation des Experiments wurde den Vpn wie zuvor zunächst die ganze Buchstabenmatrix gefolgt von einem Maskierreiz dargeboten und dann signalisierte ein Ton unterschiedlicher Höhe, welche Zeile der Buchstabenmatrix reproduziert werden sollte.

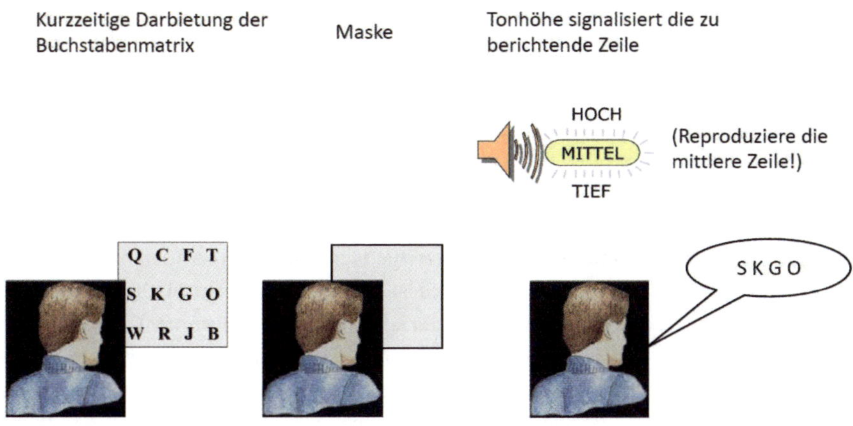

Abbildung 34: Das Experiment von Sperling (1960).

Wenn ein solcher Teilbericht verlangt wurde, konnten fast alle Buchstaben einer Zeile wiedergegeben werden (s. Abbildung 35). Da die Vpn ja nicht wussten, welche Zeile wiedergegeben werden sollte, kann davon ausgegangen werden, dass sie alle Buchstaben für kurze Zeit behalten können. Man nimmt an, dass die Information im sensorischen Gedächtnis mit einem sensorischen Code abgespeichert wird (bei visueller Information spricht man von einem ikonischen Gedächtnis, bei akustischer von einem Echo-Gedächtnis).

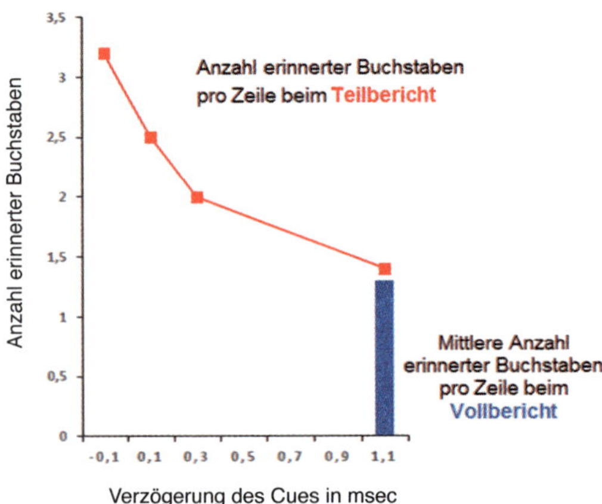

Abbildung 35: Ergebnisse des Experiments von Sperling (1960).

Das Ultrakurzzeitgedächtnis (sensorische Gedächtnis) hat eine große Kapazität, allerdings nur eine sehr geringe Haltedauer. Damit die Information längerfristig behalten werden kann (in andere Speichersysteme transferiert werden kann), ist auf jeden Fall Aufmerksamkeit vonnöten.

1.4.4 Das Kurzzeitgedächtnis

Die ursprünglichen Annahmen zum Kurzzeitgedächtnis waren (Anderson, 2007):

(1) Die Funktion des Kurzzeitgedächtnisses ist die aktive Aufrechterhaltung von Informationen (z. B. das Merken einer eben erfahrenen Telefonnummer).

(2) Die Kapazität ist fix und auf 7 +/– 2 Elemente beschränkt. Die Kapazität des Kurzzeitgedächtnisses wurde mit der Gedächtnisspanne gleichgesetzt. Die Gedächtnisspanne bezeichnet die Anzahl der Elemente, die man unmittelbar nach der Darbietung wiedergeben kann (Anderson, 2007).

(3) Die Behaltedauer beträgt bis zu 30 Sekunden, wenn kein aktives Memorieren erfolgt.

(4) Für den Transfer in das Langzeitgedächtnis ist die aktive Wiederholung (z. B. durch inneres Sprechen) notwendig. Je besser die Informationen memoriert werden, desto mehr Informationen werden in das Langzeitgedächtnis übertragen.
(5) Das Vergessen erfolgt durch Spurenzerfall, nicht durch Interferenz.
(6) Semantische Informationen spielen im Kurzzeitgedächtnis keine Rolle (nur im Langzeitgedächtnis).

In Folge einer Reihe von Versuchen mussten diese zunächst plausibel erscheinenden Annahmen allerdings revidiert werden. So stellte sich heraus, dass reine Wiederholung (s. die Annahme 1, 3 und 4) weder notwendig noch hinreichend für einen Transfer von Informationen vom Kurzzeit- ins Langzeitgedächtnis ist. Lernt man bspw. sinnlose Silben, dann ist nicht davon auszugehen, dass diese im Langzeitgedächtnis abgespeichert werden. Demgegenüber können bedeutungshaltige Informationen auch nach einmaliger Vorgabe ohne aktives Memorieren (wenn man z. B. Zeuge eines Unfalls wird) in das Langzeitgedächtnis übertragen werden. Entscheidend ist die Verarbeitungstiefe der Informationen. Craik und Lockhardt (1972) postulierten, dass die Speicherung neuer Informationen von der Verarbeitungstiefe beim Enkodieren abhängt. Sie gingen davon aus, dass eine tiefere Verarbeitung eine dauerhaftere („tiefere") Gedächtnisspur als eine oberflächlichere produziert.[12] In einer Studie von Kapur et al. (1994) sollten die Vpn beurteilen, ob vorgegebene Wörter bestimmte Buchstaben enthalten („oberflächliche" Verarbeitung), bei den Aufgaben zur „tiefen" Verarbeitung sollten sie beurteilen, ob die Wörter Lebewesen beschrieben. Bei gleicher Bearbeitungszeit erinnerten die Vpn 75 % der tief verarbeiteten und nur 57 % der oberflächlich verarbeiteten Wörter. Damit ist auch Annahme 6 nicht aufrechtzuerhalten.

Einige Studien konnten belegen, dass Vergessen nicht nur durch Spurenzerfall, sondern auch durch Interferenz erklärt werden muss (Annahme 5). Wickens (1973) führte eine Studie zur proaktiven Interferenz durch. Unter proaktiver Interferenz versteht man, dass das Lernen neuer Aufgaben (Items) durch zuvor gelerntes Material beeinträchtigt wird. Demgegenüber ist die retroaktive Interferenz die Beeinträchtigung des Abrufs von zuvor gelerntem Material durch das Lernen neuer Aufgaben. Die Vpn hatten die Aufgabe, Worttrigramme (jeweils drei Wörter) bestimmter Kategorien zu lernen. Nach dem Lernen mussten die Vpn von einer vorgegebenen Zahl in Dreierschritten rückwärts zählen, bis der Versuchsleiter „Stopp" sagte. Danach sollte das jeweilige Trigramm reproduziert werden. Es zeigte sich, dass beim ersten Durchgang fast alle Vpn das Trigramm der Kategorie „Früchte" wiedergeben konnten. Beim zwei-

[12] Hier besteht allerdings die Gefahr eines Zirkelschlusses, solange kein von der besseren Gedächtnisleistung unabhängiges Kriterium für „tiefere" Verarbeitung besteht. Die Tautologie (der Zirkel) besteht darin, dass einerseits die „tiefere" Verarbeitung als Erklärung für die bessere Gedächtnisleistung herangezogen wird und andererseits die bessere Gedächtnisleistung als Hinweis für eine „tiefere" Verarbeitung.

ten Durchgang mit einem neuen Trigramm war die Leistung bei der Wiedergabe (des neuen Trigramms) schon schlechter, offenbar kam es zu einer Interferenz durch das Lernen des vorangegangenen Materials. Noch schlechter fiel die Leistung beim dritten Durchgang aus. Beim vierten Durchgang erfolgte für einen Teil der Vpn ein Wechsel der Lernkategorie. Hatte das neue Trigramm wenig semantische Ähnlichkeit mit Früchten (wie bei der Kategorie „Berufe"), waren die Leistungen wieder beinahe so gut wie beim Lernen des ersten Trigramms. Beim Lernen eines Trigramms, das semantisch „Früchten" sehr ähnlich war, verbesserte sich die Leistung kaum (s. Abbildung 36). Offenkundig lag hier noch eine starke Interferenz vor.

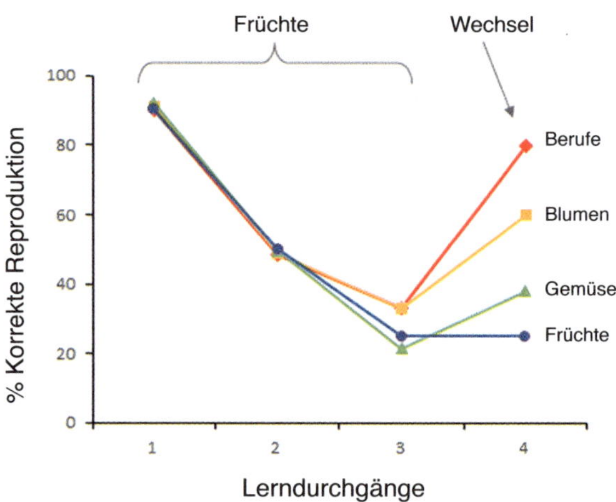

Abbildung 36: Ergebnisse der Studie von Wickens (1973) zur proaktiven Interferenz.

Im Experiment von Lewis und Anderson (1976) lernten die Vpn zwischen null und vier Aussagen über bekannte Persönlichkeiten (wie Napoleon Bonaparte). Die Vpn wurden dabei mit drei Arten von Aussagen konfrontiert:

(1) tatsächlich falsche Aussagen, die im Experiment aber zu lernen waren;
(2) tatsächlich wahre Aussagen, die im Experiment aber nicht zu lernen waren;
(3) Aussagen, die sowohl in der Realität als auch im Experiment falsch waren.

Die Vpn hatten die Aufgabe, auf Aussagen mit „falsch" zu antworten, wenn die Aussagen weder in der Realität noch im Experiment wahr waren (Kategorie 3).

Die Ergebnisse zeigten, dass die Vpn auf tatsächliche Fakten (Napoleon wurde 1769 geboren) schneller reagierten als auf im Experiment gelernte Aussagen, die in der Realität aber falsch waren (s. Abbildung 37). Außerdem stellte sich heraus, dass das

Wiedererkennen eines bereits gewussten Faktums länger dauerte, je mehr Phantasiefakten gelernt werden. Es kommt offenbar zu einer retroaktiven Interferenz.

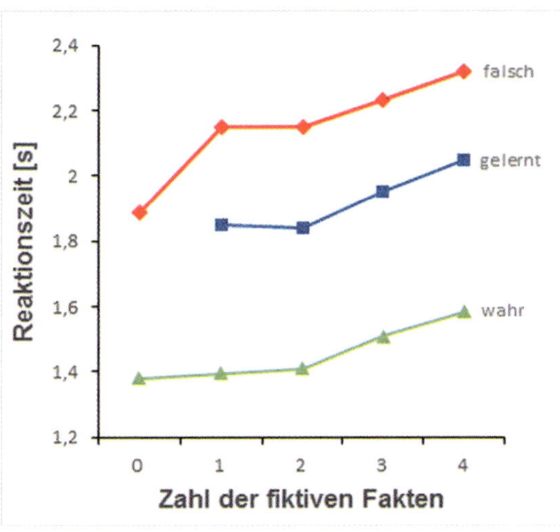

Abbildung 37: Ergebnisse des Experiments von Lewis und Anderson (1976).

Abbildung 37 stellt auch eindrücklich den sogenannten Fächereffekt dar: Je mehr Fakten zu lernen sind, desto langsamer ist die Reaktionszeit.

Baddeley, Thompson und Buchanan (1975) stellten fest, dass es sich nicht um eine fixe Anzahl an Elementen handelt, die gemerkt werden kann, sondern dass der entscheidende Faktor die Geschwindigkeit ist, mit der die zu merkenden Elemente memoriert werden können. In ihrem Experiment mussten sich die Vpn Wörter unterschiedlicher Länge merken. Lesen Sie einmal folgende Wortliste und geben Sie diese dann wieder, ohne nochmals auf die Liste zu blicken: Tschad, Burma, Laos, Kuba, Malta. Sie werden vermutlich alle Wörter wiedergeben können. Probieren Sie das bitte mit nachfolgender Liste nochmals: Griechenland, Nicaragua, Aserbaidschan, Niederlande, Großbritannien. Sie werden feststellen, dass es Ihnen diesmal deutlich schwerer gefallen ist. Verantwortlich dafür ist der Wortlängeneffekt. Dementsprechend stellten Baddeley et al. (1975) fest, dass sich Vpn im Durchschnitt 4,5 einsilbige Wörter und 2,6 fünfsilbige Wörter merken konnten.

Bower et al. (1969) stellten weiters dar, dass die Organisation des Lernmaterials entscheidend beeinflusst, wie viele Elemente gemerkt werden können. Im Experiment mussten die Vpn Wörter aus vier Kategorien (Tiere, Kleidung, Transportmittel, Mineralien) lernen. Die Wörter waren in Baumdiagrammen entweder zufällig angeordnet oder inhaltlich kategorisiert (s. Abbildung 38).

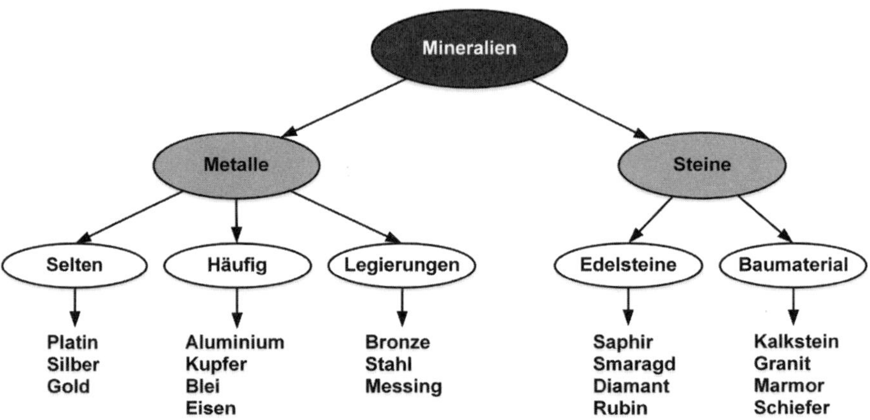

Abbildung 38: Organisation des Lernmaterials im Baumdiagramm (modifiziert nach Bower et al., 1969).

Die Vpn merkten sich deutlich mehr Wörter, wenn das Lernmaterial organisiert war (s. Tabelle 3).

Tabelle 3: Durchschnittliche Anzahl reproduzierter Wörter über vier Versuchsdurchgänge hinweg als Funktion der Organisation (nach Bower et al., 1969).

	Durchgang			
Bedingung	1	2	3	4
organisiert	73,0	106,1	112,0	112,0
Zufall	20,6	38,9	52,8	70,1

Mit den Ergebnissen wie denen von Baddeley et al. (1975) und Bower et al. (1969) musste auch Annahme (2), wonach die Kapazität des Kurzzeitgedächtnisses auf eine fixe Anzahl an Elementen beschränkt ist, aufgegeben werden.

1.4.5 Das Arbeitsgedächtnis

Die Testergebnisse machten eine grundsätzliche Revision des Bildes vom Kurzzeitgedächtnis durch die Gedächtnisforschung erforderlich. Offenbar gibt es keine substanzielle Kurzzeit-Übergangsstation ins Langzeitgedächtnis, sondern Informationen können direkt in das Langzeitgedächtnis übertragen werden. Als Alternative zum Kurzzeitgedächtnis entwickelte Baddeley (1992) daraufhin das Konzept eines Arbeitsgedächtnisses. Während das Kurzzeitgedächtnis eher als statischer und passiver Speicher zwischen Ultrakurzzeit- und Langzeitgedächtnis fungiert, ist das Arbeitsgedächtnis dynamisch. Das Arbeitsgedächtnis hat die Funktion, zum einen perzeptuell nicht mehr verfügbares Material kurzzeitig aufzubewahren und zum anderen dieses Material aktiv für weitere Funktionen (Denken, Verstehen, Handeln) zu manipulieren (Piefke & Fink, 2013).

Baddeley (1992, S. 556) definiert das Arbeitsgedächtnis als „system that provides temporary storage and manipulation of the information necessary for such complex cognitive tasks as language comprehension, learning, and reasoning". Es besteht aus vier Komponenten (s. Abbildung 39), der zentralen Exekutive und drei Subsystemen („slave systems"), die unter Kontrolle der zentralen Exekutive stehen: die phonologische bzw. artikulatorische Schleife, der bildhaft-räumliche Notizblock und der episodische Puffer (Baddeley, 2000). Die zentrale Exekutive ist modalitätsunspezifisch. Die phonologische Schleife dient der Aufrechterhaltung von Informationen durch „inneres" Sprechen. Nach Baddeley (1992) besteht sie wiederum aus zwei Komponenten: aus einem phonologischen Speicher, der sprachlich kodierbare Informationen (die Aufnahme der Informationen kann jedoch sowohl akustisch als auch optisch erfolgen) ein bis zwei Sekunden halten kann, und aus einer artikulatorischen Kontrollinstanz, die das „innere" Sprechen oder Memorieren bewerkstelligt.

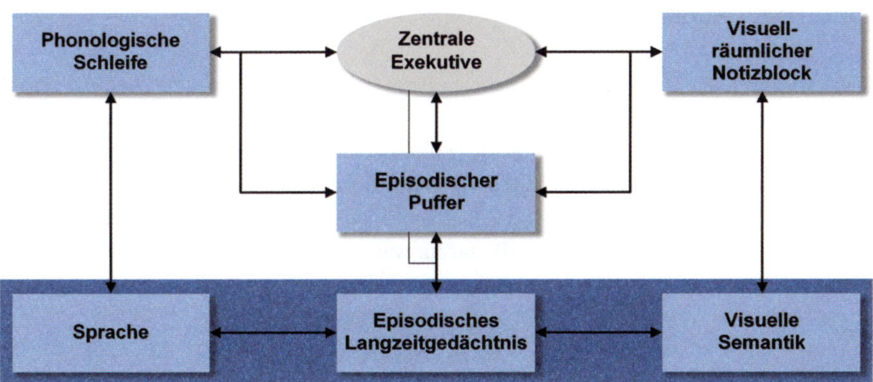

Abbildung 39: Das Modell des Arbeitsgedächtnisses von Baddeley (2003; modifiziert nach Piefke & Fink, 2013).

Der oben erwähnte Wortlängeneffekt steht im Einklang mit einer phonologischen (artikulatorischen) Schleife. Liest eine Person Wörter oder sinnlose Silben, kann diese sich nur so viele merken, wie sie innerhalb von ein bis zwei Sekunden lesen kann. Anderson (2007) vergleicht die Funktionsweise der artikulatorischen Schleife mit einem Jongleur im Zirkus, der versucht, rotierende Teller auf Stäben zu balancieren:

> Der Zirkusartist wird einen Teller auf einem Stab zum Rotieren bringen, dann den nächsten Teller auf dem nächsten Stab, dann wieder den nächsten und so fort. Er muss zum ersten zurücklaufen, bevor dieser langsam wird und herunterfällt. Es bleiben nur so viele Teller oben, wie er am Rotieren halten kann. (Anderson, 2007, S. 214)

Ähnlich ist es beim Arbeitsgedächtnis: Wenn wir versuchen, uns zu viele Elemente (z. B. Wörter und Ziffern) auf einmal zu merken, dann ist das erste gemerkte Element, wenn wir beim Memorieren wieder zu ihm zurückkehren, schon zu weit zerfallen, sodass es nicht mehr gelingt, es noch einmal abzurufen und zu memorieren. Die phonologische Schleife ähnelt sehr dem älteren Konzept des Kurzzeitgedächtnisses. Der entscheidende Unterschied ist, „dass Information nicht in der phonologischen Schleife verweilen muss, um Eingang ins Langzeitgedächtnis zu finden. Stattdessen ist die phonologische Schleife lediglich ein Hilfssystem, um die Information verfügbar zu halten" (Anderson, 2007, S. 215).

Der bildhaft-räumliche Notizblock dient der Aufrechterhaltung visuell-räumlicher Informationen. Der episodische Puffer integriert räumliche und zeitliche Informationen aus der artikulatorischen Schleife, dem visuell-räumlichen Notizblock und dem Langzeitgedächtnis und stellt sie in einem multimodalen Code zur Verfügung.

1.4.6 Das Langzeitgedächtnis

Das Langzeitgedächtnis lässt sich in ein *explizites* (deklaratives) und ein *implizites* System unterteilen (s. Abbildung 40). Beim expliziten Gedächtnis kann man weiters das *episodische* vom *semantischen* Gedächtnis unterscheiden, beim impliziten Gedächtnis das *prozedurale* vom Gedächtnis, das auf *Priming bzw. perzeptuelles Lernen* zurückgeht.

Das episodische Gedächtnis ist das Gedächtnis für autobiografische, raumzeitliche Erinnerungen. Man erinnert sich z. B. daran, was man gestern zu Mittag gegessen hat

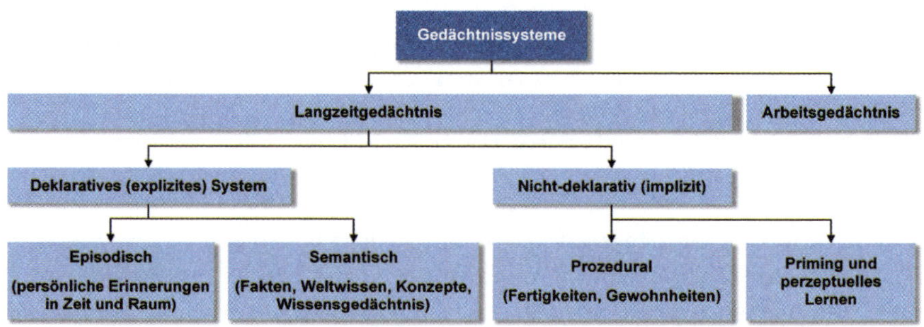

Abbildung 40: Gedächtnissysteme (modifiziert nach Piefke & Fink, 2013).

oder wie der erste Schultag vor vielen Jahren verlaufen ist. Im semantischen Gedächtnis ist das allgemeine Weltwissen gespeichert. Dort finden sich Wortbedeutungen, Begriffe oder kontextfreie Fakten, ohne dass man sich daran erinnern kann, wann und wo man das Wissen erworben hat.

Zum semantischen Gedächtnis gehört das Wissen, dass es sich bei Lima um die Hauptstadt von Peru handelt und dass „liber" das lateinische Wort für Buch ist. In Tabelle 4 sind einige Unterschiede zwischen episodischem und semantischem Gedächtnis aufgelistet.

Tabelle 4: Unterschiede zwischen episodischem und semantischem Gedächtnis.

Episodisches Gedächtnis	Semantisches Gedächtnis
autobiografisch („Ich erinnere mich")	faktisch („Ich weiß")
flexibel kommunizierbar (auch in anderem Format)	flexibel kommunizierbar
bewusst zugänglich	bewusst zugänglich
raum-zeitlicher Bezug	raum-zeitlicher Bezug nicht notwendig
in einer einzigen Situation gelernt kann durch Verarbeitung ähnlicher Episoden geschwächt werden	kann in einer Situation gelernt werden wird häufig durch Wiederholung verstärkt

Im prozeduralen Gedächtnis sind motorische Fähigkeiten gespeichert, wie das Spielen auf der Flöte oder die Fertigkeiten beim Skifahren. Priming bedeutet, dass bereits bewusst oder unbewusst wahrgenommene Inhalte die Wahrnehmung nachfolgender ähnlicher oder semantisch damit zusammenhängender Inhalte erleichtern. Das perzeptuelle Gedächtnis bewirkt, dass Inhalte aufgrund von Vertrautheit oder Ähnlichkeit zu bekannten Inhalten wiedererkannt werden (z. B. ein Apfel oder Nachbar).

Es gibt interessante Unterschiede zwischen dem impliziten und expliziten Gedächtnis. Wissen, das implizit vorhanden ist, muss nicht auch explizit vorhanden sein. Zum Beispiel kann ich diesen Satz schreiben, ohne dass ich sagen kann, wo genau sich auf der Tastatur die einzelnen Buchstaben befinden. Meine Finger haben gelernt, (meistens) den richtigen Ort zu finden. Wenn ich aber Auskunft darüber geben soll, wo sich jetzt eigentlich ein bestimmter Buchstabe befindet, weiß ich es nicht oder erst nach längerer Zeit, in der ich versuche, mir das Schreiben innerlich vorzustellen. Bei einer solchen Gegensätzlichkeit zwischen implizitem und explizitem Gedächtnis spricht man auch von einer Dissoziation (Anderson, 2007). Während solche Dissoziationen bei gesunden Menschen selten sind, treten sie häufig bei Menschen mit bestimmten Formen von Amnesie auf. In der Studie von Cohen und Squire (1980) sollten Patienten mit Korsakow-Syndrom die Spiegelschrift lernen. Beim Korsakow-Syndrom handelt es sich um eine schwere Gedächtnisstörung, bei der es v. a. zu anterograder Amnesie kommt, das heißt, die Personen haben Schwierigkeiten, neue Inhalte zu lernen. Diese Gedächtnisstörung tritt v. a. bei chronischem Alkoholismus auf. Die Leistungen unterschieden sich nicht von denen gesunder Probanden (s. Abbildung 41).

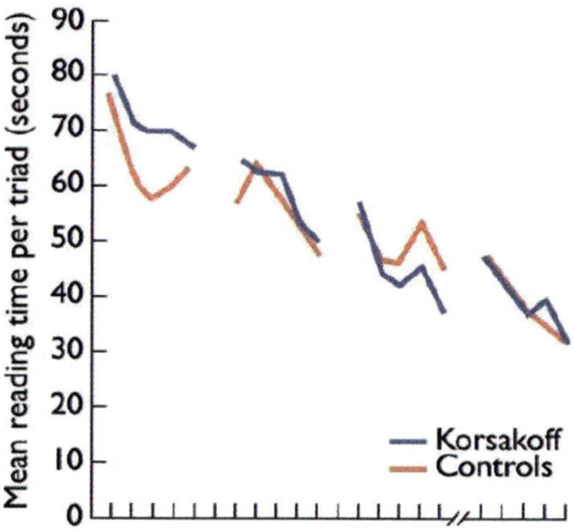

Abbildung 41: Lesezeit nach dem Erlernen der Spiegelschrift bei Gesunden und Korsakow-Patienten in Abhängigkeit von der Lerndauer (aus Cohen & Squire, 1980).

1.4.7 Vergessen

An bestimmte Inhalte erinnern wir uns nicht mehr, wir haben sie vergessen. Für das Vergessen werden verschiedene Erklärungen heranzogen.

(1) Nichteinprägung: Der Inhalt wurde überhaupt nicht oder nur unzureichend gemerkt.
(2) Spurenzerfall: Die Erinnerung verblasst mit der Zeit und geht verloren.
(3) Ersetzen: Die gespeicherten Inhalte werden durch neue ersetzt.
(4) Nichtzugänglichkeit durch Interferenz: Besonders das Kurzzeitgedächtnis ist für Interferenzeffekte anfällig. Bereits Jenkins und Dallenbach (1924) konnten zeigen, dass wesentlich besser gelernt wird, wenn man nach dem Lernen schlafen geht, als wenn man danach wach ist, weil so Interferenzeffekte (durch Störreize, andere Lerninhalte) vermieden werden und sich das Wissen konsolidieren kann (s. Abbildung 42). Die Vpn, die nach dem Lernen von Silben wach blieben, hatten mehr Silben vergessen als diejenigen, die nach dem Lernen schlafen gingen.
(5) Nichtzugänglichkeit durch motivationale Faktoren: An bestimmte Inhalte erinnern wir uns nicht gerne. Besonders traumatische Erlebnisse werden häufig verdrängt.

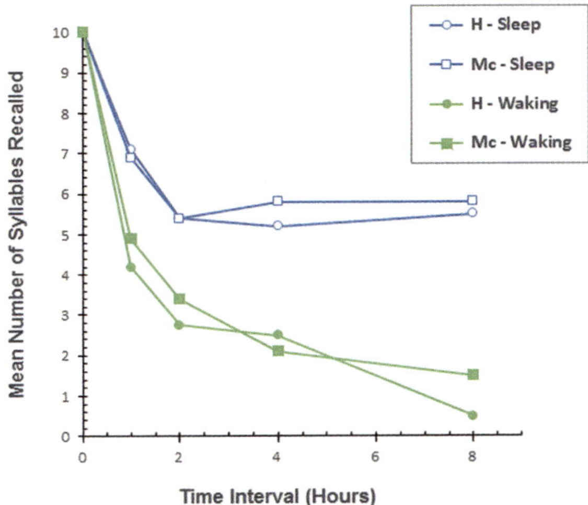

Abbildung 42: Die durchschnittliche Anzahl reproduzierter Silben für je zwei Vpn in der Studie von Jenkins und Dallenbach (1924).

(6) Nichtzugänglichkeit durch emotionale Faktoren: Während emotional besonders aufregende Erlebnisse (Unfall, Hochzeit) jahrelang gut im Gedächtnis bleiben können, weil wir uns auch immer wieder daran erinnern und anderen davon erzählen, kann der Zugang zum Langzeitgedächtnis bei besonderer Erregung auch blockiert sein und eine Prüfungsfrage ist dann z. B. nicht abrufbar.

1.4.8 Gedächtnistäuschungen

Aus eigener Erfahrung wissen wir nur zu gut: Unsere Erinnerung kann uns täuschen. Dafür ist eine Reihe von Mechanismen verantwortlich. Eine Ursache für Gedächtnistäuschungen liegt darin, dass unser Gedächtnis konstruktiv ist.

Deese (1959) gab seinen Vpn Listen von Wörtern vor, die in einem engen semantischen Zusammenhang stehen, wie z. B. „Faden, Reißnagel, Öhr, Nähen, scharf, Spitze, Stich, Fingerhut, Heuhaufen, Dorn, Schmerz, Injektion und Spritze". Alle Begriffe stehen im Zusammenhang mit „Nadel", die selbst aber nicht vorkam.

Von den Vpn, die die vorgegebenen Wörter reproduzieren sollten, wurde das Wort „Nadel" häufig genannt. Dieses Ergebnis belegt abermals, wie konstruktiv unsere Erinnerungen sind. Begreift man unser Gedächtnis als semantisches Netzwerk, wurde durch das Experiment der Begriff „Nadel" voraktiviert, da er semantisch verwandt mit den vorgegebenen Begriffen ist.

Roediger und McDermott (1995) sowie Cabeza et al. (2001) konnten die Ergebnisse von Deese (1959) bestätigen. Sie zeigten auf, dass die fälschliche Erinnerung an bestimmte Wörter auch bei reinen Wiedererkennungstests vorkommt. Wenn man den Vpn die Wortliste „sauer, fein, Naschsachen, Honig, Zucker, Limonade, bitter, warm, Gabel, dick, Praline, Schokolade, gut, Zucker, Herz, Geschmack, Kuchen, Zähne, Torte" vorgibt und danach die Vpn bittet, die gemerkten Wörter zu notieren, erinnert sich ein Teil der Vpn an das Wort „süß". Fragt man danach die Vpn, ob die Wörter a) Haus, b) süß, c) warm und d) Honig vorgegeben wurden, gibt ein relativ hoher Prozentsatz an, dass das Wort „süß" dabei gewesen wäre (s. Abbildung 43).

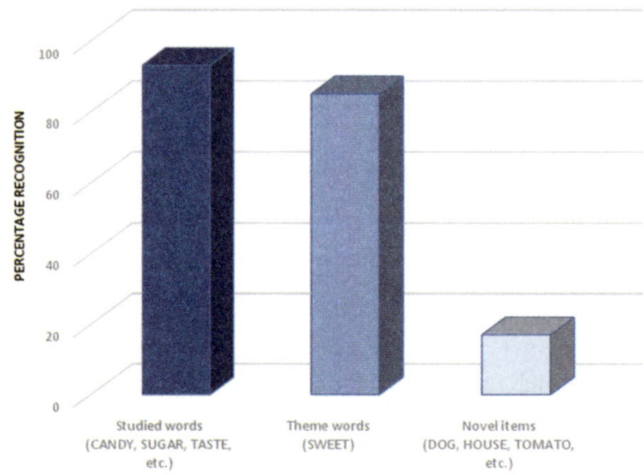

Abbildung 43: Ergebnisse der Studie von Cabeza et al. (2001).

Der Rückschaufehler

Wissen Sie, wie lang die Donau ist? Ihre Länge beträgt 2857 km. Was hätten Sie geschätzt? Wenn ihre Schätzung jetzt – nachdem Sie die Lösung erfahren haben – näher beim richtigen Wert liegt als davor, als Sie die Lösung noch nicht kannten, dann haben Sie den Rückschaufehler („hindsight bias" oder Knew-it-all-along-Phänomen) begangen. Im Alltag wird dieser Fehler häufig von dem Gefühl begleitet, „es schon lange geahnt zu haben". Der Rückschaufehler konnte in vielen Bereichen nachgewiesen werden: in der Wissenschaft (wenn post hoc ein prognostiziertes Risiko zum prognostizierten Unfall wird; Connolly & Bukszar, 1990), in der Forensik bei der Erinnerung von Zeugen (Fruzetti, Toland, Teller & Loftus, 1992), in der Geschichtsschreibung (im Nachhinein haben ganz viele schon vorher genau die eingetretene politische Entwicklung geahnt; Fischhoff, 1980) oder im ökonomischen Bereich (Hölzl, Kirchler & Rodler, 2002).

Eine mögliche Erklärung für den Rückschaufehler bietet die Ankerheuristik (Tversky & Kahneman, 1974), wonach die Originalinformation als Ankerreiz dient und der Urteilsprozess als Assimilation an diesen Anker angesehen wird.

Nachträgliche Falschinformation

Hell (1993) beschreibt ein Beispiel für den Effekt der nachträglichen Falschinformation („misleading postevent information"). Nach der Ermordung des Bankiers Jürgen Ponto am 30.7.1977 wurde eine Studentin festgenommen und von der Witwe Pontos und seinem Chauffeur bei einer Gegenüberstellung als Tatbeteiligte identifiziert. Wenige Tage später wurde sie wieder freigelassen, weil sie über ein einwandfreies Alibi verfügte. Wie lässt sich der Fehler erklären? Es stellte sich heraus, dass Frau Ponto zwischen Tat und Gegenüberstellung bei der Polizei ein Foto der Studentin gesehen hatte. Vermutlich hat sich Frau Ponto bei der Gegenüberstellung dann besser an das Foto erinnert als an die Frau, die bei der Tat zugegen war. Sowohl beim Rückschaufehler als auch beim Effekt der nachträglichen Falschinformation geht es um die korrekte Erinnerung an die ursprüngliche Information. Der Unterschied zwischen den beiden Fehlern liegt darin, dass die nachträglich gebotene Information beim Rückschaufehler korrekt ist und beim Falschinformationseffekt irreführend bzw. falsch.

Abbildung 44: Elisabeth Loftus (* 1944).

Loftus (s. Abbildung 44) und Palmer (1974) führten Studenten einen Film vor, in dem ein Autounfall vorkam. Danach sollten die Vpn die gesehenen Ereignisse wiedergeben und einige Fragen beantworten. Unter anderem wurden sie gefragt, wie schnell die Autos fuhren: „How fast were the cars, when they …"

a) smashed into,
b) collided with,
c) bumped into,

d) hit,
e) contacted each other?

Je nach Formulierung der Frage schätzten die Vpn die Geschwindigkeit der Fahrzeuge unterschiedlich hoch ein. Eine Woche später wurden die Teilnehmer des Experiments gefragt, ob sie das „zerbrochene Glas“ gesehen haben. In der Gruppe mit der Bedingung „smashed“ antworteten 32 % der Befragten mit „Ja“, in der Gruppe „hit“ nur 14 %. Die Studie belegt eindrücklich, wie die Fragestellung Informationen gibt, die im Nachhinein die Erinnerung verfälschen können (s. Abbildung 45).

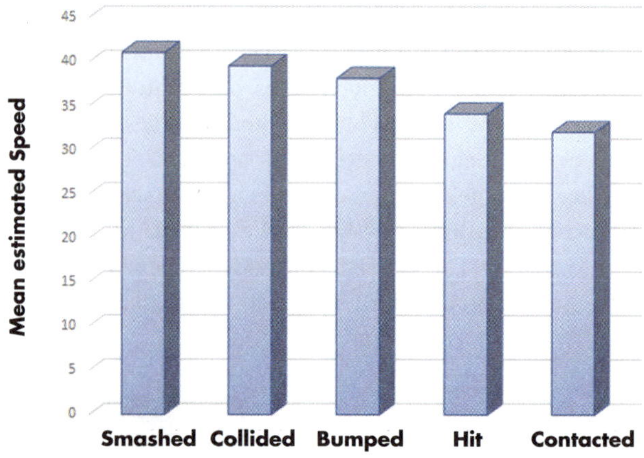

Abbildung 45: Ergebnisse des Experiments von Loftus und Palmer (1974).

In einer weiteren Studie (Loftus, 1975) sahen die studentischen Vpn ebenfalls einen Film mit einem Autounfall. Danach wurden sie per Fragebogen gefragt, wie schnell die Autos waren, als

- Bedingung A: das Auto die Stopptafel überfuhr bzw.
- Bedingung B: das Auto rechts abbog.

Die Vpn der Bedingung A gaben anschließend zu 53 % an, dass sie die Stopptafel im Film gesehen hätten, während das nur 35 % der Befragten von Bedingung B taten.

In einem Experiment von Loftus, Miller und Burns (1978) sahen die Vpn Dias von einem Unfall, bei dem ein Autofahrer und ein Fußgänger involviert waren. Danach erhielten die Vpn einen Bericht von dem Unfall. Der Bericht unterschied sich in wesentlichen Details von der Diaserie. Zum Beispiel war auf den Dias ein Stoppschild zu sehen, der Bericht erwähnte aber ein Vorrang-Geben-Schild. Wie erwartet, antworteten die Vpn in der Versuchsgruppe – die irreführenden Details betreffend – ungenauer als diejenigen in der Kontrollgruppe. Loftus et al. (1978) erklären ihre Ergebnisse durch die Integrationshypothese, wonach es zur Integration der beiden Gedächtnisspuren kommt. Unter Umständen kann die ursprüngliche Information auch komplett durch die neue Information ersetzt werden. Man spricht dann von Substitution. McCloskey und Zaragoza (1985) nehmen hingegen in ihrer Koexistenzhypothese an, dass sich beide Gedächtnisspuren nicht gegenseitig beeinflussen. Sie erklären die fehlerhafte Leistung der Vpn durch einen schlechteren Zugriff auf die ursprüngliche Information.

Wade et al. (2002) wiesen nach, dass sogar Erinnerungen an ganze Episoden suggeriert werden können. Sie legten den Vpn jeweils ein manipuliertes Foto vor, auf dem die Teilnehmer des Experiments als Kind zu sehen waren, wie sie gemeinsam mit ihrem Vater an einer Ballonfahrt teilnahmen (s. Abbildung 46). Die Vpn wurden dreimal interviewt und zu der nie stattgefundenen Ballonfahrt befragt („Erinnern Sie sich an die Ballonfahrt?"). Beim ersten Interview gab nur eine von 20 befragten Personen an, klare Erinnerungen an das Ereignis zu haben, sechs Personen glaubten, sich teilweise zu erinnern. Beim dritten Interview hatten schon 50 % der Teilnehmer zumindest teilweise und 20 % klare Erinnerungen.

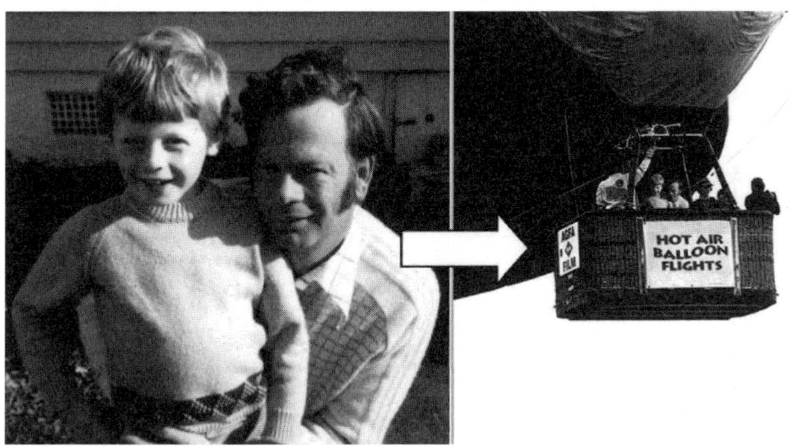

Abbildung 46: Originalfoto und manipuliertes Foto aus der Studie von Wade et al. (2002).

Es gibt einige spektakuläre Fälle, wo induzierte Falscherinnerungen zu falschen Anklagen führten. So glaubte Beth Rutherford, sich 1992 unter dem Einfluss ihres kirchlichen Therapeuten zu erinnern, dass ihr Vater, ein Geistlicher, sie im Alter zwischen 7 und 14 Jahren regelmäßig vergewaltigt, sie dabei zweimal geschwängert und danach zur Abtreibung gezwungen hätte. Später stellte sich heraus, dass sie im Alter von 22 Jahren noch Jungfrau war. Der Therapeut wurde verklagt, sie erhielt 1996 eine Million Dollar Schadenersatz zugesprochen (Loftus, 1998).

Die Zuverlässigkeit von wiedererlangten Erinnerungen an traumatische Ereignisse (häufig sexueller Missbrauch in der Kindheit) wird kontrovers diskutiert. Auf der einen

Seite gibt es das False-Memory-Syndrom, bei dem sich Menschen an frühere Ereignisse erinnern, die tatsächlich nie stattgefunden haben, obwohl sie von deren Echtheit überzeugt sind. Auf der anderen Seite treten Fälle auf, bei denen sich Menschen tatsächlich plötzlich wieder an erlittene traumatische Ereignisse erinnern können. Es ist nicht immer so einfach wie bei den behaupteten Entführungen durch Aliens zu entscheiden, ob es sich um echte Erinnerungen handelt, die z. B. im Zuge einer Psychotherapie ans Tageslicht kommen, oder um durch die Therapie suggerierte Erinnerungen.

1.4.9 Altersabhängige Veränderungen des Gedächtnisses

Mit dem Alter nimmt die kognitive Leistungsfähigkeit langsam ab.[13] Allerdings sind nicht alle Fähigkeiten gleichermaßen von einem Abbau betroffen. Die sogenannte fluide Intelligenz (s. Cattell, 1963), unter der man die Fähigkeit versteht, logisch schlussfolgern zu können und komplexe Zusammenhänge rasch zu verstehen, erreicht schon mit ca. 25 Jahren ihren Höhepunkt und fällt danach recht rasch ab. Dagegen kann die kristalline Intelligenz (erworbene Intelligenz, die das Wissen und den Wortschatz umfasst) bis ins hohe Alter erhalten bleiben bzw. sogar leicht ansteigen (s. Abbildung 47).

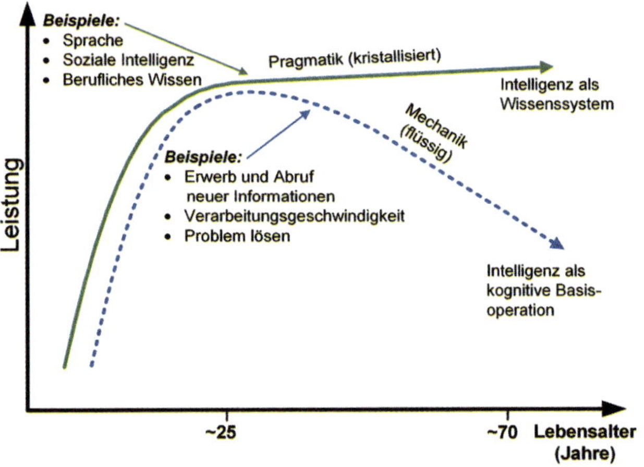

Abbildung 47: Verlauf der fluiden und kristallinen Intelligenz nach Cattell (1963).

---

13 Bei pathologischen Veränderungen, die hier nicht behandelt werden sollen, wie z. B. Demenz-Erkrankungen, die mit zunehmendem Alter immer häufiger auftreten, kann es auch zu einem raschen Abbau kommen.

Bei Gedächtnistests schneiden ältere Erwachsene über 60 Jahre generell schlechter ab als junge Erwachsene im Alter zwischen 20 und 30 Jahren (Hess, 2005). Auch hier sind aber nicht alle Fähigkeiten gleichermaßen vom Abbau betroffen. So ist eher das explizite als das implizite Gedächtnis rückläufig. Während z. B. ältere Vpn beim Wiedererkennen von Wörtern deutlich schlechter abschneiden, zeigen sich diese Unterschiede jedoch nicht, wenn Bruchstücke von Wörtern zu sinnvollen Wörtern ergänzt werden sollen (implizit erinnern sich die Vpn dann an die zuvor präsentierten Wörter, indem sie die Bruchstücke der Wörter zu den erinnerten Wörtern ergänzen), wie sich in der Studie von Light und Singh (1987) zeigte.

Während das episodische Gedächtnis mit dem Alter kontinuierlich schlechter wird, kann das semantische Gedächtnis bis ins hohe Alter (bis etwa 80 Jahre) auf dem Niveau der Jüngeren erhalten bleiben (das semantische Gedächtnis korrespondiert eng mit der kristallinen Intelligenz). Unter großem Zeitdruck schneiden ältere Personen allerdings auch in diesem Bereich schlechter ab (Albert, Heller & Milberg, 1988).

Mit zunehmendem Alter ist der Transfer in das Langzeitgedächtnis verschlechtert, ca. ab dem 50. Lebensjahr kann das deklarative und autobiografische Gedächtnis Neuinformationen schlechter aufnehmen.

Das prozedurale Gedächtnis baut zunächst weniger stark ab, allerdings gilt für motorische Fähigkeiten ganz besonders: „Was Hänschen nicht lernt, lernt Hans nimmermehr." So kommt es schon a) ca. zwischen 35 und 45 Jahren zu einer allmählichen, b) zwischen 45 und 60/65 Jahren zu einer verstärkten und c) ab 60/65 Jahren zu einer ausgeprägten Involution sportmotorischer Fähigkeiten (Koordination, Konzentration, Reaktion und Gleichgewicht; s. Teipel, 1988 und s. Tabelle 5). Das bedeutet, dass man sportmotorische Fähigkeiten als älterer Erwachsener nur mehr eingeschränkt erlernen kann, da sich die diesbezüglichen Fähigkeiten sogar rückentwickeln. Wer jemals einen Erwachsenen beobachtet hat, wie er versucht, das Skifahren zu erlernen, wie ungelenk und steif er sich dabei bewegt, und im Vergleich dazu kleine Kinder und deren Lernfortschritte beobachtet, wird das nachvollziehen können.

Tabelle 5: Entwicklung der koordinativen Leistungsfähigkeit (nach Roth & Winter, 1994).

Entwicklungsabschnitt	Koordinatives Leistungsniveau
Ausgang der Adoleszenz/ Beginn des frühen Erwachsenenalters	individuelle volle Ausprägung der koordinativen Leistungsfähigkeit
3. und evtl. 4. Lebensdekade	trainingsinduzierte Erhaltung der koordinativen Leistungsfähigkeit
4. und 5. bzw. 6. Lebensdekade bis Lebensende	allmähliche und schließlich irreversible Involution der koordinativen Leistungsfähigkeit

Allerdings führt regelmäßiges Training auch im höheren Alter immer zu einer Verbesserung der sportmotorischen Fähigkeiten (im Vergleich zu Personen, die nicht trainieren). Durch Training kann man die altersbedingt einsetzende Involution zwar nicht aufhalten, aber doch deutlich verzögern. Es gilt daher: „Für eine Förderung der Bewegungskoordination durch eine gezielte, entwicklungsgemäße koordinative Beanspruchung ist es nie zu früh und auch niemals zu spät“ (Neumaier, 1999, S. 225).

1.4.10 Was zeichnet Personen mit hervorragendem Gedächtnis aus?

Chase und Simon (1973) untersuchten das Gedächtnis von erfahrenen Schachspielern vs. Novizen im Schachsport. Schachspielern wird im Allgemeinen ein hervorragendes Gedächtnis zugeschrieben. Die Vpn sollten sich Stellungen von Schachfiguren auf dem Schachbrett merken, die entweder tatsächlichen Spielsituationen oder zufällig gewählten Stellungen entsprachen (s. Abbildung 48).

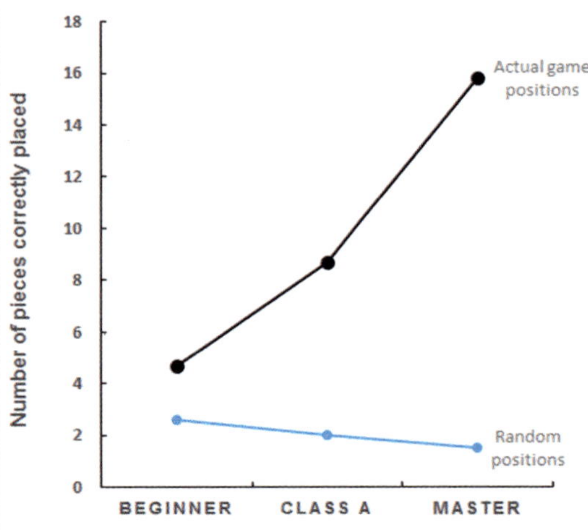

Abbildung 48: Unterschiede in der Gedächtnisleistung in Abhängigkeit von der Spielstärke für realistische und unrealistische Schachstellungen (modifiziert nach Chase & Simon, 1973).

Die Ergebnisse zeigen, dass sich Meisterschachspieler zwar wesentlich besser an tatsächliche Spielsituationen erinnern können, aber in der Merkfähigkeit von zufällig aufgestellten Positionen der Figuren am Schachbrett gab es keinen Unterschied zwischen Könnern und Anfängern.

Takahashi et al. (2006) testeten den japanischen Gedächtniskünstler Hideaki Tomoyori. Im Alter von 54 Jahren (am 9.3.1987) konnte er die ersten 40.000 Nachkommastellen der Zahl π aufsagen, mit einer durchschnittlichen Wiedergabe von 0,85 Ziffern pro Sekunde. Tomoyori gab selbst an, dass er es sich bereits 1978 zum Ziel gesetzt hatte, den Weltrekord im Memorieren der Zahl π aufzustellen, und dafür durchschnittlich ca. drei Stunden pro Tag aufwendete. Insgesamt brachte er in den neun Jahren ca. 9.000–10.000 Stunden zum Lernen auf. Daraus geht hervor, dass auch ein Gedächtniskünstler nicht „vom Himmel fällt" und v. a. harte Arbeit dahintersteht. Zum Zeitpunkt der Testung war Tomoyori 63 Jahre alt. Seine Leistungen wurden mit einer Kontrollgruppe von 18 in etwa gleichaltrigen Männern verglichen. Es zeigte sich, dass Tomoyori ein außergewöhnlich gutes Gedächtnis für Zahlen hat. So konnte er sich zehn hintereinander aufgesagte Ziffern merken. Wenn ihm die Ziffern visuell hintereinander präsentiert wurden, lag die Spanne bei acht Ziffern. Bei der Kontrollgruppe lag die Gedächtnisspanne bei 6,8 (auditorisch) bzw. 7,3 (visuell). Tomoyoris auditorische Gedächtnisspanne für Ziffern war damit signifikant größer als die der Kontrollgruppe, für die visuelle Spanne bestand kein signifikanter Unterschied. Der gefundene Unterschied lässt sich allerdings durch die größere Übung mit dem Material begründen, Tomoyori erklärte nach der Testung auch, dass er jeweils drei oder vier gehörte Ziffern als Einheit nach einem Code in Wörter transformierte. Diese Technik stand der unerfahrenen Kontrollgruppe natürlich nicht zur Verfügung. Interessanterweise zeigten sich beim Merken von Wortlisten keine signifikanten Abweichungen zwischen dem Gedächtniskünstler und der Kontrollgruppe. Auch beim Nacherzählen einer Geschichte (von Bartlett, 1932) waren keine Unterschiede in der Leistung von Tomoyori und der Kontrollgruppe zu erkennen. Die Autoren schlussfolgerten, dass Tomoyori an sich kein außergewöhnliches Gedächtnis besitzt, sondern sich seine Fähigkeiten nur durch Anwendung von sogenannten Mnemotechniken und v. a. viel Übung erworben hat.

Nach der Theorie des fähigen Gedächtnisses (skilled memory framework, s. Ericsson, 1985) sind für ein außergewöhnliches Gedächtnis drei Faktoren maßgeblich:

1) Kann die zu merkende Information nach einem bedeutungsvollen Schema, das bereits erarbeitet wurde, enkodiert werden (meaningful encoding principle),
2) gibt es Hinweisreize, die das Abrufen des gelernten Materials erleichtern (retrieval structure principle) und
3) wird die notwendige Zeit für diese Operationen durch intensives Lernen reduziert (speed up principle)?

Dies soll an einem Beispiel aus eigener Erfahrung verdeutlicht werden. Angenommen, Sie haben es sich zum Ziel gesetzt, sich jederzeit ein beliebig gemischtes Kartenspiel mit 52 Karten (je 13 Karo-, Herz-, Pik- und Treffkarten von Ass bis König) so gut zu merken, dass Sie alle Karten der Reihe nach aufsagen, aber auch eine Karte an einer beliebigen Position im Spiel nennen können. Wie lässt sich diese Aufgabe bewältigen? Sie könnten mit der sogenannten Loci-Methode (bereits von Cicero in „De oratore" erwähnt) arbeiten.

Dabei denken Sie sich eine fixe Route aus, die Sie im Geist durchgehen. Ort Nummer 1 könnte z. B. ihr Hauseingang sein, Ort 2 das Stiegenhaus, Ort 3 ihr Vorzimmer, Ort 4 das Klo, Ort 5 das Badezimmer usw. Jede Position im Kartenspiel entspricht dann einem der Orte. Die Karten merken Sie sich anhand von eindrücklichen Bildern, Sie könnten z. B. für die Herz-Karten ihnen vertraute Personen nehmen, für die Treff-Karten unvertraute Personen (Prominente, Vorgesetzte), für die Pik-Karten Nahrungsmittel (Pik-Ass wäre z. B. ein Pudding, Pik-2 ein Apfel usw.) und für die Karo-Karten vielleicht Tiere. Im ersten Schritt müssen Sie auf der einen Seite die zu merkenden Orte gut lernen, auf der anderen Seite die entsprechenden Bilder für die Karten. Wenn Sie die Zuordnung gut beherrschen (das dauert natürlich einige Zeit), ist der Rest ein Kinderspiel und reine Übungssache. Beim Einlernen des Kartenspiels assoziieren Sie die entsprechenden Bilder möglichst plastisch bzw. originell mit den Orten, Sie werden merken, dass der Abruf dann ganz automatisch vor sich geht. Sie merken sich also z. B., dass der gute Pudding in der Badewanne schwimmt und zerrinnt (Pik-2 an der fünften Stelle des Spieles). Wenn Sie dann gefragt werden, welche Karte an der fünften Stelle des Spieles ist, dann fragen Sie sich innerlich, was denn in der Badewanne schwimmt, und werden sofort die Lösung haben. Der Autor dieses Buches konnte sich mit dieser Methode nach einiger Übung ein komplettes Spiel in etwas über zwei Minuten merken – allerdings ist das recht langsam, der Weltrekord für diese Aufgabe liegt derzeit schon unter 16 Sekunden und wird von Alexander Mullen gehalten (s. https://en.wikipedia.org/wiki/Alex_Mullen_(memory_athlete)). Es lassen sich auch viele Methoden für das Super-Gedächtnis im Internet finden, im Grunde handelt es sich immer um Varianten der *Loci*-Methode, verknüpft mit der Methode des bildhaften Vorstellens.

Die Theorie des fähigen Gedächtnisses lässt sich auf das Merken des Kartenspiels anwenden: Das *bedeutungsvolle Material* ist beim Lernen des Kartenspiels die Verknüpfungsliste zwischen Kartenwerten und Bildern. Die *loci* werden für das Merken der Position der Karten verwendet und sie sind auch *Hinweisreize* für den Abruf. *Übung* führt schließlich zur Perfektion und zu einem immer schnelleren Abruf.

Auch die weltbesten Gedächtniskünstler haben keine neuen Methoden für das Memorieren von Inhalten erfunden. Dies bestätigt die Untersuchung von Ericsson et al. (2017), die die ernorme Gedächtnisspanne für Ziffern von Feng Wang genauer untersuchten. Feng Wang hatte 2011 einen neuen Weltrekord aufgestellt, indem er sich 300 Ziffern merken und korrekt aufschreiben konnte, die mit einer Geschwindigkeit von einer Sekunde pro Ziffer genannt wurden.[14] Wang konnte auch im Labor zweimal 200 Ziffern korrekt reproduzieren, seinen Rekord von 300 Ziffern verfehlte er nur knapp (eine Ziffernfolge von vier Ziffern wurde ausgelassen). Die Technik von Wang wird von ihm selbst folgendermaßen beschrieben: Jeweils zwei Ziffern entsprechen einem Bild. Wenn er sich z. B. die Ziffernfolge 6389 merken soll, dann steht 63 für „Ba-

14 Mittlerweile liegt der Rekord bei 456 reproduzierten Ziffern (Ericsson et al., 2017).

nane" und 89 für „Mönch". Die beiden Bilder müssen dann noch zu einer Vorstellung verknüpft werden (z. B. der Mönch schält die Banane). Die Position der Ziffernfolge prägt er sich wie oben beschrieben durch die Methode der loci ein (z. B. im Wohnzimmer liegt eine Banane, die der Mönch schält).

1.5 Praktische Lerntipps

Aus den Ergebnissen der Gedächtnisforschung lassen sich einige Folgerungen für das praktische Lernen ableiten.

(1) Ruhige Rahmenbedingungen: Beim Lernen sollte man sich nicht ablenken lassen. Auch deshalb, weil das Gefühl der Ablenkung einem signalisiert, dass der Lerninhalt uninteressant ist (s. Gefühlsheuristik, Kap. 2.3.4). Man sollte zum Lernen einen möglichst ruhigen Ort aufsuchen, wo keine Störungen zu erwarten sind. Es ist weiters zweckmäßig, wenn die Bedingungen zum Erlernen eines Stoffes den Bedingungen des Abrufs (Prüfungsbedingungen) möglichst ähneln, weil dadurch der Abruf erleichtert wird.
In der Studie von Godden und Baddeley (1975) konnte das eindrücklich belegt werden. Die Vpn waren Taucher, die Wortlisten lernen mussten. Entweder lernten sie die Listen unter Wasser oder an Land. Dementsprechend fiel die Wiedergabe leichter, wenn die Abrufbedingung der Lernbedingung entsprach (s. Abbildung 49).

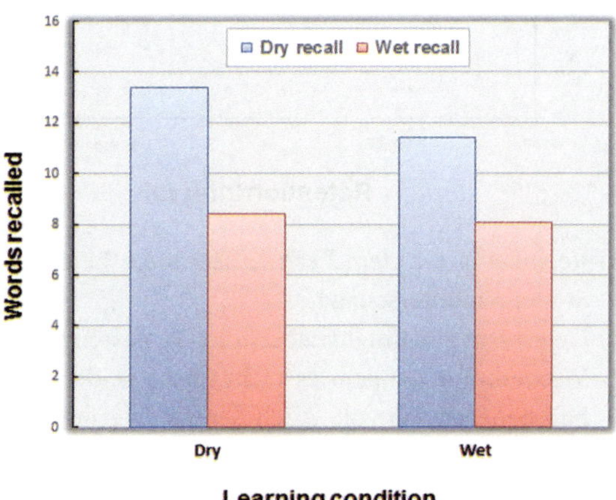

Abbildung 49: Ergebnisse der Studie von Godden und Baddeley (1975) zur Interaktion zwischen Enkodier- und Abrufbedingungen.

(2) Pausen machen: Beim Lernen sollten Pausen eingehalten werden. Der lernende Mensch braucht Erholungspausen, das Wissen muss sich konsolidieren. Es ist auch vorteilhaft, in den Stunden vor dem Schlafengehen zu lernen.

(3) Nicht zuviel Stoff auf einmal lernen (besser regelmäßig als massiert): Wie bereits die frühe Gedächtnisforschung herausgefunden hat, ist es besser, einen größeren Stoffumfang auf mehrere Lerneinheiten (Tage) aufzuteilen, als diesen möglichst massiert zu lernen. Selbst wenn es gelingen sollte, sich innerhalb kürzester Zeit einen Lerninhalt einzuprägen, ist der langfristige Erfolg (non scholae, sed vitae discimus) viel größer, wenn die Prinzipien des „Spacing" beachtet werden. Das wird auch durch neuere Studien bestätigt. So lernten in einer Studie von Pashler et al. (2007) Mathematik-Studenten Permutationsaufgaben. Nachdem ihnen das Konzept der Permutation erklärt worden war, bearbeitete die eine Gruppe („massiertes Lernen") zehn Aufgaben, während die zweite Gruppe („aufgeteiltes Lernen") zunächst fünf Aufgaben löste und eine Woche später nochmals fünf Aufgaben. Im Abstand von einer und vier Wochen nach der Aufgabenbearbeitung wurden erneut Aufgaben vorgelegt. Je mehr Zeit vergangen war, desto besser schnitt die Gruppe „aufgeteiltes Lernen" ab (s. Abbildung 50).

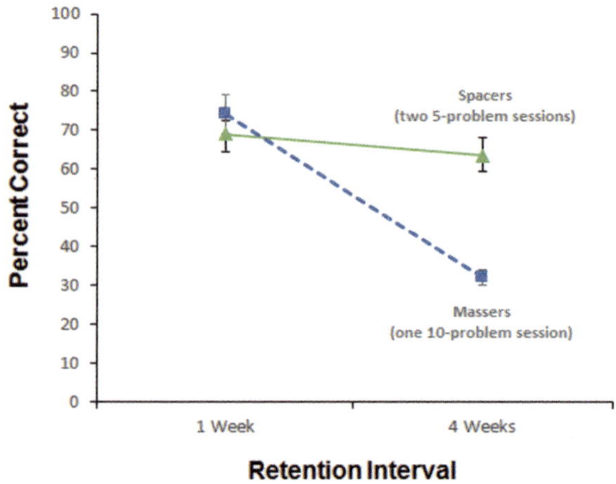

Abbildung 50: Aufgeteiltes vs. massiertes Lernen (modifiziert nach Pashler et al., 2007).

(4) Rechtzeitig mit dem Lernen beginnen: Lernen braucht Zeit. Das wird von vielen Studenten unterschätzt.

(5) Gelerntes unbedingt wiederholen (v. a. wenn noch viel Zeit zur Prüfung ist): Ohne Wiederholungen geht es nicht, insbesondere wenn man langfristig einen Lerninhalt beherrschen will. Auch bereits gelernte Inhalte müssen immer wieder aufgefrischt werden (wobei jede Wiederholung „lohnender" als die vorangegangene ist). Beim Wiederholen sollte man sich selbst „abprüfen" bzw. den Stoff auch laut oder in Gedanken vorsagen.

(6) Das Wissen organisieren („chunking"): Bevor man mit dem Lernen beginnt, ist es sinnvoll, den Lernstoff zu überblicken. Man sollte sich überlegen, in welche sinnvollen Untereinheiten er eingeteilt werden und wie man den Lernstoff inhaltlich

gliedern kann (s. die Studie von Bower et al., 1969). Hervorhebungen, Unterstreichungen etc. können dabei hilfreich sein. Die Studie von Bransford und Johnson (1972) verdeutlicht, dass wir uns Inhalte, die wir nicht in bekannte Schemata einordnen können, nicht gut merken. Die Vpn hörten folgenden Text:

Wenn die Ballons platzen sollten, würde man die Töne nicht hören, weil die Entfernung vom richtigen Fenster zu groß wäre. Auch ein geschlossenes Fenster würde den Ton abhalten, da Häuser meist gut isoliert sind. Da das ganze Unternehmen von einem steten elektrischen Stromfluss abhängt, würde ein Bruch in der Mitte des Drahtes ebenfalls zu Problemen führen. Natürlich könnte der Mann rufen, aber die menschliche Stimme würde nicht weit genug tragen. Ein weiteres Problem besteht darin, dass auf dem Instrument eine Saite reißen könnte. Dann würde die Begleitung zur Botschaft entfallen. Klar ist, dass die ganze Sache bei einem geringeren Abstand leichter wäre. Von Angesicht zu Angesicht wäre die Wahrscheinlichkeit am geringsten, dass etwas schiefginge.

Einem Teil der Vpn wurde vor dem Anhören des Textes ein dazu passendes Bild (s. Abbildung 51) vorgelegt, ein Teil erhielt das Bild erst nach dem Hören des Textes und eine dritte Gruppe bekam kein Bild zu sehen.

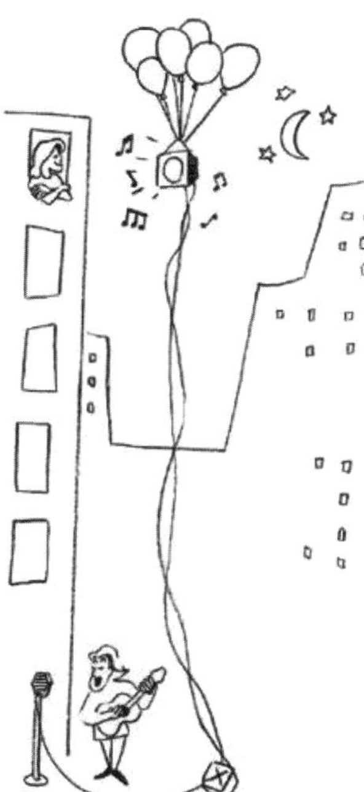

Abbildung 51:
Bild zum Text der Studie von Bransford und Johnson (1972).

Die Ergebnisse (s. Abbildung 52) zeigen, dass Personen, die das Bild vor dem Hören des Textes sahen, sich viel besser an die Geschichte erinnern konnten, weil sie ein Schema zur Verfügung hatten, dass zu dem ansonsten schwer verständlichen Text passt. Interessanterweise nützt es nichts mehr, das Bild nach dem Lesen der Geschichte zur Verfügung zu haben.

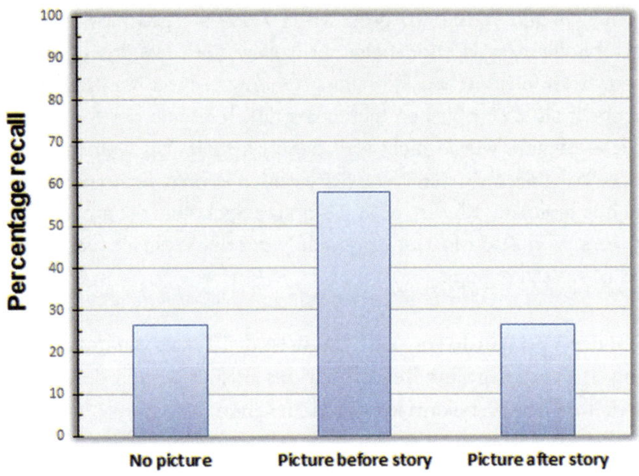

Abbildung 52: Ergebnisse der Studie von Bransford und Johnson (1972).

(7) Den Lernstoff elaborieren: Erfolgreiches Lernen setzt voraus, dass man sich für den Stoff interessiert. Im optimalen Fall stellt sich eine Begeisterung für das Lernmaterial ein. Man sollte daher über den Stoff nachdenken, sich weitergehende Gedanken machen, sich überlegen, was das für das eigene Leben bedeutet, ob man in der Praxis das Phänomen kennt u. Ä. Gelingendes Lernen bedeutet, dass man emotional am Stoff beteiligt ist, dass man nicht gelangweilt und apathisch auf dem Sofa liegt und in den Skripten blättert, sondern sich buchstäblich hineinversetzt, auch Gedanken weiterspinnt oder kritisch betrachtet.
Die Bedeutung der Elaboration wurde in vielen Studien belegt, z. B. in jener von Anderson und Bower (1972). Dabei mussten die Vpn in einer Lernphase Sätze wie „Der Arzt hasste den Rechtsanwalt" lernen. Es gab zwei Bedingungen. Die eine Gruppe erhielt keine weitere Instruktion zu den Sätzen, die zweite Gruppe (mit Elaboration) sollte zu jedem Satz zusätzliche Begründungen generieren (z. B. beim obigen Satz: „weil er ihn wegen des Kunstfehlers anzeigte"). In einem sogenannten Cued-Recall-Test wurde die Erinnerung überprüft. Die Vpn sahen jeweils den Anfang des Satzes (als „cue" oder Hinweisreiz) und mussten ihn dann fortsetzen. Die Gruppe mit Elaboration konnte mehr Worte korrekt wiedergeben (s. Abbildung 53).

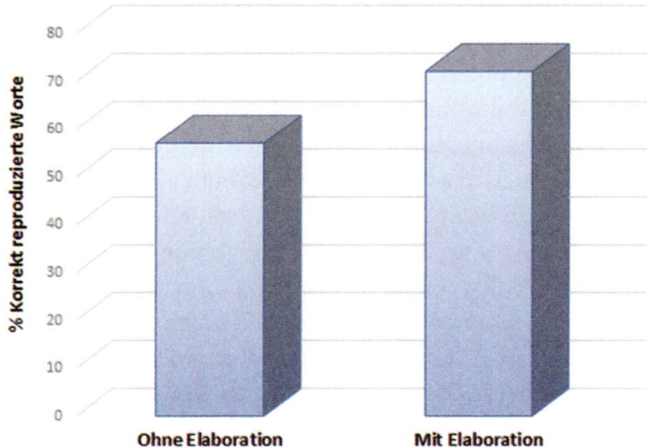

Abbildung 53: Ergebnisse der Studie von Anderson und Bower (1972) zum Einfluss der Elaboration auf das Erinnern (modifiziert nach Anderson & Bower, 1972).

Das Elaborieren des Lernstoffs ist weit effektiver als der Vorsatz, einen Lernstoff auch gut zu lernen. In der Studie von Hyde und Jenkins (1973) wurde den Vpn eine Sequenz von 24 Wörtern vorgegeben, jeweils ein Wort in drei Sekunden. Die eine Gruppe hatte die Aufgabe zu registrieren, ob die Buchstaben „e“ und „g“ in den Wörtern vorkamen. Die zweite Gruppe sollte beurteilen, wie „angenehm“ die Wörter für sie sind (elaborierte Bedingung). Jeweils der Hälfte der Vpn wurde mitgeteilt, dass sie die Wörter lernen sollten (Gruppe „intentionales Lernen“). Die andere Hälfte (Gruppe „inzidentelles Lernen“) ging davon aus, dass nur die mitgeteilten Aufgaben (auf Buchstaben achten bzw. beurteilen, wie „angenehm“ die Wörter sind) relevant wären. Die Ergebnisse belegen eindeutig, dass die Absicht zu lernen praktisch keinen Effekt hat, während es hingegen entscheidend ist, ob das Material elaboriert wird (s. Tabelle 6).

Tabelle 6: Einfluss von Absicht und Elaboration auf die Wiedergabe von gelernten Wörtern (aus Hyde & Jenkins, 1973).

	Wie angenehm?	**Buchstaben verifizieren**
inzidentell	68	39
intentional	69	43

Für die praktische Anwendung ist freilich zu beachten, dass man in der Regel nur dann die richtigen Schritte setzt (Elaborieren etc.), um einen Stoff zu lernen, wenn man tatsächlich auch beabsichtigt zu lernen. Nur sollte man nicht die Erwartung haben, dass die feste Absicht alleine schon „magische" Wirkungen zeigt.

(8) Das Premack-Prinzip nutzen: Für erfolgreiche Lerneinheiten kann man sich belohnen. Wenn man wahnsinnig gerne im Internet surft, kann man sich z. B. für eine Stunde Lerninhalt mit zehn Minuten Surfen im Internet belohnen (dabei sollte man aber darauf achten, dass aus den zehn Minuten nicht vielleicht eine Stunde wird). Beschäftigt man sich in einer Lernpause mit etwas anderem, gilt es, Interferenzen zu vermeiden. Daher ist das Sehen eines spannenden Filmes in einer Lernpause nicht zu empfehlen. Emotional sollte man in erster Linie die Verbindung zum Lerninhalt suchen und nicht zu anderen Themen.

(9) Mit den Metakognitionen umgehen lernen: Viele Menschen haben Probleme zu lernen, weil sie sich viel zu sehr mit ihren eigenen Gedanken um das Lernen herum beschäftigen. Sie beschäftigen sich dann vielleicht mit ihren Sorgen und Ängsten vor einer Prüfung und denken den ganzen Tag daran, dass noch so viel zu lernen ist und dass die Prüfung sicher furchtbar wird, anstatt sich tatsächlich hinzusetzen und zu lernen.

1.6 Die PQ4R-Technik

Eine beliebte Lerntechnik stellt die PQ4R-Technik dar. PQ4R ist ein Akronym aus Preview (Vorschau), Question (Frage), Read (Lesen), Reflect (Reflexion), Recite (Memorieren) und Review (Wiederholen) und stammt von Thomas und Robinson (1972). Die Methode wurde v. a. für das Verstehen und Lernen von wissenschaftlichen Texten entwickelt.

(1) Preview: Man sollte sich zunächst einen Überblick über den Text verschaffen, das Inhaltsverzeichnis durchblättern, Abbildungen betrachten, den Text vorstrukturieren (Kapitel in einzelne Lernabschnitte unterteilen).

(2) Question: Man sollte konkrete Fragen zu den einzelnen Abschnitten formulieren.

(3) Read: Der Text sollte aufmerksam gelesen und daraufhin die Fragen beantwortet werden.

(4) Reflect: Man sollte sich Gedanken über den Stoff machen, darüber nachdenken, versuchen, weitere passende Beispiele zu finden bzw. Verknüpfungen zu vorhandenem Wissen herzustellen.

(5) Recite: Man versucht, das Gelernte in eigenen Worten zu reproduzieren bzw. die Fragen frei zu beantworten.

(6) Review: Man geht im Geist noch einmal die Abschnitte durch und versucht, die wesentlichen Punkte wiederzugeben.

2 Denken und Problemlösen

2.1 Definitionen

Was versteht man eigentlich unter Denken? Einige Autoren bezweifeln, dass eine Definition des Denkens so einfach möglich ist: „Die Frage ‚Was heißt Denken?' lässt sich niemals dadurch beantworten, dass wir eine Begriffsbestimmung über das Denken, eine Definition, vorlegen und deren Inhalt fleißig ausbreiten" (Heidegger, 1954, S. 9). Vielmehr gilt: „In das, was Denken heißt, gelangen wir, wenn wir selbst denken" (Heidegger, 1954, S. 1). Rolf (2016) drückt das folgendermaßen aus: „Das buchstäblich Idiotische[15] des Denkens liegt somit darin, dass es in seinem Sein nur mittels seiner selbst – eben durch *Denken* des Denkens – präsentierbar ist, während es aus Sicht des alltäglichen Erfahrens und Erlebens nahezu nichts ist" (Rolf, 2016, S. 19).

Denken kann sich ereignen, wie der Gedanke, der einem einfällt. Denken kann aber auch etwas sein, das man tut, um ein Problem zu lösen, oder nichts von beidem, wenn man z. B. denkt, dass Karl Ove Knausgård ein lesenswerter Schriftsteller ist.

Wenn wir über das „Denken" nachdenken, dann begegnet uns das Denken also in unterschiedlichen Zusammenhängen. Wenn wir z. B. an eine gute Freundin „denken", d. h. uns einen ganz bestimmten Menschen vor unserem „inneren Auge" vorstellen, wird der Begriff „Denken" im Sinne von Gedenken oder Erinnern gebraucht. „Denken" hängt aber nicht nur mit Vorstellungen zusammen, sondern vor allem mit dem Begreifen von etwas. Wir Menschen als Wesen, die sprechen können, verfügen über Begriffe. Das Wort Begriff beinhaltet, dass etwas „begriffen", also verstanden wurde. Die kundige Verwendung von Begriffen setzt voraus, dass wir diese Begriffe von anderen zu unterscheiden wissen und dass wir ihre Bedeutungszusammenhänge kennen. Ohne Denken kann man keine Sprache lernen.

Die interessante und viel diskutierte Frage ist, ob es umgekehrt Denken ohne Sprache gibt. *„Anti-Lingualisten"* vertreten diese Position, aus Sicht des *„Lingualismus"* wird das verneint (Demmerling, 2016). Lingualisten meinen, dass Wesen (z. B. Tiere), die über keine Sprache verfügen, nicht denken, weil sie über keine Begriffe verfügen und Begriffe die maßgeblichen Bestandteile von Gedanken sind. Insbesondere könnten sprachlose Wesen keine sogenannten propositionalen Einstellungen haben. Unter Propositionen werden Aussagen verstanden. Propositionale Einstellungen sind Einstellungen zu Aussagen. Einer Aussage wie „Der Baum trägt Äpfel" kann man zustimmen oder sie ablehnen, man kann sie für wahr oder falsch halten. Einen Wahrnehmungs-

15 „Idiotisch" wird hier im Sinne von eigentümlich und privat gebraucht (Rolf, 2016). „Nahezu nichts" ist für Rolf (2016) das Denken, da im Gegensatz zum Empfinden und Wahrnehmen das Denken sich nicht irgendwie anfühlt, noch sieht es irgendwie aus oder hört es sich irgendwie an. Das Denken selbst ist nicht wahrnehmbar, weder eigenes noch fremdes, obwohl der Denkende oft wie ein Innehaltender oder Angehaltener aussieht.

eindruck wie „ein Wolf" kann man durch ein einzelnes Wort bezeichnen, Urteile wie „Die Birne ist reif" sind hingegen auf eine Subjekt-Prädikat-Struktur angewiesen (das Prädikat „ist reif" schreibt dem Subjekt eine bestimmte Eigenschaft zu). Sprachliche Fähigkeiten scheinen auch eine Voraussetzung dafür zu sein, Dinge klassifizieren zu können: „Wer über einen Begriff verfügt, kann die Welt in Dinge einteilen, die unter diesen Begriff fallen, und in solche, welche das nicht tun. Dass man eine Unterscheidung treffen kann, ist eine notwendige Bedingung dafür, über einen Begriff zu verfügen" (Demmerling, 2016, S. 43).

Nicht alle Denkvorgänge umfassen propositionale Einstellungen. Wenn Peter zu schlafen gedenkt, dann bezieht er sich in seiner Absicht (Intention) nicht auf eine Aussage, sondern auf eine Handlung. Es scheint durchaus plausibel, dass wir über gewisse Begriffe auch verfügen können, ohne sprachliche Fähigkeiten zu besitzen. Elementare Unterscheidungsfähigkeiten wie die unterschiedliche Reaktion von Eisen auf trockene oder feuchte Luft sind aber sicherlich zu wenig, um dem Eisen einen Begriff vom Trockenen und Feuchten zuzuschreiben (Demmerling, 2016). Niemand würde sagen, dass Eisen begreift, was trocken und feucht bedeuten. Es geht also um Kriterien für das Denken bzw. Begreifen (das Verfügen von Begriffen), die unterhalb der Sprachkompetenz, aber oberhalb der einfachen Diskriminierungsfähigkeit liegen. In Anlehnung an Heidegger (1927/2006) geht Demmerling (2016) davon aus, dass nur Lebewesen, die auch Bedeutungszusammenhänge verstehen, über nichtsprachliche Begriffe verfügen können. Auch wenn diese die Bedeutungszusammenhänge nicht artikulieren können, können sie doch Sachverhalte als bedeutsam erfahren, als zuträglich oder abträglich. Heidegger hat bereits darauf hingewiesen, dass im alltäglichen Handeln (beim Umgang mit Werkzeug, Schreibzeug, Nähzeug etc.) etwas implizit verstanden wird, das sich nicht sprachlich ausdrücken lässt:

> Das Hämmern [...] hat sich dieses Zeug so zugeeignet, wie es angemessener nicht möglich ist. [...] je weniger das Hammerding nur begafft wird, je zugreifender es gebraucht wird, umso ursprünglicher wird das Verhältnis zu ihm, umso unverhüllter begegnet es als das, was es ist, als Zeug. Das Hämmern selbst entdeckt die spezifische „Handlichkeit" des Hammers. Die Seinsart des Zeugs, in der es sich von ihm selbst her offenbart, nennen wir die Zuhandenheit. (Heidegger, 1927/2006, S. 69)

In diesem Sinn wird man auch dem Schimpansen, der die Kisten stapelt, um die Banane zu erreichen, Denkfähigkeit zusprechen müssen (s. Abbildung 54).

Demmerling (2016) spricht in dem Zusammenhang vom Verfügen über *praktische Begriffe*. Über praktische Begriffe verfügt man, wenn man den Aufforderungscharakter der Umwelt versteht und angemessen auf Angebote und Anforderungen reagieren kann (s. Gibson, 1966). Und das können nur Lebewesen, für die etwas bedeutsam ist (Computer denken daher nicht, selbst wenn sie ein Programm vollziehen, mit dem sie jeden Menschen im Schach schlagen).

Abbildung 54: Versuche zum Problemlösen von Schimpansen von Wolfgang Köhler (1887–1967) auf Teneriffa (zw. 1914 und 1920 durchgeführt).

Es gibt neben dem sprachlichen Denken auch ein nichtsprachliches Begreifen. Für sprachfähige Wesen wird allerdings der Welt- und Selbstbezug durch die Sprache komplett modifiziert (Demmerling, 2016), das heißt, auch die sprachunabhängigen Schichten des Begreifens werden davon berührt. Demmerling (2016) bringt dafür folgendes Beispiel:

> Angstgefühle sind kein sprachliches Phänomen. Die Voraussetzungen dafür, Angst empfinden zu können, liegen in der Organisationsform des Organismus. Wenn wir uns ein sprachloses Wesen vorstellen, dass auf biologischer Ebene sehr eng mit uns verwandt ist, dessen Organismus dem unsrigen vergleichbar ist, gibt es keinen Grund zu der Annahme, dass sich beispielsweise die Angst dieses Wesens in qualitativer Hinsicht von der Angst unterscheidet, die wir verspüren. Auch wenn Angst kein begriffliches oder sprachliches Phänomen ist, wird sie allerdings von Wesen, die über eine Sprache verfügen, als etwas erfahren, was immer schon in sprachliche Umgebungen eingebettet ist. Wesen, die über eine Sprache verfügen, verspüren nicht einfach Angst. Die Angst wird identifiziert und klassifiziert, beobachtet, verglichen, zieht Fragen auf sich, geht mit Sorgen einher, wird Gegenstand von Gesprächen und taucht im Kontext vielfältiger propositionaler Einstellungen auf. Man wünscht sich, dass die Angst aufhört, hofft, dass man einer Bedrohung entrinnt oder eine schwierige Situation meistert. Obwohl die Angst kein sprachliches Phänomen ist, steht sie [...] in einem Zusammenhang mit artikulierten Bezügen. (Demmerling, 2016, S. 57)

Denken ist keine Hirnfunktion, wie aus materialistischer Sicht vermeint (s. Gazzaniga & Heatherton, 2003) und wie es in populärwissenschaftlichen Publikationen gegenwärtig verbreitet wird. Beim Subjekt des Denkens handelt es sich nicht um das Gehirn, sondern um das menschliche Wesen, das *mittels* des Gehirns denkt:

> Nicht das Gehirn konzentriert sich darauf, eine Operation mit der nötigen Sorgfalt und Konzentration auszuführen, sondern der Chirurg. Nicht das Gehirn spielt eine ausgebluffte Partie

> Tennis oder führt die ‚Hammerklavier-Sonate' glänzend auf, sondern der Tennisspieler bzw. Pianist. […] Gehirne fassen etwas nicht als dies oder das auf, weil Gehirne gar nichts auffassen, und Gehirne können nicht darlegen, an wen sie gedacht haben, indem sie etwas sagen, oder woran sie dachten, als sie etwas sagten, weil Gehirne nichts sagen und weil sie nichts meinen können, indem sie etwas sagen. (Bennett & Hacker, 2010, S. 238)

Gleichzeitig ist aber darauf hinzuweisen, dass das Denkvermögen im Laufe der Evolution mit einer Abnahme angeborener Mechanismen und einer Zunahme von Lernprozessen einhergeht. Diese Entwicklung ist begleitet von einer starken Volumenzunahme der Anteile des Zentralnervensystems.

In der Psychologie wird Denken oftmals mit logischem Denken oder auch mit Problemlösen (Dörner, 1976) gleichgesetzt. Funke z. B. definiert problemlösendes Denken folgendermaßen: „Problemlösendes Denken erfolgt, um Lücken in einem Handlungsplan zu füllen, der nicht routinemäßig eingesetzt werden kann. Dazu wird eine gedankliche Repräsentation erstellt, die den Weg vom Ausgangs- zum Zielzustand überbrückt" (Funke, 2003, S. 25).

2.2 Deduktives Denken

2.2.1 Einleitung

Unter deduktivem Denken versteht man das Schließen vom Allgemeinen auf das Besondere oder den Übergang von einer oder mehreren Aussagen (Prämissen) zu einer Schlussfolgerung, die Konklusion (Conclusio) genannt wird.

Dabei ist es wichtig, zwischen der logischen Korrektheit (oder Gültigkeit) und der Schlüssigkeit eines Schlusses (Syllogismus) zu unterscheiden. Logisch korrekt (oder gültig) ist ein Schluss dann, wenn aus der Wahrheit der Prämissen auch die Wahrheit der Konklusion folgt. Das bedeutet aber nicht, dass die Prämissen selbst tatsächlich wahr sein müssen. Schlüssig hingegen ist ein Schluss dann, wenn er gültig ist und wenn seine Prämissen auch tatsächlich wahr sind.

Betrachten wir folgenden Syllogismus:

1. Prämisse: Hubschrauber sind Vögel.
2. Prämisse: Alle Vögel sind Lebewesen.
3. Konklusion: Hubschrauber sind Lebewesen.

Bei dem Syllogismus handelt es sich um einen korrekten Schluss, da aus der (tatsächlich falschen) Annahme, dass Hubschrauber Vögel sind und der (tatsächlich richtigen) Annahme, dass alle Vögel Lebewesen sind, die Konklusion, dass Hubschrauber Lebewesen sind, folgt (wenn alle Vögel Lebewesen sind und Hubschrauber zu den Vögeln zählen, müssen diese natürlich auch Lebewesen sein). Da Hubschrauber tatsächlich aber keine Lebewesen sind, ist der Schluss nicht schlüssig.

Es gibt vier mögliche Kombinationen (s. Tabelle 7) zwischen den Prämissen und der Konklusion. Entweder sind die Prämissen alle wahr oder sie sind falsch (wenn eine der beiden Prämissen wahr ist und die andere falsch, sind sie insgesamt falsch). Sind die Prämissen wahr, dann kann daraus nur die Wahrheit der Konklusion folgen (aus etwas Wahrem kann nie etwas Falsches folgen). Sind die Prämissen allerdings falsch, dann ist es möglich, dass die Konklusion wahr ist oder dass sie falsch ist.

Tabelle 7: Mögliche Beziehungen zwischen Wahrheit/Falschheit der Prämissen und der Conclusio.

	Conclusio wahr	**Conclusio falsch**
Prämissen wahr	1. Wenn Paris in Frankreich liegt, spricht man dort Französisch. 2. Paris liegt in Frankreich. Conclusio: In Paris spricht man Französisch.	
Prämissen falsch	1. Wenn London in Belgien liegt, spricht man dort Englisch. 2. London liegt in Belgien. Conclusio: In London spricht man Englisch.	1. Wenn Berlin in Italien liegt, spricht man dort Spanisch. 2. Berlin liegt in Italien. Conclusio: In Berlin spricht man Spanisch.

Der einzige Schluss, der deduktiv gültig und schlüssig ist, lautet folgendermaßen:

1. Wenn Paris in Frankreich liegt, spricht man dort Französisch.
2. Paris liegt in Frankreich.

Conclusio: In Paris spricht man Französisch.

Die beiden anderen Syllogismen sind zwar deduktiv gültig, aber nicht schlüssig, weil ihre Prämissen falsch sind.

Allgemein wird zwischen konditionalen Schlüssen und kategorialen Schlüssen unterschieden. Ein Beispiel für einen konditionalen Schluss ist die Schlussfigur des *Modus Tollens*:

1. Wenn A dann B (man kann auch schreiben A → B).
2. Nicht-B
3. Nicht-A

Handelt es sich beim Modus Tollens um eine gültige Schlussfigur? Gültig wäre der Schluss, wenn aus der Annahme der Wahrheit der Prämissen auch die Wahrheit der Konklusion folgt. Leichter fällt die Lösung, wenn man „Wenn A dann B“ umformuliert zu „A nur dann, wenn B“ (weil A ja immer B nach sich zieht und A nicht vorhanden sein kann, wenn kein B vorhanden ist). Aus „A nur dann, wenn B“ und „Nicht-B“ folgt dann unmittelbar „Nicht-A“. Mit den sogenannten Wahrheitstafeln hat man ein Instrumentarium zur Hand, um über die Gültigkeit derartiger Schlussfiguren zu urteilen. In Tabelle 8 ist die Wahrheitstafel für den Modus Tollens dargestellt.

Tabelle 8: Die Wahrheitstafel für den Modus Tollens.

A	B	$\bar{A}$	$\bar{B}$	$A \wedge B$	$A \vee B$	$A \rightarrow B$	$[A \rightarrow B] \wedge \bar{B}$	$([A \rightarrow B] \wedge \bar{B}] \rightarrow \bar{A}$
w	w	f	f	w	w	w	f	w
w	f	f	w	f	w	f	f	w
f	w	w	f	f	w	w	f	w
f	f	w	w	f	f	w	w	w

In der Tabelle ist zunächst ersichtlich, wie mittels der sogenannten Boolschen Operatoren „Negation“, „UND“ (^), „ODER“ (v), „Implikation“ (A → B) einfache zweiwertige Aussagen (die „wahr“ oder „falsch“ sein können) miteinander verknüpft werden können. In den ersten beiden Spalten der Tabelle sieht man alle vier Möglichkeiten der Kombination der Wahrheitswerte beider Aussagen (A und B können beide wahr sein, A kann falsch sein, B wahr etc.). In der dritten und vierten Spalte werden die Wahrheitswerte der Aussagen A und B einfach negiert (die Negation einer falschen Aussage ist eine wahre Aussage und umgekehrt). In der fünften Spalte werden A und B mittels ^ (dem logischen UND) miteinander verknüpft. Die Verknüpfung A UND B ist nur dann wahr, wenn sowohl A als auch B wahr sind (bei einem Stromkreis fließt Strom nur dann, wenn die Lampe an die Steckdose angesteckt ist [A] und wenn die Lampe auch eingeschaltet ist [B], ist A oder B nicht wahr, dann leuchtet die Lampe nicht). Bei der ODER-Verknüpfung (einschließendes Oder v) ist A ODER B dann wahr, wenn entweder A oder B oder A und B wahr sind. Die logische Implikation A → B ist nur dann falsch, wenn aus etwas „Wahrem“ etwas „Falsches“ folgt. Wenn A also wahr und B falsch ist, dann kann B nicht aus A folgen. Aber aus einer falschen Aussage kann sowohl eine wahre als auch eine falsche Aussage folgen. Ein Beispiel für eine wahre Folgerung aus einer falschen Annahme:

A. Alle Königinnen heißen Elisabeth.
B. Die Königin von England heißt Elisabeth.

Aus A kann B abgeleitet werden, das heißt, A → B, und B ist tatsächlich wahr, aber A natürlich nicht, weil z. B. die dänische Königin nicht Elisabeth heißt.

In den letzten beiden Spalten der Tabelle werden die Spalten 7 (A → B) und 4 (Nicht-B) durch UND miteinander verknüpft (das entspricht den beiden Prämissen des Modus Tollens) und danach wird auf das Ergebnis nochmals die Implikation angewandt (das heißt, es wird überprüft, ob aus den ersten beiden Prämissen Nicht-A folgt). Es handelt sich um einen gültigen Schluss, weil die Wahrheitstafel für alle möglichen Werte von A und B einen wahren Wert ergibt.

Peter Wason (1924–2003) hat sich zwei originelle Aufgaben ausgedacht, um die Schwierigkeit der Anwendung des Modus Tollens in der Praxis zu demonstrieren. Bei der 2-4-6-Aufgabe wird den Vpn mitgeteilt, dass die Zahlenfolge nach einer Regel gebildet wurde, die es zu erkennen gilt. Die Person, die einen Tipp für die richtige Lösung hat, soll zunächst ein weiteres Beispiel für die Anwendung der Regel nennen. Der Versuchsleiter sagt dann, ob das gebildete Beispiel in Übereinstimmung mit seiner gedachten Regel ist, worauf die Vp ihre Hypothese für die Regel präsentiert. Typischerweise nennen Vpn Beispiele wie „10, 12, 14", um ihre gedachte Regel (zu der ersten geraden Zahl wird 2 hinzuaddiert usw.) zu bestätigen. Die Vp bekommt in dem Fall „Ja, die Zahlenfolge ist ein Beispiel für die gedachte Regel, aber die Regel ist falsch" als Antwort, ohne dadurch der Lösung näherzukommen.

Die Lösung der Aufgabe würde die Falsifikation der eigenen Regel erfordern. Die gedachte Regel ist viel allgemeiner als angenommen (die drei Zahlen sind in aufsteigender Reihenfolge geordnet). Wenn man die eigenen Annahmen, dass es sich um gerade Zahlen handeln müsse und dass immer genau 2 hinzugezählt wird, versuchen würde zu falsifizieren (indem man z. B. die Zahlenfolge „1, 5, 13" generiert), würde man viel schneller auf die richtige Lösung kommen.

2.2.2 Die Selektionsaufgabe

Die berühmteste Aufgabe von Wason ist die sogenannte Selektionsaufgabe (Wason, 1960). Die Vp sieht vier Karten vor sich und es wird ihr mitgeteilt, dass jede Karte auf der einen Seite mit einem Buchstaben und auf der anderen Seite mit einer Zahl versehen ist (s. Abbildung 55). Die Vp muss jetzt die Regel überprüfen: „Wenn auf der einen Seite ein Selbstlaut (ein Vokal) steht, dann befindet sich auf der Rückseite eine gerade Zahl. Welche Karten müssen Sie umdrehen, um die Gültigkeit der Regel zu bestimmen?"

Abbildung 55: Die Selektionsaufgabe von Wason (1960).

Fasst man die Aufgabe als (im Sinne der klassischen aristotelischen Logik) logische Aufgabe auf, so lässt sich die Regel als „Wenn A, dann B" oder „A ⇨ B" (Implikation) verstehen. Betrachtet man in Folge die einzelnen Karten, so wird bei der ersten Karte („E") implizit die Ableitung des *Modus Ponens* (1. Wenn A, dann B, 2. A, 3. Conclusio: B) verlangt. Offensichtlich ist auf der einen Seite ein Selbstlaut (nämlich „E" oder in unserer Notation A), dann folgt auch B, das heißt, auf der anderen Seite muss eine gerade Zahl abgebildet sein, damit die Regel erfüllt ist. Die nächste Karte („K") ist für die vorliegende Regel irrelevant, da die Regel nichts über Konsonanten aussagt. Die ungültige Schlussfigur dazu heißt *Verneinung des Antezedens*:

1. Wenn A dann B.
2. Nicht-A
3. Nicht-B (Man denkt, bei einem Konsonanten muss auf der Rückseite eine ungerade Zahl (Nicht-B) stehen.)

Die Karte mit der „4" ist (entgegen dem ersten Anschein) für die Regel auch irrelevant, da zwar ein Vokal nur dann vorkommen kann, wenn auf der anderen Seite eine gerade Zahl steht, aber umgekehrt folgt aus der geraden Zahl nichts. Auch ein Konsonant auf der Rückseite der Karte mit der „4" würde der Regel nicht widersprechen (neben der Regel, dass auf der Rückseite eines Selbstlauts eine gerade Zahl steht, könnte es ja eine Zusatzregel geben, dass auf der Rückseite eines Konsonanten ebenfalls eine gerade Zahl steht). Die entsprechende ungültige Schlussfigur heißt *Affirmation des Konsequens:*

1. Wenn A dann B.
2. B
3. A (man denkt, ein A (Selbstlaut) auf der Rückseite würde die Regel bestätigen)

Die vierte Karte („7") muss hingegen umgedreht werden und verlangt die implizite Anwendung des Modus Tollens. Aus 1. A ⇨ B und 2. ¬B folgt gemäß Modus Tollens 3. ¬A.

Wie urteilen Vpn bei dieser Aufgabe? In einer Metaanalyse von Oaksford und Chater (1994) stellte sich heraus, dass sich 90 % der Vpn für E entscheiden (das ist auch im Einklang mit dem Modus Ponens), 60 % für 4 (*Affirmation des Konsequens*), 25 % für 7 (*Modus Tollens*) und 15 % für K (*Negation des Antezedens*). Die richtige Lösung ist E und 7.

In weiteren Untersuchungen stellte sich heraus, dass konkrete, aus dem Alltag genommene Inhalte die Leistung bei der Selektionsaufgabe stark verbessern, v. a. wenn es sich um sogenannte *deontische*[16] Aufgaben handelt, also Aufgaben, bei denen es um normative Regeln zur Lösung einer Aufgabe geht. In der Studie von Johnson-Laird, Legrenzi und Legrenzi (1972) lautete die zu überprüfende Regel: „Wenn ein Kuvert zu-

[16] Im Gegensatz dazu handelt es sich bei der Standardversion der Selektionsaufgaben um eine indikative Aufgabe.

geklebt ist, dann muss es mit 50 Cent frankiert sein“ (s. Abbildung 56). Welche Kuverts müssen überprüft werden?

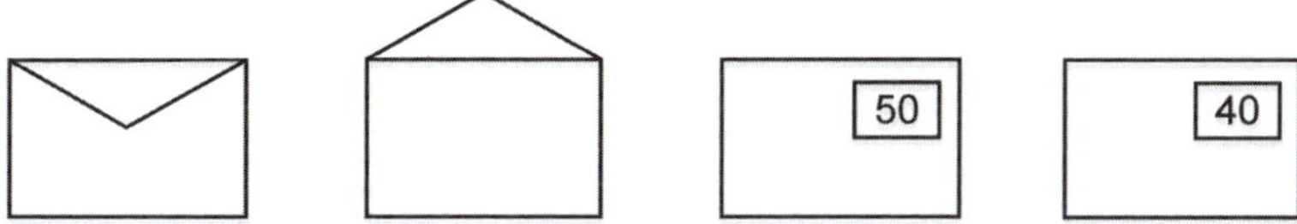

Abbildung 56: Aufgabe von Johnson-Laird et al. (1972, Abb. modifiziert).

92 % der Vpn konnten die Aufgabe lösen, indem sie das erste und vierte Kuvert überprüften. In der Studie von Griggs und Cox (1982) galt es, folgende Regel zu überprüfen: „Wenn eine Person Bier trinkt, dann muss sie über 19 Jahre alt sein“ (s. Abbildung 57). Die korrekte Lösung fanden 72 % der Vpn. Mit inhaltlicher Einkleidung fällt die Lösung der Selektionsaufgabe offenbar viel leichter.

Abbildung 57: Die Aufgabe von Griggs und Cox (1982).

Nach Beller (1998) gibt es bei deduktiven Aufgaben zwei Quellen für Inferenzen (Schlussfolgerungen): die Form des Arguments und inhaltliches Wissen. Inhaltseffekte sind demnach auf den Einfluss impliziten Wissens zurückzuführen. Wie erörtert, fällt die Lösung des *Modus tollens* bei formaler Präsentation schwer. Bei Beller (1998) konnten immerhin 60 % der Vpn folgende Aufgabe richtig lösen:

Wenn der Buchstabe ein A ist,
dann ist die Zahl eine 3.
Die Zahl ist keine 3.

Ist der Buchstabe ein A?

Bei der folgenden inhaltlichen Einkleidung gaben sogar 80 % der befragten Personen die richtige (verneinende) Antwort:

Wenn Peter im Louvre ist,
dann ist er in Paris.
Peter ist nicht in Paris.

Ist Peter im Louvre?

Nur 41 % konnten jedoch dieselbe Aufgabe in der folgenden Gestalt lösen:

Wenn Theo in London ist,
dann ist Theo im Tower.
Theo ist nicht im Tower.

Ist Theo in London?

Worin liegt der Unterschied zwischen den letzten beiden Aufgaben? Nach Beller (1998) besteht der Unterschied darin, dass in der Louvre-Geschichte implizites Wissen sinnvoll zur Lösung der Frage und in logischer Verknüpfung mit dem Wissen, das in den Prämissen enthalten ist, verwendet werden kann. Weiß man, dass für alle x, für die gilt: x ist im Louvre, folgt, dass x in Paris ist, dann folgt daraus in Verbindung mit Prämisse 2 (Peter ist nicht in Paris) sofort, dass Peter nicht im Louvre ist (weil alle x, die im Louvre sind, auch in Paris sind, Peter aber nicht in Paris ist, ist er daher auch nicht im Louvre). Bei der Tower-Geschichte hingegen mag man auch über das implizite Wissen, dass für alle x, für die gilt: x ist im Tower, folgt: x ist in London, verfügen, für die Beantwortung der Frage kann dieses Wissen jedoch nicht verwendet werden (man weiß aufgrund des impliziten Wissens nicht, was mit den Personen ist, die nicht im Tower sind; die können, müssen aber nicht in London sein).

2.2.3 Kategoriale Syllogismen

Kategoriale Syllogismen verwenden sogenannte Quantoren, das sind Begriffe wie „alle“, „einige“ oder „kein“. Mit Hilfe dieser Quantoren kann man sowohl *universelle* Aussagen, die für alle Elemente einer Menge gelten, als auch *partikuläre* Aussagen, die nur für eine Teilmenge gelten, formulieren. Die Aussagen können jeweils positiv oder negativ sein.

Insgesamt erhält man vier Arten von Aussagen (s. Beller & Bender, 2010):

	positiv	**negativ**
universell	A: Alle x sind y.	E: Kein x ist y.
partikulär	I: Einige x sind y.	O: Einige x sind keine y.

Dieses AEIO-Schema geht auf die lateinischen Begriffe „AFFIRMO“ (ich bestätige) und „NEGO“ (ich verneine) zurück.

Beurteilen Sie bitte folgenden Syllogismus:

Einige Erbsen sind Rüben.
Alle Rüben sind Bananen.

Einige Erbsen sind Bananen.

Mittels sogenannter Venndiagramme (Eulersche Diagramme) lassen sich derartige Syllogismen bearbeiten.

„Alle S sind P“ lässt mengentheoretisch folgende Möglichkeiten zu: Die beiden Mengen können zusammenfallen (S = P) oder S ist nur eine Teilmenge von P.

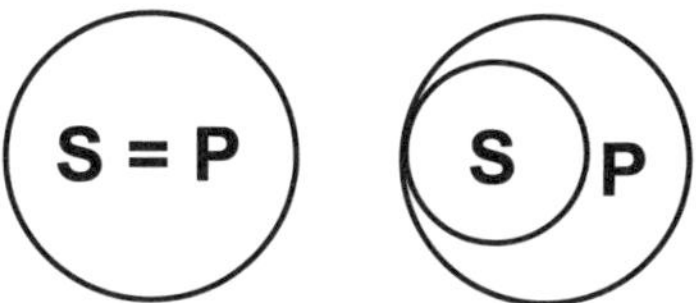

Für „Einige S sind P“ sind folgende Beziehungen möglich:

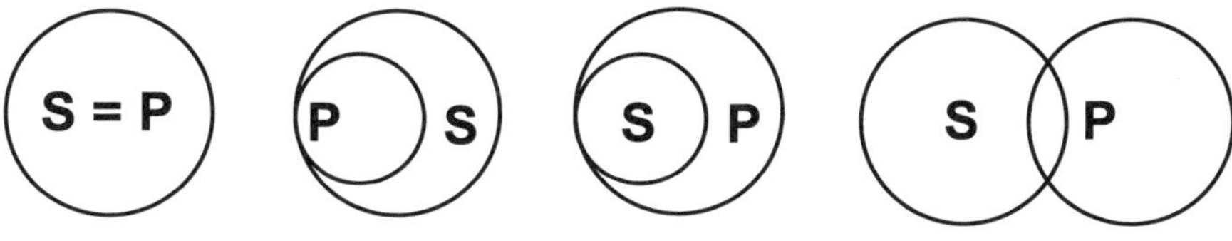

„Kein S ist P“:

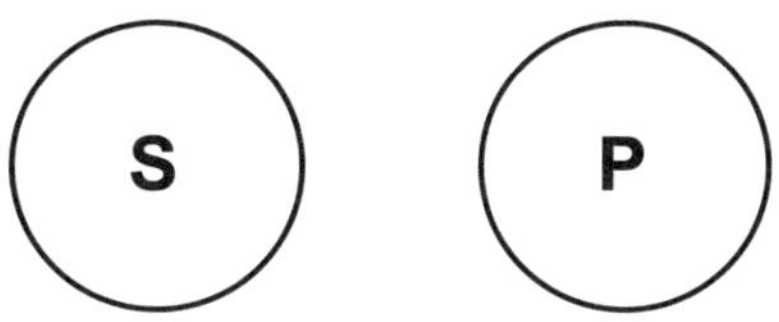

Und „Einige S sind keine P“:

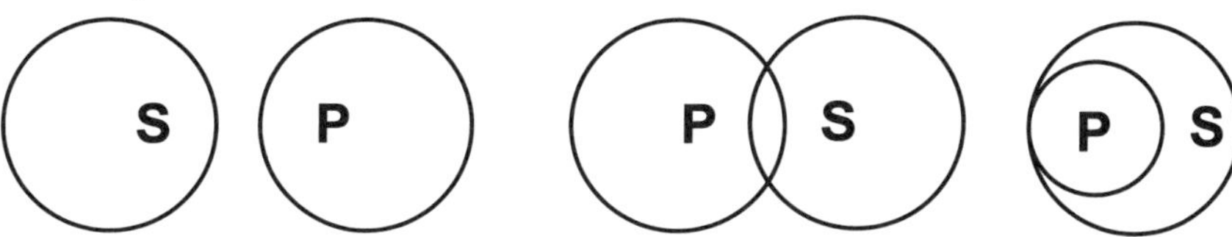

Betrachten wir nochmals den Syllogismus:

Einige Erbsen sind Rüben.
Alle Rüben sind Bananen.

Einige Erbsen sind Bananen.

Für „Einige Erbsen sind Rüben", wobei gleichzeitig gilt, dass „alle Rüben Bananen sind", gibt es folgende Möglichkeiten: Alle Erbsen können Rüben sein (a), die Rüben können eine Teilmenge der Erbsen sein (b), die Erbsen können eine Teilmenge der Rüben sein (c) und die Menge der Erbsen und der Rüben können eine gemeinsame Schnittmenge haben (d):

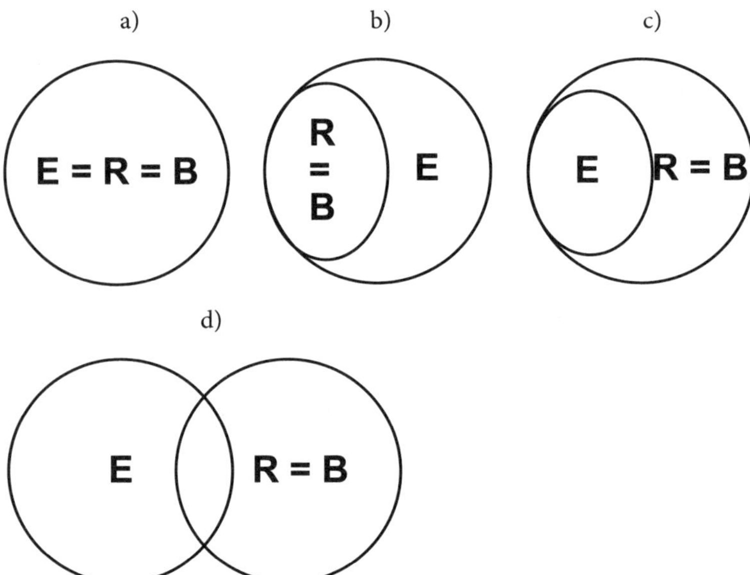

Für alle vier Möglichkeiten gilt, dass „einige Erbsen Bananen" sind, daher ist der Syllogismus ingesamt gültig.

Finden Sie die Lösung für die nachfolgenden vier Syllogismen (aus Beller & Bender, 2010, S. 51)? Stellen Sie sich vier Baukästen mit Bausteinen vor. Für jeden Baukasten gelten zwei Aussagen. Ziehen Sie den richtigen Schluss daraus!

1. Alle Zylinder sind rot. Alle roten Objekte sind groß. Was folgt daraus für die Größe der Zylinder?

2. Alle kleinen Objekte sind Quader. Alle kleinen Objekte sind grün. Was folgt daraus für die Farbe der Quader?
3. Kein Würfel ist blau. Alle großen Objekte sind blau. Was folgt daraus für die Größe der Würfel?
4. Kein kleines Objekt ist ein Kegel. Alle kleinen Objekte sind gelb. Was folgt daraus für die Farbe der Kegel?[17]

Eine Erklärung, warum viele Menschen große Schwierigkeiten mit kategorialen Schlüssen haben, stammt von Chapman und Chapman (1959). Die Ursache für die Schwierigkeiten sahen sie in der von den meisten Menschen angenommenen Bidirektionalität von Aussagen. So lässt sich korrekterweise aus der Aussage „Einige A sind B" schließen, dass auch gilt: „Einige B sind A". Auch bei „Kein A ist B" gilt umgekehrt: „Kein B ist A". Falsch hingegen ist die Schlussfolgerung von „Alle A sind B" auf „Alle B sind A" bzw. von „Einige A sind nicht B" auf „Einige B sind nicht A". Und wenn jemand aus dem Syllogismus „Alle A sind B" und „Alle A sind C" durch Umkehrung der ersten Prämisse den Syllogismus „Alle B sind A" und „Alle A sind C" formt, dann kommt er zu der falschen Schlussfolgerung, dass auch gilt: „Alle B sind C".

Eine weitere Erklärung für die Schwierigkeiten mit dem Umgang mit Syllogismen bilden sprachliche Implikaturen (Stenning, 2002). Im Alltag schwingt in vielen Aussagen unausgesprochen etwas mit. Zum Beispiel bedeutet im Alltag die Aussage „Einige Amerikaner leben in Kalifornien", dass nicht alle gemeint sind und dass es auch einige Amerikaner gibt, die nicht in Kalifornien leben. In der Logik kann „Einige" aber auch für „Alle" stehen.

2.3 Induktives Denken

Unter dem induktiven Denken versteht man den Schluss vom Besonderen auf das Allgemeine, d. h. vom Einzelfall auf die Allgemeinheit. Der Schluss ist logisch nicht korrekt, d. h. zwingend gültig (es gibt kein logisches Kalkül für einen induktiven Schluss), wird aber im Alltag häufig gebraucht. Wenn man z. B. in einem Restaurant auch nur zweimal ein wenig ansprechendes Gericht serviert bekommen hat, wird man den Schluss ziehen, dass es sich mit großer Wahrscheinlichkeit um kein gutes Lokal handelt. Menschen sind im Alltag darauf angewiesen, aus endlichen Beobachtungen ihre verallgemeinernden Schlüsse zu ziehen.

Beim induktiven Denken werden häufig Heuristiken verwendet. Dabei handelt es sich um Faustregeln der Urteilsbildung, die besonders dann genutzt werden, wenn

[17] Die Lösungen: (1) Alle Zylinder sind groß. (2) Einige Quader sind grün. (3) Kein Würfel ist groß. (4) Kein Schluss möglich. Die Syllogismen (1) und (3) werden von 80–90 % der Vpn gelöst, die Syllogismen (2) und (4) von weniger als 30 %.

nicht genügend Zeit, Kapazität oder Motivation zur gründlichen Informationsverarbeitung vorhanden ist. Eine gute Heuristik für das Wetter am morgigen Tag ist z. B. das heutige Wetter – mit großer Wahrscheinlichkeit, wenn nicht gerade ein Wetterumsturz ansteht, wird das morgige Wetter dem heutigen sehr ähnlich sein.

Abbildung 58: Links: Daniel Kahneman (* 1934, 2002 Nobelpreis für Ökonomie), rechts: Amos Tversky (1937–1996).

Daniel Kahneman und Amos Tversky (s. Abbildung 58) initiierten Anfang der 1970er-Jahre des 20. Jahrhunderts ein Forschungsprogramm zu systematischen Denkfehlern und Heuristiken („Heuristics and Biases“). Ihre Forschung hatte insbesondere auf die Wirtschaftswissenschaften großen Einfluss und erschütterte das damals vorherrschende Modell, wonach Menschen rational urteilen, agieren und entscheiden. Vielmehr zeigte sich, dass Menschen in ihren Antworten auf vorgelegte Probleme deutlich von den Normen der Statistik- und Wahrscheinlichkeitstheorie abweichen: „In general, these heuristics are quite useful, but sometimes they lead to severe and systematic errors“ (Kahneman & Tversky, 1974, S. 1124). Diese Abweichungen wurden in Analogie zu optischen Täuschungen im Bereich der Wahrnehmung als kognitive Täuschungen interpretiert.

Kahneman und Tversky unterscheiden zunächst drei grundlegende Heuristiken: die Verfügbarkeitsheuristik, die Repräsentativitätsheuristik und die Ankerheuristik.

2.3.1 Verfügbarkeitsheuristik

Bei der Verfügbarkeitsheuristik (availability heuristic) bildet die Verfügbarkeit von Informationen bzw. die Leichtigkeit/Schwierigkeit des Abrufs von Informationen die

Urteilsgrundlage. Wenn man z. B. gebeten wird, den Anteil der Studienabbrecher in Psychologie zu schätzen, könnte man – wenn man nicht über die offiziellen Statistiken verfügt – darüber nachdenken, wie viele Studienabbrecher man persönlich kennt. Ausgehend von dieser Zahl wird dann eine Schätzung über die Gesamtpopulation erstellt.

In der Studie von Lichtenstein, Slovic, Fischhoff, Layman und Combs (1978) wurden die Vpn gebeten, die Häufigkeit verschiedener Todesursachen einzuschätzen. Es stellte sich heraus, dass seltene, aber in den Medien häufig erwähnte Todesursachen (z. B. Tornado) relativ überschätzt werden, während häufige Todesursachen, die in den Medien nicht gesondert erwähnt werden (wie Diabetes, Krebs oder Schlaganfall), unterschätzt werden.

Inhalte, die kognitiv leicht verfügbar sind, werden in ihrer Auftretenswahrscheinlichkeit überschätzt, Inhalte, die kognitiv wenig verfügbar sind, unterschätzt. Die Verfügbarkeit von Ereignissen hängt allerdings nicht nur von ihrer Auftretenswahrscheinlichkeit ab, sondern auch von anderen Faktoren (wie Auffälligkeit oder persönliche Betroffenheit), die zu systematischen Urteilsverzerrungen führen können.

Im Experiment von Tversky und Kahneman (1973) hatten die Vpn die Häufigkeit bestimmter Buchstaben der englischen Sprache zu schätzen. Die Vpn erhielten die Instruktion: „Sie werden jetzt einige Buchstaben aus dem Alphabet erhalten und Sie werden gefragt werden, ob diese Buchstaben häufiger an der ersten oder an der dritten Stelle auftreten, bzw. sollen Sie das Verhältnis der Häufigkeiten, mit der sie an diesen Positionen auftreten, schätzen." Die verwendeten Buchstaben waren K, L, N, R und V. Es stellte sich heraus, dass die Vpn annahmen, dass die genannten Buchstaben häufiger an der ersten Stelle auftreten würden.

In der Studie von Salancik und Conway (1975) wurden die Vpn gefragt, ob sie bestimmte proreligiöse Verhaltensweisen (wie beten, in die Kirche gehen …) „häufig" zeigen würden und bestimmte antireligiöse Verhaltensweisen (wie „Ich weigere mich, einen Christbaum zu haben") „gelegentlich". Eine Kontrollgruppe wurde gefragt, ob sie die betreffenden proreligiösen Verhaltensweisen „gelegentlich" und die antireligiösen Verhaltensweisen „oft" zeigen würden. Danach mussten alle Vpn ihre selbst eingeschätzte Religiosität auf einer Skala angeben. Die Ergebnisse stehen im Einklang mit der Verfügbarkeitsheuristik. Den Vpn, die gefragt wurden, ob sie die betreffenden Verhaltensweisen „gelegentlich" zeigen würden, fiel es leichter, diese Frage zu bejahen. Infolgedessen schätzten sie ihre eigene Religiosität auch höher ein. Bei Schwarz et al. (1991) sollten die Vpn sechs bzw. zwölf Beispiele für eigenes selbstbewusstes Verhalten generieren, wie z. B. dass man einen Vertreter erfolgreich abgewimmelt hat. Danach sollten sie ihr eigenes Selbstbewusstsein auf einer Skala einschätzen. Die Generierung von zwölf Beispielen fiel den Vpn viel schwerer. Da die Schwierigkeit des Abrufs entsprechender Informationen höher war, wurde auch ein damit konsistentes Urteil gefällt und die Angabe des eigenen Selbstbewusstseins fiel niedriger aus (s. Tabelle 9).

Tabelle 9: Ergebnisse der Studie von Schwarz et al. (1991).

	Bedingung	
Anzahl der erinnerten Beispiele	**selbstbewusst**	**wenig selbstbewusst**
6	6,3	5,2
12	5,2	6,2

Anmerkung: Durchschnittswerte pro Bedingung auf einer Skala von 1 bis 10

In einer ähnlichen Studie von Wänke, Bohner und Jurkowitsch (1997) sollten die Vpn in der Versuchsgruppe („leichte Bedingung") ein Argument für oder gegen den Kauf eines BMWs finden (jeweils die Hälfte der Vpn sollte Argumente dafür bzw. dagegen generieren), in der Kontrollgruppe („schwierige Bedingung") handelte es sich um zehn Argumente für (bzw. gegen) den Kauf eines BMWs (s. Abbildung 59). Die Ergebnisse stehen wiederum in Einklang mit der Verfügbarkeitsheuristik.

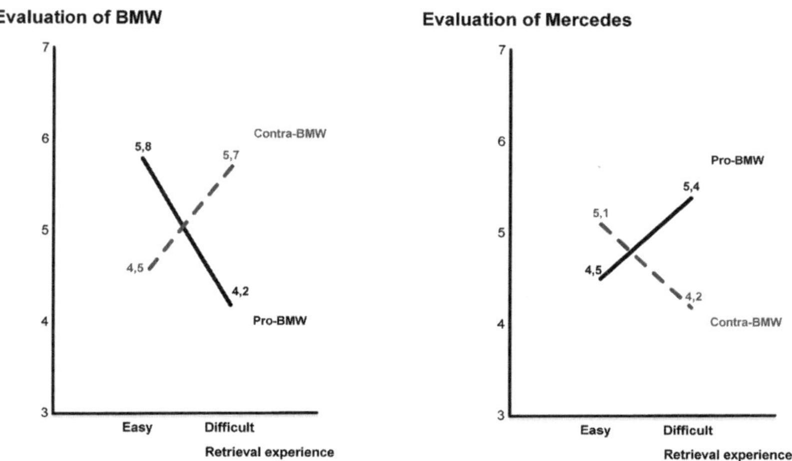

Abbildung 59: Ergebnisse des Experiments von Wänke et al. (modifiziert nach Wänke et al., 1997).

So fällt die Bewertung des BMWs in der leichten Bedingung (nur ein Argument pro BMW) besser aus als in der schweren Bedingung (zehn Argumente pro BMW). Die Bewertung des Konkurrenzprodukts (Mercedes) verhält sich spiegelbildlich dazu, in der leichten Bedingung ist sie schlechter, in der schwierigen besser. Wenn die leichte Bedingung ein Argument gegen den Kauf eines BMWs verlangte, dreht sich die Bewertung um. In der leichten Bedingung wird der BMW schlechter als in der schwierigen bewertet, der Mercedes hingegen besser; in der schwierigen ist es umgekehrt (s. Abbildung 59).

Ein weiterer Beleg für die Verfügbarkeitsheuristik ist der egozentrische Bias. Demnach werden eigene Beiträge aufgrund ihrer höheren Verfügbarkeit immer höher eingeschätzt. Ross und Sicoly (1979) befragten 28 Ehepaare, wer für welche Tätigkeit verantwortlich ist. Die Tätigkeiten umfassten u. a. Frühstück machen, einkaufen, auf die Kinder aufpassen, Geld verwalten, Ausflüge planen, Wäsche waschen, Zuneigung zeigen. Es zeigte sich, dass der gemeinsame Betrag (jeder Ehepartner sollte angeben, zu wie viel Prozent er verantwortlich ist) bei 16 von 20 Tätigkeiten signifikant über 100 Prozent lag. In einer zweiten Studie wurden Basketballspieler nach einem entscheidenden Wendepunkt im letzten Spiel gefragt. 119 von 158 Spieler (75 %) erinnerten einen Wendepunkt, der vom eigenen Team verursacht wurde (starke Verteidigung, Wechsel der Taktik im Angriffsspiel etc.).

2.3.2 Repräsentativitätsheuristik

Bei der Repräsentativitätsheuristik ist die Repräsentativität oder Typikalität Urteilsgrundlage. Man fragt sich beispielsweise, wie (proto-)typisch von ihrem Aussehen her eine bestimmte Person für einen Jusstudenten ist. Im Rahmen der Repräsentativitätsheuristik wird untersucht, ob ein Element für eine Kategorie, eine Stichprobe für eine Grundgesamtheit (Population) oder eine Wirkung für eine Ursache repräsentativ (oder prototypisch) ist.

Der Basisratenfehler

Das klassische Experiment zur Repräsentativitätsheuristik stammt von Kahneman und Tversky (1973). Dabei erhielten die Vpn der Versuchsgruppe vorab die Information, dass ein Team von Psychologen 30 Ingenieure und 70 Juristen interviewt und getestet habe. Für die Kontrollgruppe waren es 70 Ingenieure und 30 Juristen. Danach wurde allen Vpn folgende Instruktion gegeben: „Im Folgenden lesen Sie fünf Beschreibungen, die zufällig aus den 100 Beschreibungen ausgewählt wurden. Bitte geben Sie auf einer Skala von 0 bis 100 die Wahrscheinlichkeit an, dass es sich um einen Ingenieur (Juristen) handelt."

Innerhalb der Versuchs- und Kontrollgruppe musste jeweils die Hälfte der Vpn die Wahrscheinlichkeit abschätzen, dass es sich bei der beschriebenen Person um einen Ingenieur handelt, die andere Hälfte beurteilte die Wahrscheinlichkeit, dass es sich um einen Juristen handelt. Die Beschreibungen der Stimuluspersonen waren z. T. entweder mit dem Stereotyp des Juristen oder des Ingenieurs vereinbar. Hier ein Beispiel für eine Personenbeschreibung, die eher dem Stereotyp des Ingenieurs ähnelte:

> Jack ist 45 Jahre alt. Er ist verheiratet und hat vier Kinder. Er ist im Allgemeinen konservativ, sorgfältig und ehrgeizig. Er interessiert sich nicht für Politik oder soziale Fragen und verwendet den größten Teil seiner Freizeit auf eines seiner vielen Hobbies, wie z. B. Tischlern, Segeln und mathematische Denksportaufgaben.

Es zeigte sich, dass die zur Verfügung gestellten Basisraten nur einen sehr geringen Einfluss auf die Urteile der Vpn hatten. Selbst bei der nachfolgenden Personenbeschreibung, die für keine der beiden Berufsgruppen repräsentativ ist, wurden die Basisraten nicht angemessen berücksichtigt:

> Dick ist ein 30-jähriger Mann. Er ist verheiratet und hat keine Kinder. Als Mann von hoher Motivation und Fähigkeit hat er gute Aussichten, erfolgreich in seinem Tätigkeitsfeld zu sein. Er wird von seinen Kollegen gemocht.

Die Vpn hielten beide Möglichkeiten (Jurist oder Ingenieur) bei dieser unergiebigen Personenbeschreibung für gleich wahrscheinlich. Nur wenn überhaupt keine Informationen über die Stimuluspersonen zur Verfügung gestellt wurden, fällten die Vpn das Urteil aufgrund der unterschiedlichen Basisraten. Kahneman und Tversky (1973, S. 243) meinen: „The failure to appreciate the relevance of prior probability in the presence of specific evidence is perhaps one of the most significant departures of intuition from the normative theory of perception."

Der Konjunktionsfehler

Eine andere sehr prominente Anwendung der Repräsentativitätsheuristik stellt das sogenannte Linda-Problem dar. Die Vpn erhalten folgende Personenbeschreibung:

> Linda ist 31 Jahre alt, Single, sehr intelligent und nimmt kein Blatt vor den Mund. Sie hat Philosophie studiert. Als Studentin hat sie sich intensiv mit Fragen der sozialen Gerechtigkeit und Diskriminierung auseinandergesetzt. Außerdem hat sie an Anti-Kernkraft-Demonstrationen teilgenommen. Für wie wahrscheinlich halten Sie es, dass Linda
> a) in der Frauenbewegung aktiv ist (A),
> b) Bankangestellte ist (B),
> c) Bankangestellte und in der Frauenbewegung aktiv ist?

Die 88 Vpn mussten die Ereignisse a) bis c) nach ihrer Wahrscheinlichkeit ordnen. Dabei stellte sich heraus, dass das Ereignis c) für wahrscheinlicher als b) gehalten wurde. Nach den grundlegenden Axiomen der Wahrscheinlichkeitstheorie (Kolmogoroff, 1933) kann aber die konjunktive Verknüpfung zweier Ereignisse nicht wahrscheinlicher sein als die jeweiligen Ereignisse. Tversky und Kahneman nennen den begangenen Fehler Konjunktionsfehler (conjunction fallacy). Formal ausgedrückt: Wenn ein Ereignis B wahrscheinlicher ist als ein Ereignis A, es also mehr Möglichkeiten der Realisierung hat, dann ist die konjunktive Verknüpfung von A & B in der Menge der Möglichkeiten von B enthalten. So gibt es mehr Bankangestellte als feministische Bankangestellte, weil die Menge der Bankangestellten die feministischen und die nicht feministischen Bankangestellten enthält. Mengentheoretisch formuliert: Die Verknüpfung A & B repräsentiert die Schnittmenge der Mengen A und B und kann daher nicht größer sein als die Elementarmengen, da die Schnittmenge in den Elementarmengen inkludiert ist.

85 % der Vpn bei Tversky und Kahneman (1983) waren der Ansicht, dass Linda eher einer feministischen Bankangestellten als einer Bankangestellten ähnelt. Sie hatten offensichtlich die Repräsentativitätsheuristik angewandt und die Repräsentativität der Beschreibung als Urteilsgrundlage herangezogen. Rein logisch gesehen bedeutet „Bankangestellte" aber eben nicht „nur Bankangestellte", sondern impliziert die Möglichkeit, dass es sich um eine feministische Bankangestellte handelt. Tversky und Kahneman (1983) führten weitere Versuche durch, um den Konjunktionsfehler zu reduzieren. Aber selbst wenn die Aussage „Linda ist eine Bankangestellte" durch „Linda ist eine Bankangestellte, gleichgültig, ob sie in der Frauenbewegung aktiv ist oder nicht" ersetzt wurde, hielten 57 % der Vpn es für wahrscheinlicher, dass Linda eine Bankangestellte ist, die in der Frauenbewegung aktiv ist, als dass sie eine Bankangestellte ist, gleichgültig, ob sie in der Frauenbewegung aktiv ist oder nicht.

In einer weiteren Studie wurde folgendes Problem dargeboten (Tversky & Kahneman, 1983):

An einer repräsentativen Stichprobe von männlichen Erwachsenen aller Alters- und Berufsgruppen wurde eine Gesundenuntersuchung durchgeführt. Einer von den Getesteten war Herr F. Er wurde durch Zufall von den Teilnehmern ausgewählt.
Welche der folgenden Aussagen ist wahrscheinlicher? Wählen Sie eine aus.
1. Herr F. hat eine oder mehrere Herzattacken gehabt.
2. Herr F. hat eine oder mehrere Herzattacken gehabt und ist über 55 Jahre alt.

Offensichtlich kann es nicht wahrscheinlicher sein, dass jemand Herzattacken gehabt hat und über 55 Jahre alt ist, als dass er nur Herzattacken gehabt hat, da es auch Personen unter 55 gibt, die Herzattacken haben, und das Ereignis „Herzattacken" das Ereignis „Herzattacken und über 55 Jahre alt" inkludiert. Trotz dieser Transparenz begingen 58 % einer Stichprobe von statistisch ungebildeten Personen den Konjunktionsfehler.

Wurde hingegen nicht nach einem Wahrscheinlichkeitsurteil gefragt, sondern ein Häufigkeitsurteil erbeten, begingen nur mehr 25 % der Vpn den Konjunktionsfehler:

An einer Stichprobe von 100 männlichen Erwachsenen aller Alters- und Berufsgruppen wurde eine Gesundenuntersuchung durchgeführt. Bitte geben Sie eine bestmögliche Schätzung für folgende Ereignisse ab: Wie viele der 100 Teilnehmer an der Gesundenuntersuchung haben eine oder mehrere Herzattacken gehabt? Wie viele der 100 Teilnehmer sind über 55 Jahre alt und haben eine oder mehrere Herzattacken gehabt?

In weiteren Studien konnte dieses Resultat bestätigt werden. Wird die Information in Form von Häufigkeiten repräsentiert, verschwindet der Konjunktionsfehler beinahe völlig (Fiedler, 1988; Hertwig & Gigerenzer, 1999).

Das Bayes-Theorem

Die Wahrscheinlichkeit, einen hohen Geldbetrag zu bekommen (Ereignis A), wenn man im Lotto gewonnen hat (Ereignis B), ist nicht gleich der Wahrscheinlichkeit, dass man im Lotto gewonnen hat, wenn man einen hohen Geldbetrag bekommt: $P(A|B) \neq P(B|A)$. Letzteres kann z. B. auch bei einer Erbschaft eintreten. Ein wichtiges Theorem der Wahrscheinlichkeitstheorie, das sogenannte Bayes-Theorem (nach Thomas Bayes, 1702–1761) drückt das Verhältnis zweier Wahrscheinlichkeiten $P(B|A)$ und $P(A|B)$ aus. Für zwei Ereignisse A und B mit $B \neq 0$ gilt:

$$P(A|B) = \frac{P(B|A) \cdot P(A)}{P(B)}$$

wobei $P(B|A)$ die (bedingte) Wahrscheinlichkeit des Ereignisses B, wenn A eingetreten ist, $P(A|B)$ die (bedingte) Wahrscheinlichkeit des Ereignisses A, wenn B eingetreten ist, $P(A)$ die Ausgangswahrscheinlichkeit für A und $P(B)$ die Ausgangswahrscheinlichkeit für B bezeichnet.

Der Nenner des Bruches lässt sich noch umwandeln, sodass für zwei Ereignisse A und B gilt:

$$P(A|B) = \frac{P(B|A) \cdot P(A)}{P(B|A) \cdot P(A) + P(B|\bar{A}) \cdot P(\bar{A})}$$

Ein Beispiel dazu liefert das Taxi-Problem von Tversky und Kahneman (1980) (hier in der Darstellung von Gigerenzer, 1993):

Ein Taxi hatte nachts einen Unfall mit Fahrerflucht begangen. In der Stadt gibt es zwei Taxiunternehmen, Grün und Blau. Ihnen liegen folgende Informationen vor:
(1) 85% der Taxis in der Stadt sind grün und 15% sind blau.
(2) Ein Zeuge identifizierte das Taxi als blau. Der Gerichtshof testete die Fähigkeit des Zeugen, Taxis zu identifizieren, unter entsprechenden Sichtbedingungen. Als dem Zeugen eine Stichprobe von Taxis angezeigt wird (wovon die Hälfte blau und die andere Hälfte grün war), machte er in 80% der Fälle korrekte Identifikationen und irrte in 20% der Fälle.

Frage: Wie hoch ist die Wahrscheinlichkeit, dass das in den Unfall verwickelte Taxi blau statt grün war? Die meisten Vpn schätzten die Wahrscheinlichkeit auf 80 %. Tversky und Kahneman berechnen die Wahrscheinlichkeit dafür nach dem Bayes-Theorem:

$$P(\text{Blau}|\text{„Blau"}) = \frac{P(\text{Blau}) \cdot P(\text{„Blau"}|\text{Blau})}{P(\text{Blau}) \cdot P(\text{„Blau"}|\text{Blau}) + P(\text{Grün}) \cdot P(\text{„Blau"}|\text{Grün})}$$

ist die gesuchte Wahrscheinlichkeit, dass es sich um ein blaues Taxi handelt, wenn der Zeuge das Taxi als „blau" identifizierte. Die Basisrate für blaue Taxis beträgt 0,15. Nach dem Test beträgt die Wahrscheinlichkeit 0,8, dass der Zeuge auch „blau" sagt, wenn ihm ein blaues Taxi präsentiert wird; mit einer Wahrscheinlichkeit von 0,2 sagt er „grün" bei Präsentation eines blauen Taxis. Durch Einsetzen dieser Werte in die Formel erhält man eine Wahrscheinlichkeit von 0,41 dafür, dass das Taxi tatsächlich blau war, nachdem es als „blau" identifiziert wurde:

$$P(\text{Blau}|\text{„Blau"}) = \frac{.15 \cdot .80}{.15 \cdot .80 + .85 \cdot .20}$$

Ein weiteres Beispiel von Gigerenzer (1993):

> Patricia, 39 Jahre alt, fühlt sich gesund und ist ohne Beschwerden. Ihr Hausarzt hat ihr dennoch empfohlen, sich ab jetzt jedes zweite Jahr einer Krebsuntersuchung zu unterziehen. Sie lässt eine Mammografie machen. Die Mammografie ergibt ein positives Testergebnis. Patricia reagiert mit Schrecken.
> Der Arzt erklärt ihr, dass dieses Testergebnis nicht bedeute, dass sie mit Sicherheit Brustkrebs hätte. Es sei nur wahrscheinlich. Sie will wissen: Wie wahrscheinlich? 99 % oder 90 % oder nur 50 %, das würde ja einen Unterschied machen.
> Der Arzt meint, da die Zuverlässigkeit der Mammografie bei 80 % liegt, wäre die Wahrscheinlichkeit etwa 80 %, dass sie tatsächlich Krebs hätte.
> Patricia fährt erschüttert nach Hause und bespricht sich mit ihrem Ehemann.

Beträgt die Wahrscheinlichkeit, dass Patricia tatsächlich Krebs hat, nachdem sie positiv getestet wurde, tatsächlich 80 %? Prinzipiell gibt es vier Möglichkeiten (s. Tabelle 10) der Diagnose bei einem solchen Test: Die zu untersuchende Person kann krank sein und die Krankheit wird auch richtig diagnostiziert. Die Wahrscheinlichkeit dafür wird als Sensitivität eines Tests bezeichnet. Je sensitiver ein Test ist, desto höher ist die Richtig-positiv-Rate (= P(pos/krank)), das heißt, desto eher werden Kranke auch positiv getestet (und damit als Kranke richtig identifiziert). Der Test könnte jedoch auch negativ ausfallen, sodass eine bestehende Krankheit nicht diagnostiziert wird (= P(neg/krank)). Auf der anderen Seite kann auch eine gesunde Person einen positiven Befund erhalten, d.h. fälschlich als „krank" diagnostiziert werden. Die Wahrscheinlichkeit dafür macht die Falsch-positiv-Rate eines Tests aus (=P(pos/gesund)). Die Gegenwahrscheinlichkeit dazu ist die Richtig-negativ-Rate oder Spezifität eines Tests und drückt die Wahrscheinlichkeit dafür aus, dass ein Gesunder auch negativ getestet wird (=P(neg/gesund)).

Tabelle 10: Mögliche Zusammenhänge zwischen Gesundheitsstatus und Testergebnis.

Testergebnis der Person	Krank	Nicht erkrankt
positiv	richtig-positiv (Sensitivität)	Falsch-positiv-Rate
negativ	falsch-negativ	richtig-negativ (Spezifität)

Die Formel zur Berechnung der Wahrscheinlichkeit dafür, dass eine Person tatsächlich krank ist, nachdem sie positiv getestet wurde, liefert wiederum das Bayes-Theorem:

$$P(\text{krank}|\text{pos}) = \frac{P(\text{pos}|\text{krank}) \cdot P(\text{krank})}{P(\text{pos}|\text{krank}) \cdot P(\text{krank}) + P(\text{pos}|\text{gesund}) \cdot P(\text{gesund})}$$

Die gesuchte Wahrscheinlichkeit erhält man, indem man die Wahrscheinlichkeit, krank zu sein und einen positiven Befund zu bekommen, zur Wahrscheinlichkeit, positiv getestet zu werden, ins Verhältnis setzt. Die Wahrscheinlichkeit für einen positiven Test bei gegebener Krankheit P (positiv & krank) = P (pos/krank) × P (krank). Das ist der Zähler der Formel von Bayes. Im Nenner steht die Wahrscheinlichkeit für einen positiven Test, also die Wahrscheinlichkeit, positiv getestet zu werden bei Krankheit, plus die Wahrscheinlichkeit, positiv getestet zu werden bei Gesundheit. Letztere Wahrscheinlichkeit P (positiv & gesund) = P (pos/gesund) × P (gesund).

Zusätzlich zur Sensitivität und der Falsch-positiv-Rate (s. Tabelle 11) benötigt man noch die Information über die Basisrate (A-priori-Wahrscheinlichkeit), überhaupt an Brustkrebs in dem Alter zu erkranken. Sie läge bei einem Prozent (0,01).

Tabelle 11: Wahrscheinlichkeiten für ein positives (negatives) Ergebnis bei Krebs (keinem Krebs).

Testergebnis	Krebs	Kein Krebs
Positiv	.80 (Sensitivität)	.10 (Falsch-positiv-Rate)
Negativ	.20 (Falsch-negativ-Rate)	.90 (Spezifität)

Mit der oben angegebenen Sensitivität von 0,8 und einer angenommenen Falsch-positiv-Rate von 0,1 kann die sogenannte A-posteriori-Wahrscheinlichkeit, dass Patricia tatsächlich Krebs hat, berechnet werden:

$$P(krank|pos) = \frac{P(pos|krank) \cdot P(krank)}{P(pos|krank) \cdot P(krank) + P(pos|gesund) \cdot P(gesund)}$$

$$P(krank|pos) = \frac{.80 \cdot .01}{.80 \cdot .01 + .10 \cdot .99} = .075$$

Sie beträgt nur 0,075 (die Wahrscheinlichkeit liegt also unter acht Prozent). Wie ist das möglich? Die Differenz um eine Zehnerpotenz zwischen der Wahrscheinlichkeit, positiv getestet zu werden, wenn man Krebs hat, und der Wahrscheinlichkeit, tatsächlich Krebs zu haben, nachdem man positiv getestet wurde, liegt an der niedrigen Basisrate in Zusammenhang mit der relativ hohen Falsch-positiv-Rate. Da insgesamt nur eine Person von 100 in der Altersgruppe tatsächlich krank ist, 99 Personen also gesund sind, gibt es viel mehr positiv getestete, aber gesunde Personen (0,10 von 99 = 9,9 Personen) als positiv getestete Kranke (0,8 von 1 = 0,8). Die gesuchte Wahrscheinlichkeit beträgt also 0,8 (0,8 + 9,9) = 0,075 (insgesamt werden 10,7 Personen von 100 positiv getestet, davon sind 0,8 tatsächlich krank, die gesuchte Wahrscheinlichkeit ist also 0,8/10,7).

Grafisch veranschaulicht wird das Problem in Abbildung 60.

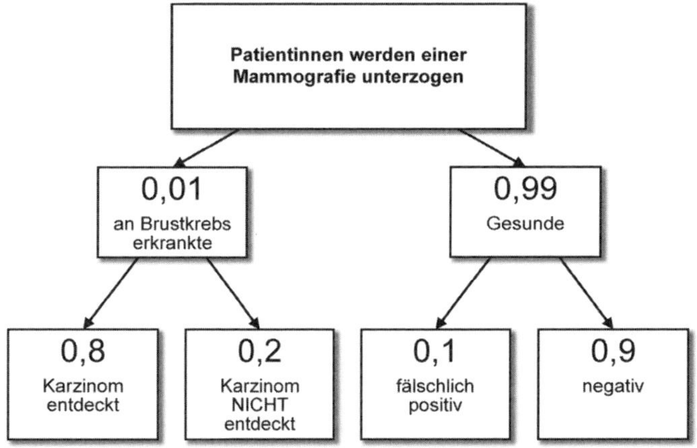

Abbildung 60: Die grafische Veranschaulichung des Mammografie-Problems.

Gigerenzer, Kuoni und Ritschard (2015) belegen, dass es sich dabei nicht nur um ein akademisches Problem handelt, sondern dass der Nutzen der Mammografie tatsächlich überschätzt wird. Von 1000 Frauen ab 50 Jahren, die zehn Jahre lang keine Mammografie durchgeführt haben, sterben fünf an Brustkrebs, während es bei den Frauen, die sich zehn Jahre am Screening beteiligt haben, nur vier sind. Relativ gesehen entspricht das einer Risikoreduktion um 20 Prozent, absolut gesehen handelt es sich nur um eine Risikoreduktion um 1 von 1000 (in den Medien wird in solchen Fällen daher nur die relative Risikoreduktion berichtet). Eine Auswirkung auf die Gesamtsterblichkeit durch Krebs lässt sich allerdings nicht nachweisen (das heißt, die eine durch die Mammografie gerettete Frau stirbt dann womöglich an einem anderen Krebs). Auf der anderen Seite muss man bei der Mammografie auf 1000 Patientinnen mit 100 falschen Alarmen, überflüssigen Biopsien und monatelangen unbegründeten Ängsten und Sorgen bei den betroffenen Frauen rechnen. Und bei rund 5 von 1000 Frauen, die an der Früherkennung teilnehmen, wird eine Brustoperation samt Chemotherapie oder Bestrahlung vorgenommen, obwohl sie eine langsam wachsende oder nicht progressive Form des Brustkrebses haben, die sie ohne Vorsorgeuntersuchung nie bemerkt hätten. Ähnlich kritisch sind andere Vorsorgeuntersuchungen (z. B. zum Prostatakrebs) zu betrachten, bei denen eine relativ hohe Falsch-positiv-Rate bei einer relativ geringen Prävalenz (oder Basisrate) dazu führt, dass die meisten positiv Getesteten eigentlich gesund sind (s. auch Gigerenzer, 2015).

Bereits in einer Untersuchung von Eddy (1982) hatte sich gezeigt, dass 95 von 100 befragten Ärzten bei einem ähnlichen Beispiel wie bei dem von Patricia die Wahrscheinlichkeit für Krebs zwischen 70 und 80 % einschätzten, obwohl sie bei 8 % lag.

Das heißt, selbst Ärzte wissen eigentlich nicht, was hier getestet wird. Gigerenzer und Mitarbeiter konnten zeigen, dass derartige Aufgaben wesentlich besser gelöst werden können, wenn anstelle von Wahrscheinlichkeiten oder Prozentsätzen absolute Häufigkeiten angegeben sind (Gigerenzer & Hoffrage, 1995; Hoffrage & Gigerenzer, 1998). Gigerenzer und Hoffrage (1995) sprechen von „natürlichen Häufigkeiten". Zur Veranschaulichung (s. Abbildung 61) betrachten wir obiges Beispiel nochmals in absoluten Häufigkeiten:

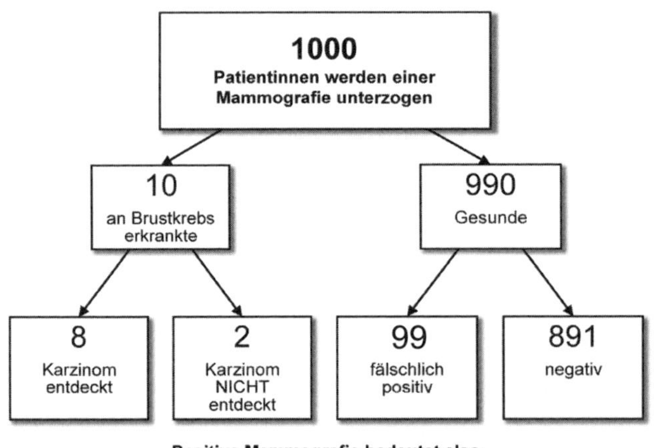

Abbildung 61: Die grafische Veranschaulichung des Mammografie-Problems mit absoluten Zahlen anstelle von Wahrscheinlichkeiten.

Natürlich ist jedes derartige Problem, wenn es im Wahrscheinlichkeitsformat präsentiert wird, leicht zu transformieren, sodass anstelle der Wahrscheinlichkeiten absolute Häufigkeiten stehen (statt 85 % rechnet man dann mit 85 von 100).

Cosmides und Tooby (1996) gaben folgendes Problem vor:

> 1 von 1000 Amerikanern hat die Krankheit X. Ein Test wurde entwickelt, um zu entdecken, ob eine Person die Krankheit X hat.
> Jedes Mal, wenn der Test einer Person vorgegeben wird, welche die Krankheit hat, wird das Testergebnis positiv. Aber manchmal wird der Test auch positiv, wenn eine Person völlig gesund ist. Genauer gesagt, von je 1000 völlig gesunden Personen haben 50 ein positives Testergebnis.
> Stellen Sie sich vor, dass wir diesen Test bei einer Zufallsstichprobe von Amerikanern durchgeführt haben. Diese wurden durch eine Lotterie ausgewählt. Diejenigen, welche die Lotterie durchführten, hatten keine Informationen über den Gesundheitszustand der Personen.
> Was ist zu erwarten, wenn diese Informationen gegeben sind: Wie viele Personen mit einem positiven Testergebnis werden tatsächlich die Krankheit haben? ___ von ___.

76 % der Befragten konnten diese Aufgabe lösen. Noch leichter fällt die Lösung, wenn man die Aufgabe zusätzlich grafisch veranschaulicht (s. Abbildung 62, s. Gigerenzer, 1993). Gigerenzer weist damit nach, dass die jeweilige Repräsentation der Information

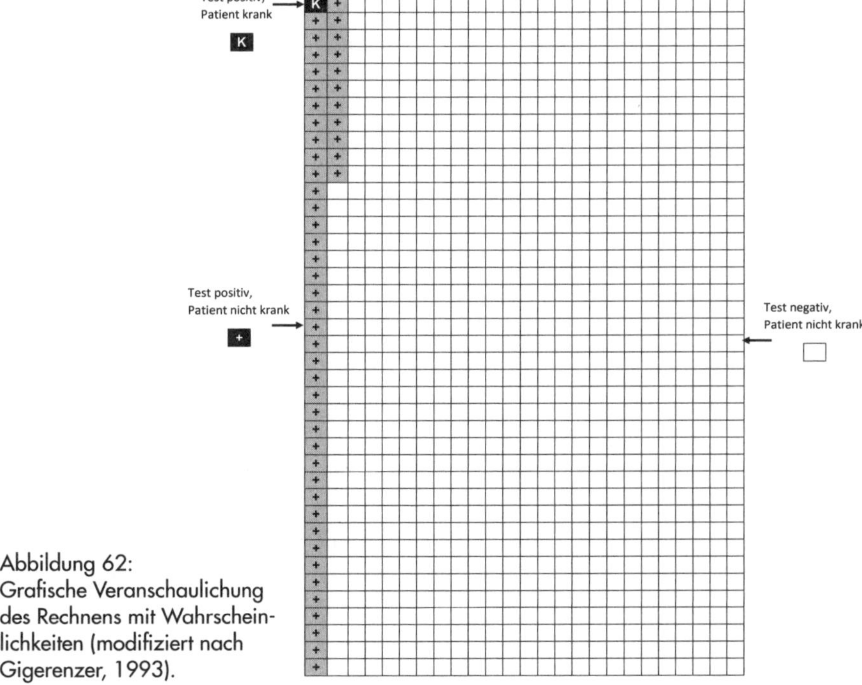

Abbildung 62:
Grafische Veranschaulichung des Rechnens mit Wahrscheinlichkeiten (modifiziert nach Gigerenzer, 1993).

entscheidend die Schwierigkeit der Aufgabe beeinflusst. Es fällt den meisten Menschen schwer, mit Wahrscheinlichkeiten zu rechnen. Wird die entsprechende Information aber in absoluten Häufigkeiten oder grafisch präsentiert, gelingt das Lösen viel häufiger.

Durch die aktuelle Coronakrise (COVID-19-Pandemie) wurde das bis dato eher wenig beachtete Problem der Falsch-positiv-Rate und das ihres Gegenspielers (der Falsch-negativ-Rate) einer größeren Öffentlichkeit bekannt (Helberg, 2020). Um eine Infektion mit SARS-CoV-2 zu entdecken, werden standardmäßig PCR-Tests („polymerase chain reaction") verwendet, die mittels Nasen- oder Rachenabstrich virale RNA nachweisen. Bei diesem Test wird versucht, vorhandene RNA-Moleküle in der Probe mittels Kettenreaktion im Labor zu vermehren. Ab einer bestimmten Virenmenge wird ein Fluoreszenzsignal sichtbar; dieser Schwellenwert heißt Ct-Wert („cycle threshold"). Je geringer die Viruslast in der Probe, desto mehr Zyklen sind notwendig, um den Virus nachzuweisen. Bei hoher Viruslast (vorausgesetzt die Qualität des Abstrichs ist hoch) sind nur wenige Zyklen notwendig, um das Signal zu erhalten. Allerdings sind die Ct-Werte zwischen Testsystemen und Laboren bisher nicht standardisiert. In einem Ringversuch unter 463 Laboren bei einer Verdünnung von 1 : 10.000 lagen die Ct-Werte für ein positives Signal zwischen den Werten von 13 und 38 (INSTAND, 2020). In der Fachliteratur wird auch darüber diskutiert, ab welchem Ct-Wert ein Patient noch als infektiös anzusehen ist und ab wann nicht mehr. Vielerorts, z. B. vom Robert Koch-Institut in Deutschland, wird dabei ein Ct-Wert von 30 als Grenzwert angesehen, ab dem keine Infektiosität mehr besteht. In einer Studie von Jaafar et al. (2020) konnte gezeigt werden, dass bei einem Ct-Wert von 25 bei 70 % der Patienten noch Viren in Zellkulturen (die unabhängig vom PCR-Test angelegt wurden) nachgewiesen werden konnten, während dies bei einem Ct-Wert von 30 nur mehr bei 20 % der Fall war (bei einem Ct-Wert von 35 ließ sich lediglich in 3 % der Stichproben Viren nachweisen).

Prinzipiell ist zwischen der analytischen und der klinischen Sensitivität und Spezifität zu unterscheiden. Bei der analytischen Sensitivität wird untersucht, bis zu welcher Verdünnung ein Virus nachweisbar ist; bei der analytischen Spezifität untersucht man, ob der Test auch auf andere Viren oder Substanzen reagiert (im Ringversuch zeigte sich für manche Labore und Genabschnitte eine reduzierte Spezifität, wenn zur Kontrolle auf Coronaviren, die eine gewöhnliche Erkältung auslösen, getestet wurde, s. INSTAND, 2020). Die theoretischen und von den Herstellern angegebenen Werte für die Sensitivität und Spezifität werden aber in der klinischen Praxis aufgrund menschlicher Fehler und anderer Variablen (Sensitivität: v. a. das Stadium der Krankheit, der Ort der Probenentnahme im Körper der getesteten Person; Spezifität: kann durch Vertauschungen von Proben, Kontaminationen beim Transport und der Analyse sowie Fehler bei der Etikettierung sinken), die einen Einfluss auf die Testgüte haben, nicht erreicht (Surkova, Nikolayevskyy & Drobniewski, 2020). Im Folgenden ist daher immer von der klinischen Sensitivität und Spezifität die Rede.

In der Arbeit von Watson, Whiting und Brush (2020) wird die Sensitivität für den PCR-Test auf 70 % und die Spezifität auf 95 % geschätzt.[18] Eine Sensitivität von 70 % bedeutet, dass die Wahrscheinlichkeit, beim Vorliegen der Infektion auch positiv getestet zu werden, nur 70 % beträgt. Es werden also 30 % der Infizierten falsch negativ getestet und nicht als infiziert identifiziert. Bei einer Spezifität von 95 % werden 95 % der Gesunden korrekt negativ beurteilt und 5 % falsch positiv.

Watson et al. (2020) führten auf Basis der geschätzten Daten zu Sensitivität und Spezifität der PCR-Tests Berechnungen durch, wie sich die beiden Fehler (falsch-negativ und falsch-positiv) in Abhängigkeit von der Prävalenz auswirken. Anschließend geben sie Empfehlungen für Praktiker. Wie man aus Tabelle 12 ersieht, sind die Falsch-positiv-Raten bei niedrigen Prävalenzen ein Problem. Ein negativer Test ist bei niedrigen Prävalenzen viel aussagekräftiger als ein positiver Test. Bei höheren Prävalenzen ist der Fehler hoher Falsch-negativ-Befunde ein zunehmendes Problem. So beträgt bei einer Prävalenz von 50 % die Wahrscheinlichkeit nach einem negativen Test fast 25 %, dass man doch infiziert ist; selbst nach einem zweiten negativen Test besteht noch eine Wahrscheinlichkeit von fast 10 %, krank zu sein. Bei hohen Prävalenzen kann man andererseits im Falle eines positiven Befundes fast sicher sein, auch tatsächlich krank zu sein. Bei hohen Prävalenzen ist somit der positive Befund viel aussagekräftiger als ein negativer.

Tabelle 12: A-posteriori-Wahrscheinlichkeiten, krank zu sein, bei den PCR-Tests auf COVID-19 bei einer Sensitivität von 70 % und einer Spezifität von 95 % (nach Watson et al., 2020).

Basisrate (Prävalenz)	APW, ein neg. Test	APW, zwei neg. Tests	APW, ein pos. Test
1 %	0,0003	< 0,0001	12
5 %	1,6	0,5	42
15 %	5	2	71
25 %	10	3	82
50 %	24	9	93
75 %	49	23	98
90 %	74	47	99

Anmerkung: APW = A-posteriori-Wahrscheinlichkeit in Prozent, krank zu sein

18 Die Daten für die Sensitivität schwanken sehr von Studie zu Studie, Wang et al. (2020) berichten Werte von 24 bis 91 %. Für die Spezifität wurden z. B. für Großbritannien Werte zwischen 96 und 99,2 % (der Median der Spezifität lag bei 2,3 %) gefunden (Surkova et al., 2020).

Anhand von drei unterschiedlichen Prävalenzen (3, 20 und 80 %, s. Schlenger, 2020) soll nochmals verdeutlicht werden, wie sich eine Sensitivität von 70 % und eine Spezifität von 95 % auf die Vorhersagegenauigkeit auswirken:

Bei einer angenommenen Prävalenz von 3 % (3 von 100 Personen sind infiziert, der Wert könnte einer Hausarztpraxis entsprechen) werden von drei infizierten Personen rund zwei richtig positiv identifiziert, während ein Befund falsch negativ ist. Richtig negativ werden 92 von 97 Personen diagnostiziert, während fünf einen positiven Befund erhalten, obwohl sie gesund sind. Die Wahrscheinlichkeit, tatsächlich krank zu sein, wenn man positiv getestet wird (das ist die A-posteriori-Wahrscheinlichkeit, sie wird auch positiver Vorhersagewert genannt), beträgt dann 2/2 + 5 = 0,28. Nach einem positiven Test ist es also wahrscheinlicher, dass man eigentlich gesund ist, als dass man tatsächlich krank ist. Besser ist der sogenannte negative Vorhersagewert als Quotient der Zahl richtig negativ getesteter Personen und der Summe negativ getesteter Personen. Dieser Wert beträgt 92 (92 + 1 ≈ 0,99) und ist damit sehr gut. Wenn man negativ getestet wird, kann man also auch davon ausgehen, dass man nicht infiziert ist. Bei einem positiven Testergebnis ist das hingegen fraglich.

Wie sehen diese Werte bei einer Prävalenz von 20 % (z. B. in einem Altersheim) aus? Richtig positiv sind dann 14 von 20 Personen, während sechs falsch negativ sind. Richtig negativ werden 76 von 80 Personen diagnostiziert und falsch positiv vier. Der positive Vorhersagewert (die A-posteriori-Wahrscheinlichkeit dafür, tatsächlich krank zu sein, wenn man positiv getestet wurde) beträgt dann 0,78, der negative Vorhersagewert liegt bei 0,93. Im Vergleich zu einer niedrigeren Prävalenz ist der positive Vorhersagewert viel besser, das Ergebnis ist bei einer höheren Prävalenz also deutlich aussagekräftiger; der negative Vorhersagewert ist etwas schlechter, weil doch 7 % der Infizierten negativ getestet werden und dennoch das Virus weiter verbreiten können.

Bei einer sehr hohen Prävalenz von 80 % (z. B. in einer Isolierabteilung, s. Abbildung 63) sind von 100 Personen 80 infiziert, davon werden 56 auch positiv diagnostiziert und 24 nicht. Richtig negativ diagnostiziert werden 19 von 20 Personen, falsch positiv eine Person. Der positive Vorhersagewert beträgt 0,98, ist also sehr hoch, der negative Vorhersagewert sinkt jedoch auf 0,44, das heißt, nur 44 % der negativ Getesteten sind dann tatsächlich negativ, während 56 % der negativ Getesteten infiziert sind. Schlenger (2020, S. A1195) meint zu diesem Fall: „Bei einer hohen anzunehmenden Wahrscheinlichkeit für das Vorliegen einer SARS-CoV-2-Infektion ist ein einzelner negativer Test kein Freibrief“, zumal negative Werte häufig resultieren, wenn zu früh getestet oder der Abstrich schlecht durchgeführt wird.

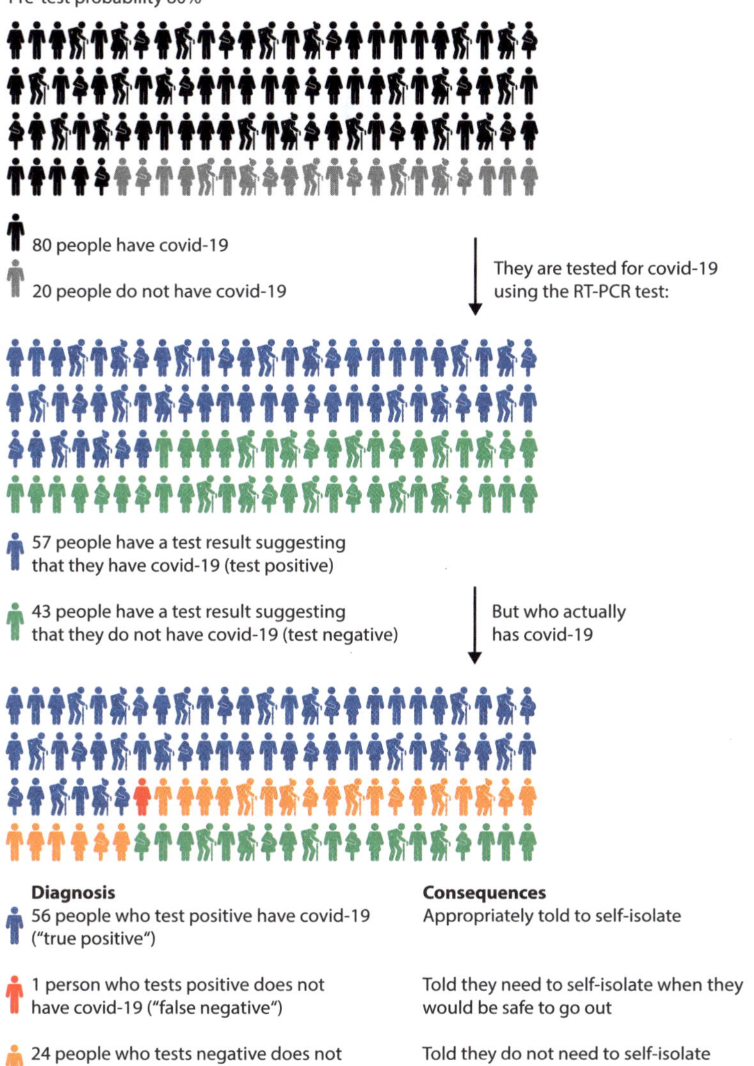

Abbildung 63: Testergebnisse auf COVID-19 für 100 Personen bei einer angenommenen Prävalenz von 80 %, einer Sensitivität von 70 % und einer Spezifität von 95 % (modifiziert nach Watson et al., 2020).

Das sind nicht nur akademische Überlegungen: In der Studie von Healy et al. (2021) wurde an realen Daten untersucht, wie sich eine niedrige Prävalenz tatsächlich auswirkt. Dabei analysierten sie die Daten von 5110 PCR-Testungen, die am 20. und 21.7.2020 vom Swansea Bay University Health Board in Großbritannien ausgewertet wurden. Insgesamt waren 5079 Tests negativ, 31 Proben (0,6 %) waren zunächst positiv, 12 der 31 Getesteten wiesen auch Symptome auf. Allerdings war bei 26 von 31 Personen der Ct-Wert höher als 35 (und dies nur in einem einzigen Gen-Abschnitt) und nur 5 Proben (drei von symptomatischen Personen) waren in mehr als einem Genabschnitt positiv (davon zwei Proben in drei Gen-Abschnitten). Healy et al. (2021) kommen zu dem Schluss, dass die Falsch-positiv-Rate bei 0,5 % lag (= 26/5110, damit betrug die Spezifität 99,5 %). Bei der extrem niedrigen Prävalenz führt das dann dazu, dass der positive Vorhersagewert nur bei 16 % lag (= die Wahrscheinlichkeit für das Vorliegen der Krankheit nach einem positiven Ergebnis). Die Autoren weisen auch darauf hin, dass falsch positive Tests nicht nur zu einer unnötigen Quarantäne der betroffenen Personen führen können, sondern auch zu schwerwiegenderen negativen Folgen für die Betroffenen. Zu diesen negativen Folgen gehören zusätzliche Gesundheitsrisiken: So werden positiv Getestete möglicherweise mit anderen tatsächlich Kranken zusammen isoliert und damit einer höheren Infektionsgefahr ausgesetzt. Positiv Getestete wiegen sich fälschlich in Sicherheit und ändern ihr Verhalten so, dass ihr Risiko, die Krankheit tatsächlich zu bekommen, wieder steigt. Dringende Operationstermine werden aufgrund des positiven Befundes versäumt oder verschoben. So waren auch in ihrer Stichprobe drei Personen, bei denen vor einer Organtransplantation ein routinemäßiger COVID-19-Test präoperativ durchgeführt werden sollte und die aufgrund des positiven Tests zunächst nicht operiert werden konnten.

Als Reaktion auf die Pandemie der Corona-Erkrankung wurden von vielen Firmen Tests zum Nachweis des Erregers entwickelt, manche davon im Eilverfahren und nicht validiert (Österreichische Gesellschaft für Laboratoriumsdiagnostik, 2020). Bei vielen Produkten liegen nach so kurzer Zeit noch keine zuverlässigen Werte für die Spezifität und Sensitivität vor. Als Reaktion auf die Problematik der Falsch-positiv-Tests werden von einigen Firmen bzw. Laboren sogenannte Dual-Target-PCR-Tests angeboten, bei denen mindestens zwei Gensequenzen des Virus nachgewiesen werden sollen, oder es wird eine wiederholte Testung an einem Abschnitt durchgeführt. Dadurch verringert sich die Falsch-positiv-Rate (allerdings gibt es auch die Möglichkeit, dass der Test auf einem Abschnitt negativ und auf einem anderen positiv ist). Beim Verdacht auf Vorliegen der Krankheit trotz negativen Befundes werden weitere (alternative) Testungen empfohlen bzw. durchgeführt.

Antigentests können als Schnelltests zum Nachweis von COVID-19 eingesetzt werden. Sie dienen dem direkten Nachweis von SARS-CoV-2-Nukleoproteinen im Sekret im Nasen-Rachen-Raum. Ziel ist es, damit präsymptomatische Personen, die bereits ansteckend sein können, vor Ausbruch der Krankheit sowie asymptomatische Personen, die überhaupt keine Krankheitssymptome entwickeln, aber ebenfalls ansteckend sein können, zu erfassen. Ende 2020 wurden von vielen Ländern Massentests in der Gesamtbevölkerung durchgeführt oder geplant. Das Paul-Ehrlich-Institut hat Mindestkriterien für die Antigentests formuliert (Schlenger, 2020). Die Sensitivität sollte demnach mindestens 70 % und die Spezifität mindestens 97 % betragen. Die Herstellerangaben der am Markt verfügbaren Tests liegen mit angegebenen Sensitivitäten von 90 bis 97 % und Spezifitäten zwischen 99 und 100 % weit darüber. Allerdings gibt es noch kein behördliches Zulassungsverfahren für die Tests, die Hersteller zertifizieren sich also selbst, erst ab Mai 2022 ist eine Validierung durch ein Referenzlabor erforderlich (Schlenger, 2020). Nach einem WHO-Dokument streuen die Werte der Testgütekriterien sehr stark (die Bandbreite der Sensitivitäten lag zwischen 0 und 94 %, die Spezifitäten lagen alle über 97 %), schneiden aber bei hoher Viruslast (Ct-Wert kleiner 25) sehr gut ab.

Aber selbst wenn die Spezifität tatsächlich bei 99,9 % liegt, kann das bei sehr niedriger wahrer Prävalenz bei der unspezifischen Massentestung von großteils gesunden Personen zu einer falschen Einschätzung der Lage führen.[19] Nachfolgetestungen sind daher unabdingbar, werden allerdings aufgrund des hohen Aufwandes nicht in allen Ländern konsequent durchgeführt (in der Slowakei war das z. B. nicht der Fall). Zum Zeitpunkt der Fertigstellung des Buches werden in ganz Österreich Massentests (Antigen-Schnelltests) durchgeführt. Zur Testung sollen nur Personen ohne Symptome gehen. So wurden im Bundesland Tirol „knapp 400“ Tests der 620 positiven Antigentests bei ca. 220.000 Teilnehmern bestätigt (Kurier vom 8.12.2020, verfügbar unter https://kurier.at/chronik/oesterreich/tirol-jeder-dritte-positive-antigen-test-falsch-positiv/401122323). Daraus würde sich eine Spezifität des eingesetzten Antigen-Schnelltests von rund 99,9 % und eine Falsch-positiv-Rate von ca. 0,1 % (= 220/220.000) errechnen.[20] Diese ganz geringe

19 Bereits im Vorfeld der Massentestungen in Österreich wurde diese Frage unter Experten kontroversiell diskutiert. Die geschätzte Größenordnung der Falsch-positiv-Rate reichte dabei von „verschwindend gering“ (der die Regierung beratende Lungenarzt Gernot Rainer) bis zu 80 % (so Gerald Gartlehner, Mitglied der Corona-Kommission) (Baltaci, 2020). Selbst das renommierte Robert Koch-Institut schwankt in Bezug auf die Einschätzung der Sinnhaftigkeit von Massentests aufgrund der Falsch-positiv-Rate. So war auf der Homepage des Robert Koch-Instituts bis zum 2.6.2020 zu lesen: „Von einer Testung von asymptomatischen Personen wird aufgrund der unklaren Aussagekraft eines negativen Ergebnisses sowie der Möglichkeit falsch positiver Befunde in Abhängigkeit von der Prävalenz/Inzidenz in der Regel abgeraten.“ Mittlerweile steht dort: „Je seltener die Erkrankung und je ungezielter getestet wird, umso höher sind die Anforderungen an Sensitivität und Spezifität der zur Anwendung kommenden Tests“ (Helberg, 2020). Diese Diskussionen spiegeln die Kontroverse in der wissenschaftlichen Literatur selbst wider. So wurde eine bereits akzeptierte und vor der Drucklegung online veröffentlichte chinesische Studie (doi: 10.3760/cma.j.cn112338-20200221-00144), nach der die Falsch-positiv-Rate bei der Testung von Angehörigen von an COVID-19 Erkrankten bei 80 % lag, aufgrund der Reaktion der Leser und nach Beratungen der Herausgeber wieder offline genommen.

20 Die Zahlen stellen keine exakten Angaben dar, da das Land Tirol selbst nur von „knapp“ 400 positiven Testungen berichtet und zu dem Zeitpunkt der Berichterstattung auch erst 91,4 % der Ge-

Falsch-positiv-Rate wirkt sich bei der geringen Prävalenz (0,18 % der Getesteten waren nach den Testergebnissen infiziert) allerdings so aus, dass der positive Vorhersagewert nach der Ersttestung bei dieser Stichprobe „symptomloser" Personen nur bei rund 39 % (= 400/1020) lag.

Paltiel, Zheng und Walensky (2020) überprüften mittels Simulationen, wie sich verschiedene Teststrategien bei unterschiedlichen Szenarios (geringe Ansteckungsrate bis hohe Ansteckungsrate durch externe Personen) auswirken würden. Dabei zeigt sich, dass eine tägliche Schnelltestung aller Studierenden keine gangbare Strategie ist, weil man dabei zu viele eigentlich Gesunde in Quarantäne schicken müsste. Paltiel et al. meinen dazu:

> [...] anyone receiving a positive test result will be presumed to be infectious and need to be separated from other students. Setting aside logistic challenges and financial costs, administrators must anticipate the anxiety such separations may provoke among both students and their families. Excessive numbers of false-positive results may fuel panic and undermine confidence in the reliability of the monitoring program. (Paltiel et al., 2020, S. 9)

Umgekehrt kann eine wöchentliche Testung im schlechtesten Szenario (hohe Reproduktionszahl) nicht verhindern, dass letztlich alle Studierenden infiziert sind. Bei der wöchentlichen Testung aller Studierenden hat man zwar viel weniger falsch positive Befunde, aber die Krankheit kann sich relativ ungehindert ausbreiten, bevor sie erkannt wird. Für die meisten Szenarios schneidet eine Testung alle zwei Tage am besten ab (die optimale Strategie hängt aber sehr von den genauen Parametern, wozu auch die Testkennwerte gehören, ab (s. dafür Paltiel et al., 2020). Die Studie zeigt sehr eindrucksvoll, welchen Einfluss die verschiedenen Parameter auf den Erfolg der Maßnahmen haben und dass die wiederholte Testung einerseits unbedingt notwendig ist, andererseits zu vielen falschen Erstbefunden führen kann.

Wie geschildert, steigt mit einer höheren Prävalenz die Wahrscheinlichkeit dafür, als Kranker bzw. Infizierter negativ getestet zu werden. Auch in diesem Fall sind wiederholte Testungen unabdingbar. Chenal et al. (2020) bringen Fallbeispiele, die letzteres Problem drastisch verdeutlichen:

> Eine 32-jährige Patientin mit bekanntem Asthma, die einen Monat zuvor im Zusammenhang mit einer grippeähnlichen Erkrankung per PCR negativ auf SARS-CoV-2 getestet wurde, stellt sich der Notaufnahme vor. Sie leidet seit fünf Tagen an trockenem Husten, Odynophagie, Rhinorrhoe und Diarrhoe, seit zwei Tagen an Anosmie, Dysgeusie und Bauchkrämpfen. Sie berichtet auch von einem Kontakt mit einem Kollegen, der kürzlich positiv auf SARS-CoV-2 getestet wurde. [...] Es wird ein neuer Nasen-Rachen-Abstrich durchgeführt, der ein negati-

testeten ein Ergebnis erhalten hatten. Auch die Zahl der Getesteten selbst verändert sich laufend geringfügig.

ves PCR-Ergebnis für SARS-CoV-2 ergibt. Die Behandlung [...] führt zu keiner Besserung. Ein dritter Nasen-Rachen-Abstrich für SARS-CoV-2 wird durchgeführt, der wieder ein negatives Resultat ergibt [...], aufgrund von einer Reihe von Symptomen, die stark auf COVID-19 hindeuten, wird eine SARS-CoV-2-Serologie angefordert. Das lgG-Ergebnis ist positiv. (Chenal et al., 2020, S. 416)

Die Regression zum Mittelwert

Eine andere Manifestation der Repräsentativitätsheuristik ist das Phänomen der Regression zum Mittelwert. Wenn extreme Ereignisse beobachtet werden, dann erwarten viele, dass es noch extremer wird. Wenn sich Aktienkurse steil aufwärts entwickeln, gehen die Erwartungen in Richtung noch höherer Kurse. Wenn zwei große Schauspieler oder Sportler heiraten, erwartet man von den Kindern noch beeindruckendere Leistungen. Wenn die Eltern überdurchschnittlich groß sind, geht man davon aus, dass die Kinder noch größer werden. Tatsächlich ist es jedoch in all diesen Fällen wahrscheinlich, dass bei nachfolgenden Ereignissen wieder eine Regression zum Mittelwert eintritt. Die Kinder von überdurchschnittlich großen (kleinen) Eltern werden im Schnitt nicht noch größer (kleiner), sondern eher wieder etwas kleiner (größer). Dem wärmsten Sommer seit 100 Jahren folgt ein durchschnittlicher Sommer im Jahr darauf.

Francis Galton (1822–1911) war der Erste, der das Phänomen der Regression zum Mittelwert beschrieben hat. Er führte Experimente mit duftenden Platterbsen durch und fand, dass die Nachkommen von extremeren Exemplaren ihrem Elternsamen wenig ähnelten und zum Mittelwert tendierten.

Bei der Beurteilung zukünftiger Ereignisse wird nach Kahneman und Tversky (1973) die Regression zum Mittelwert vernachlässigt, weil gegenwärtige Ereignisse repräsentativer für die Zukunft erscheinen als die im Mittel auftretenden Ereignisse. Sie führen folgendes Beispiel für die Vernachlässigung der Regression zum Mittelwert an: Fluglehrer der israelischen Armee bemerkten, dass ein Lob nach einer guten Landung bei ihren Schülern zu einer schlechten Landung beim nächsten Versuch führte, während Tadel nach einer schlechten Landung nachfolgend tendenziell eine bessere Landung bewirkte. Daraus zogen diese den falschen Schluss, dass Lob zu einer Verschlechterung und Strafen zu einer Verbesserung der Leistungen führen. Die Fluglehrer beachteten nicht das Phänomen der Regression zum Mittelwert. Nach einer überdurchschnittlich guten Landung ist selbst bei kontinuierlicher Verbesserung der Leistung im nächsten Durchgang eine etwas schlechtere Landung zu erwarten, während bei einer schlechten Landung eine bessere nachfolgende wahrscheinlich ist, ohne dass ein Kausalzusammenhang zwischen dem Verhalten der Flugtrainer und den Leistungen der Flugschüler besteht.

Der Barnum-Effekt

Auch der Barnum-Effekt kann im Rahmen der Repräsentativitätsheuristik erklärt werden. Lesen Sie bitte folgende Persönlichkeitsbeschreibung und überlegen Sie, wie stark diese für Sie selbst zutrifft:

> Sie brauchen unbedingt Menschen um sich, die Sie mögen und bewundern. Sie neigen zur Selbstkritik. Sie verfügen über ungenutzte Fähigkeiten, die Sie nicht zu Ihrem Vorteil einsetzen. Obwohl Sie einige persönliche Schwächen haben, sind Sie im Allgemeinen in der Lage, diese auszugleichen. Ihre sexuelle Anpassung hat Ihnen Probleme bereitet. Nach außen hin sind Sie diszipliniert und haben sich unter Kontrolle, nach innen sind Sie jedoch unruhig und unsicher. Manchmal haben Sie ernste Zweifel, ob Sie die richtigen Entscheidungen getroffen oder ob Sie das Richtige getan haben. Sie bevorzugen gewisse Veränderungen und Abwechslungen und werden unzufrieden, wenn Sie durch Vorschriften und Begrenzungen eingeengt werden. Sie glauben, geistig unabhängig zu sein, und akzeptieren die Meinung anderer nicht ohne eingehende Überprüfung. Sie halten es für unklug, anderen gegenüber zu offen zu sein. Manchmal sind Sie extravertiert, freundlich, gesellig, während Sie zu anderer Zeit introvertiert, vorsichtig und reserviert sind. Ihr Streben ist manchmal ziemlich unrealistisch. Sicherheit ist eines Ihrer Hauptziele im Leben.

Wenn Sie die Persönlichkeitsbeschreibung als sehr zutreffend empfunden haben, befinden Sie sich in guter Gesellschaft. In einer Reihe von Studien wurden derartige allgemein gehaltene Persönlichkeitsbeschreibungen vorgelegt. Das verblüffende Ergebnis war, dass trotz der Allgemeinheit der Behauptungen die Mehrheit der Vpn meinte, diese Beschreibung hätte für sie Gültigkeit.

Erstmals konnte Forer (1949), auf dessen Zusammenstellung von Aussagen auch die obige Persönlichkeitsbeschreibung beruht, diesen Effekt im Zusammenhang mit der Astrologie demonstrieren, indem er 39 Studenten einen Persönlichkeitstest vorlegte. Eine Woche später wurden die angeblichen Ergebnisse präsentiert, die in Wirklichkeit aus 13 Aussagen zu Tierkreiszeichen aus einem astrologischen Buch bestanden. Wie aus der Tabelle 13 ersichtlich, war die Zustimmung zu den meisten der Aussagen sehr hoch. Die Mehrheit der Studenten fand das Gesamtprofil auch für sie zutreffend. In Nachfolgestudien konnte gezeigt werden, dass die Zustimmung zu den Barnum-Aussagen z. T. größer war als zu den Ergebnissen von Persönlichkeitstests.

Nach einem Vorschlag von Meehl (1956) wird dieser Effekt, vage und allgemein gehaltene Behauptungen für sich persönlich als zutreffend zu erachten, seither als Barnum-Effekt bezeichnet. Der Namensgeber war der Zirkusdirektor Phineas T. Barnum (1810–1891), dessen Erfolgsgeheimnis nach eigenen Angaben darin bestand, „für jeden etwas im Programm zu haben“.

Tabelle 13: Zustimmung zu allgemeinen Persönlichkeitseigenschaften (nach Forer, 1949).

Aussage	Zustimmung
1. Sie neigen zur Selbstkritik	38 (97,4 %)
2. Zuweilen haben Sie ernstliche Zweifel, ob Sie die richtige Entscheidung getroffen oder das Richtige getan haben.	38 (97,4 %)
3. Sie bevorzugen ein gewisses Maß an Veränderung und Abwechslung und werden unzufrieden, wenn Sie durch Restriktionen und Einschränkungen eingeengt werden.	37 (94,9 %)
4. Nach außen hin diszipliniert und selbstbeherrscht, neigen Sie dazu, innerlich ärgerlich und unsicher zu sein.	35 (89,7 %)
5. Sie haben entdeckt, dass es unklug ist, sich anderen allzu frei zu offenbaren.	35 (89,7 %)
6. Sie sind stolz darauf, unabhängig zu denken, und akzeptieren Aussagen anderer nicht ohne befriedigende Beweise.	34 (87,2 %)
7. Zuweilen sind Sie extravertiert, umgänglich, gesellig, während Sie zu anderen Zeiten introvertiert, vorsichtig, zurückhaltend sind.	34 (87,2 %)
8. Obwohl Sie gewisse Persönlichkeitsschwächen haben, sind Sie im Allgemeinen imstande, sie auszugleichen.	31 (79,5 %)
9. Sie haben ein großes Bedürfnis, von anderen Menschen gemocht und bewundert zu werden.	28 (71,8 %)
10. Sicherheit ist in ihrem Leben eines der Hauptziele.	28 (71,8 %)
11. Sie haben reichlich ungenutzte Fähigkeiten, die Sie noch nicht zu ihrem Vorteil eingesetzt haben.	23 (59,0 %)
12. Ihre sexuelle Anpassung hat Ihnen Probleme bereitet.	18 (46,2 %)
13. Einige ihrer Wünsche sind ziemlich unrealistisch.	12 (30,8 %)

Warum ist die Zustimmung zu diesen Aussagen so groß? Eine Erklärung liefert die Repräsentativitätsheuristik (Aronson, Wilson & Akert, 2008). Demnach sind die Aussagen durchaus repräsentativ für die meisten Menschen. Jeder von uns erinnert sich an Situationen, in denen er sich unsicher fühlte oder stolz auf seine Unabhängigkeit war.

Falsche Einschätzung des Zufalls

Menschen haben Schwierigkeiten, den Zufall korrekt einzuschätzen. Aber was versteht man eigentlich unter dem Zufall? Es gibt viele Definitionen, drei seien herausgegriffen: Nach von Mises (1957) ist eine Sequenz von Ereignissen dann zufällig, wenn bei einer unendlich langen Folge die relativen Häufigkeiten der einzelnen Attribute konvergieren (Grenzwerte besitzen) und für jede willkürlich gewählte unendliche Teilmenge dieser Folge die Grenzwerte gleich bleiben. Spencer-Brown (1957/1996) spricht dann von *primärer* Zufälligkeit einer Folge, wenn deren einzelne Elemente (atomare Einheiten) unvorhersehbar sind. Bei einem Münzwurf ist z. B. unvorhersehbar, ob als nächstes Kopf oder Zahl geworfen wird. Sekundäre Zufälligkeit betrifft die ganze Folge von Ereignissen und ist dann gegeben, wenn bestimmte normative Kriterien für Zufälligkeit erfüllt sind. Zum Beispiel sollte bei jeder Sequenz von binären Ereignissen (wie 1 oder 0) die relative Häufigkeit beider Elemente gleich sein (bei gleicher Wahrscheinlichkeit dem Wert von 0,5 entsprechen). Nach dem algorithmischen Ansatz (Chaitin, 1975; Kolmogoroff, 1965) dürfen Zufallsfolgen kein Muster aufweisen. Je kürzer das Computerprogramm ist, dass die fragliche Zufallsfolge generiert, desto eher liegt ein Muster vor.

Die meisten Forscher nehmen an, dass Menschen schlecht im Einschätzen des Zufalls sind: „[...] people have a very poor concept of randomness; they don't recognize it when they see it and they cannot produce it when they try" (Slovic, Kunreuther & White, 1974, S. 192). Worin liegen die Fehler bei der Generierung von Zufallsereignissen? Wenn man Personen bittet, Zufallsereignisse zu simulieren, also z. B. im Geiste zu würfeln und die Ergebnisse bekannt zu geben, dann werden in der Regel zu viele Alternationen (abwechselnde Elemente) produziert und zu wenige lange Runs (Sequenzen, bei denen sich Elemente wiederholen) (s. Budescu, 1987). Eine typische Würfelsequenz sieht dann so aus: 3, 5, 6, 1, 4, 2, 2. Dementsprechend glauben die meisten Menschen bei der Beobachtung eines langen Runs (z. B. fällt im Casino die Kugel achtmal hintereinander auf „schwarz"), dass für die nächsten Ereignisse das alternative Ereignis („rot") wahrscheinlicher ist. Dieser Fehler ist als Trugschluss des Spielers bekannt.

Der Trugschluss des Spielers (Gambler's Fallacy)

Am 18.8.1913 erzielte das Spielcasino „Le Grand Casino" in Monte Carlo einen fantastischen Gewinn. Die Roulettekugel fiel an diesem Abend 26-mal hintereinander auf „schwarz". Nach dem zehnten Mal „schwarz" begannen die Spieler, immer höhere Beträge auf „rot" zu setzen, in der Annahme, dass sich der Zufall ausgleichen müsse und daher die Wahrscheinlichkeit für „rot" höher nach einer Serie von „schwarz"-Ereignissen wäre (Online-Information, verfügbar unter: https://en.wikipedia.org/wiki/August_1913#cite_note-44). Dieser Irrtum verschaffte dem Casino einige Millionen Francs Gewinn an diesem Abend. Es handelt sich dabei um den sogenannten Trugschluss des Spielers (*gambler's fallacy* oder auch Monte-Carlo-Effekt).

Die Annahme, dass sich der Zufall nach dem Gesetz der großen Zahlen ausgleicht, ist prinzipiell zwar richtig, allerdings tritt das bei derart kleinen Zahlen wie im Ausgangsbeispiel noch nicht ein. Bevor die Kugel gerollt wird, beträgt die Wahrscheinlichkeit, einmal „schwarz" zu erzielen, ca. ½ (genau 18/37)[21], die Wahrscheinlichkeit für zweimal „schwarz" 18/37 mal 18/37 = 0,24. Die Wahrscheinlichkeit für zehnmal

21 Die Wahrscheinlichkeit lautet 18/37, weil es beim Roulette 18 rote Felder und 18 schwarze Felder sowie die Null gibt.

hintereinander „schwarz" beträgt ca. $(18/37^{10}) = 0{,}00074$. Man setzt aber nicht auf das Ereignis „zehnmal hintereinander schwarz", sondern darauf, dass jetzt beim nächsten Coup z. B. „rot" oder „schwarz" kommt. Die Roulettekugel hat kein Gedächtnis und, auch wenn 50-mal hintereinander „schwarz" kam, bleibt die Wahrscheinlichkeit für „rot" beim nächsten Coup bei ca. ½. Man muss auch bedenken, dass an einem Abend sehr viele Coups geworfen werden und die Wahrscheinlichkeit, dass irgendwann an einem Abend z. B. zehnmal hintereinander „schwarz" kommt, viel höher ist als die Wahrscheinlichkeit dafür, dass die unmittelbar nächsten zehn Coups nur auf „schwarz" fallen.

Ähnlich gilt, dass die Wahrscheinlichkeit für Eltern, sechs Buben (BBBBBB) hintereinander zu bekommen (1/64), gleich groß ist wie die Wahrscheinlichkeit für jede andere Abfolge (wie z. B. MBBMBM). Allerdings ist es wahrscheinlicher, drei Mädchen und drei Buben zu bekommen, weil es mehr Möglichkeiten der Realisation für dieses Ereignis als für das Ereignis „BBBBBB" gibt (hier existiert nur eine einzige Möglichkeit).

Das Hot-Hand-Phänomen

Das gegenteilige Phänomen zur „gambler's fallacy" heißt das Hot-Hand-Phänomen. Gilovich, Vallone und Tversky (1985) beobachteten bei Basketballspielern den Glauben, dass sie, wenn es bei ihnen besonders gut läuft (sie „heiß" sind), in Serie werfen können, d. h. die Wahrscheinlichkeit für einen Treffer nach einem Treffer höher ist als die Wahrscheinlichkeit für einen Fehlwurf nach einem Treffer. Gilovich et al. (1985) analysierten die Wurfstatistik eines prominenten Basketballteams (den Philadelphia 76ers) über ein Jahr und konnten das als Täuschung entlarven. Zusätzlich analysierten sie die Freiwurfstatistik der Basketballer und auch hier zeigte sich, dass das Ergebnis der Würfe von vorangegangenen Körben unabhängig war. Zusätzlich führten Gilovich et al. (1985) ein Experiment mit studentischen Basketballern durch, die aus einer konstanten Entfernung 100 Mal versuchen sollten, einen Korb zu werfen. Vor jedem Wurf sollten die Spieler wetten, ob sie beim nächsten Wurf treffen würden. Subjektiv gingen die Spieler davon aus, in Serie zu werfen, tatsächlich war das aber nicht der Fall.

Entgegen der Annahme von Gilovich et al. (1985), dass das Phänomen der „Hot Hand" eine Illusion ist, zeigten aber einige Studien für verschiedene Sportarten (Darts, Bowling, Billiard, s. Ayton & Fischer, 2004), dass es das Werfen in Serie tatsächlich gibt. Ayton und Fischer (2004) konnten in einem Experiment zeigen, dass abhängig von der Alternationsrate Vpn die Ergebnisse einer Sequenz von 21 Würfen entweder als Zufallsereignisse oder als durch einen Menschen verursachte Sequenz betrachteten.

In Abbildung 64 sieht man, dass die Vpn bei einer niedrigen Alternationsrate[22] eher davon ausgingen, dass die Serie auf eine Wurfserie eines Basketballspiels zurückgeht, das hier also in Serie getroffen wurde, während bei einer hohen Alternationsrate von einem Zufallsprozess (Münzwurf) ausgegangen wurde.

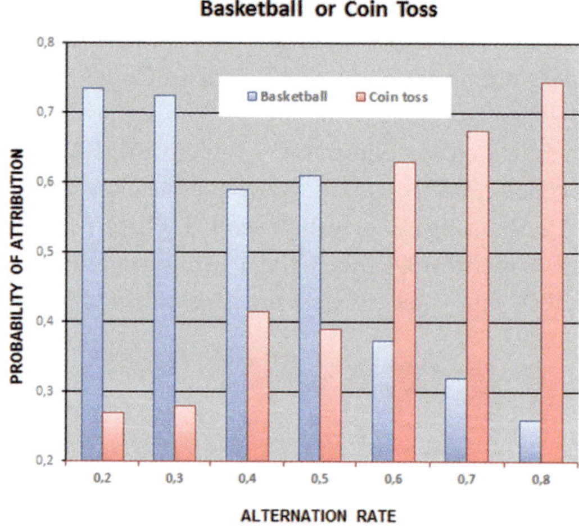

Abbildung 64: Ergebnisse der Studie von Ayton und Fischer (2004).

2.3.3 Ankerheuristik

Vielleicht kennen Sie die Geschichte vom persischen Großwesir, der der Legende nach das Schachspiel erfand. Der Wesir zeigte das Spiel seinem König, der davon so begeistert war, dass er ihm als Belohnung die Erfüllung eines beliebigen Wunsches versprach. Der kluge Wesir gab sich als bescheidener Mann und bat den König um einige Reiskörner, gerade um ein Reiskorn für das erste Feld auf dem Schachbrett und eine jeweils sich verdoppelnde Anzahl auf jedem weiteren Feld, also zwei Körner für das zweite Feld, vier Körner für das dritte usw. bis zum 64. Feld. Der König fand, dass das wirklich eine bescheidene Bitte wäre, und zeigte sich bereit, ihm diese zu erfüllen (Sagan, 1989).

Natürlich hatte in Wirklichkeit der Wesir den König betrogen. Dem König war nicht bewusst, dass er allein für das 64. Feld dem Wesir 2^{63} Körner schuldete. Insgesamt waren es 18.446.744.036.484.029.952 (18 Trillionen, 446 Billiarden, 744 Billionen,

[22] Wenn bei zehn Ereignissen zweimal eine Alternation vorkommt, dann beträgt die Alternationsrate 0,2, wie z. B. bei der Sequenz 0111110000, wobei die erste Alternation der Wechsel von 0 zu 1 (Kopf zu Adler oder Fehlwurf zu Treffer) ist und die zweite der Wechsel von 1 zu 0.

36 Milliarden, 484 Millionen, 29 Tausend und 952) Reiskörner, also mehr Reis, als auf der ganzen Welt angebaut wird. Wenn das Schachfeld 100 Felder hätte, müsste der König Reis entsprechend dem Gewicht der ganzen Erde bezahlen (Sagan, 1989).

Worin lag der Fehler des Königs? Offensichtlich wächst die Anzahl der Reiskörner exponenziell oder geometrisch (die Anzahl ändert sich schrittweise in einem bestimmten Verhältnis, im Beispiel ist es die Verdopplung), während die Zahl der Schachfelder nur arithmetisch (um eine Konstante, in unserem Fall jeweils um den Wert 1) wächst. Am Anfang gibt es kaum einen Unterschied in arithmetischer und geometrischer Progression, aber sehr bald resultieren aus der geometrischen Progression sehr hohe Zahlen.

Das Verhalten des Königs in der Geschichte lässt sich gut mit der Ankerheuristik erklären (Tversky & Kahneman, 1974). Der König war vielleicht zu bequem oder nicht fähig, die genaue Anzahl auszurechnen. Also hat er die Körner auf Basis der ersten Felder grob extrapoliert. Durch die geringe Zahl an Körnern auf den ersten Feldern und die mäßige Zunahme auf den nächsten Feldern lag die Vermutung nahe, dass auch nach 64 Feldern die Anzahl der Körner überschaubar bleibt.

Tversky und Kahneman (1974) nehmen an, dass wir in vielen Urteilssituationen von einem Startwert (Anker) ausgehen und diesen dann an den Endwert anpassen: „In many situations, people make estimates by starting from an initial value that is adjusted to yield the final answer“ (Tversky & Kahneman, 1974, S. 185). Allerdings ist die Anpassung an den Endwert oft unzureichend. Dieser Prozess wird als Ankerheuristik bezeichnet.

In einem Experiment (Tversky & Kahneman, 1974) wurden die Vpn gebeten, den Anteil afrikanischer Staaten an der Gesamtzahl der in der UNO vertretenen Staaten zu schätzen. Vor der Schätzung drehten alle Vpn ein Glücksrad, bei dem als Ergebnis entweder 10 oder 65 herauskam. Die Vpn sollten zunächst angeben, ob die Glückszahl größer oder kleiner als die Anzahl der afrikanischen Staaten in der UNO ist. Danach gaben sie ihre Schätzung in Bezug auf den Prozentsatz ab. In der Gruppe mit niedrigem Anker (10) lag der geschätzte Prozentsatz bei 25 %, in der Gruppe mit hohem Anker (65) bei 45 %.

In einem weiteren Experiment (Tversky & Kahneman, 1974) sollten die Vpn in einer Gruppe das Produkt von 1 × 2 × 3 × 4 × 5 × 6 × 7 × 8 schätzen. In einer zweiten Gruppe sollte das Produkt von 8 × 7 × 6 × 5 × 4 × 3 × 2 × 1 geschätzt werden. Im Vergleich zum richtigen Ergebnis von 40320 wurde das Ergebnis in beiden Gruppen unterschätzt, in der Gruppe mit niedrigem Anker (1) noch stärker (die Vpn kamen auf eine durchschnittliche Schätzung von 512) als in der Gruppe mit hohem Anker (8), in der die durchschnittliche Schätzung bei 2250 lag. Ankereffekte finden sich in vielen Bereichen, z. B. bei Preisverhandlungen oder Investmententscheidungen.

Neben diesen drei von Kahneman und Tversky grundlegenden Heuristiken wurden in den letzten Jahrzehnten einige weitere Heuristiken identifiziert, die nachfolgend besprochen werden.

2.3.4 Affektheuristik (Gefühlsheuristik)

Empfindungen werden als Entscheidungshilfe benutzt, indem sie als „Bauchgefühle“ unsere Entscheidungen mit beeinflussen:

> That is, representations of objects and events in people's minds are tagged to varying degrees with affect. In the process of making a judgment or decision, people consult or refer to an „affect pool“ containing all positive and negative tags consciously or unconsciously associated with the representations. (Slovic et al., 2007, S. 1335)

Sie dienen aber auch als Urteilsgrundlage. Bei den Empfindungen kann man zwischen affektiven (Gefühle und Stimmungen) und nicht affektiven Empfindungen (Ablenkung, Anstrengung, Langeweile, Müdigkeit etc.) unterscheiden.

So ziehen wir das Gefühl der Ablenkung als Informationsgrundlage für die eigene Langeweile heran (Damrad-Frye & Laird, 1989). Ist ein Vortrag für uns uninteressant, lassen wir uns leicht ablenken. Allerdings können wir z. B. auch durch laute Geräusche (Bauarbeiten im Gebäude) abgelenkt sein und folglich einen an sich interessanten Vortrag weniger interessant finden. Auch das Gefühl der Anstrengung bzw. Leichtigkeit einer Aufgabe kann als Urteilsgrundlage dienen. In der Studie von Strack und Neumann (2000) sollten die Vpn Fotos von berühmten und nicht berühmten Personen auf ihre Berühmtheit hin beurteilen. Die Hälfte der Vpn sollte während der Aufgabe die Augenbrauen zusammenziehen (was man normalerweise macht, wenn man sich anstrengt), die andere Hälfte einen anderen Gesichtsmuskel, der keine Anspannung hervorruft. Die Gruppe, deren Teilnehmer die Augenbrauen bei der Aufgabe zusammenzogen, schätzte sowohl die Porträts berühmter als auch nicht berühmter Personen als weniger berühmt ein. Offenkundig hatten sie ihr Gefühl der Anstrengung als Hinweisreiz für die Berühmtheit herangezogen.

In der Studie von Schwarz und Clore (1983) wurden die Vpn bei schönem und bei schlechtem Wetter nach ihrer allgemeinen Lebenszufriedenheit gefragt. In Abhängigkeit vom aktuellen Wetter schätzten sie die Lebenszufriedenheit unterschiedlich ein, bei schönem Wetter höher als bei schlechtem Wetter. Die aufgrund des Wetters momentan vorhandenen Gefühle dienten als Informationsgrundlage. Wurden die Vpn allerdings vor der Frage nach ihrer Lebenszufriedenheit nach dem aktuellen Wetter gefragt, zeigte sich kein Einfluss des Wetters auf die Lebenszufriedenheit. Offenbar war den Vpn dann bewusst, dass das aktuelle Wetter einen Einfluss auf die Lebenszufriedenheit haben könnte, wonach sie diesen Einfluss „herausrechneten“.

LaFrance und Hecht (1995) konnten zeigen, dass Studenten, die wegen Fehlverhaltens (z. B. wegen eines Plagiats) angeklagt waren, geringere Strafen bekamen, wenn sie auf Fotos lächelten.

In der sehr bekannten Studie von Strack, Martin und Stepper (1988) sollten die Vpn einschätzen, wie lustig sie Cartoons finden, während sie einen Stift zwischen den Zähnen (bzw. Lippen) hielten (s. Abbildung 65). Die Vpn, die den Stift zwischen den Zähnen hielten und dadurch unbewusst die für das Lächeln benötigten Muskeln kontrahierten, beurteilten die Cartoons signifikant lustiger als die Vpn, die ihn zwischen den Lippen hielten. Offenbar hatten die Vpn ihre eigenen Körperempfindungen herangezogen, um auf ihre Erheiterung rückzuschließen. Eine Metaanalyse über 17 Replikationsstudien fand allerdings überhaupt keinen Effekt mehr (Wagenmakers, Beek, Dijkhoff & Gronau, 2016; für eine Replik s. Strack, 2016). Noah, Schul und Mayo (2018) beobachteten schließlich, dass – wie von Strack (2016) vermutet – bei Anwesenheit einer Kamera kein Effekt des eigenen Gesichtsausdrucks auf die empfundene Lustigkeit der Cartoons gemessen werden kann, während ohne Kamera der Effekt auftrat. Die Studie macht darauf aufmerksam, dass man nicht vorschnell jeden Effekt, der sich nicht replizieren lässt, als unecht deklarieren sollte, weil oft subtile Änderungen im Versuchsdesign über Existenz oder Nichtexistenz eines Phänomens entscheiden (s. dazu auch Iso-Ahola, 2017).

Coles, Larsen und Lench (2019) führten eine Metaanalyse zur „Facial-Feedback-Hypothese“ durch, bei der nicht nur das Design mit dem Stift im Mund, sondern auch alternative Studiendesigns berücksichtigt wurden. Insgesamt fanden sie 138 Studien, über die in 98 Fachartikeln berichtet wurde. Die Ergebnisse zeigen einen kleinen, aber signifikanten Effekt, wobei die Studienergebnisse sehr heterogen sind. Der von Strack (2016) und Noah et al. (2018) vermutete Einfluss der Anwesenheit einer Kamera konnte in der Metaanalyse nicht bestätigt werden.

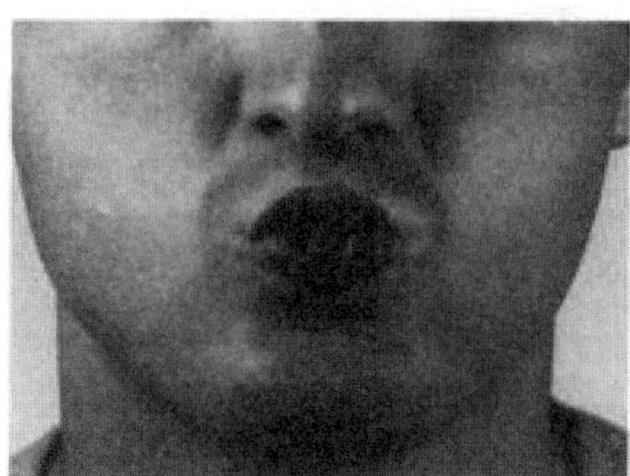
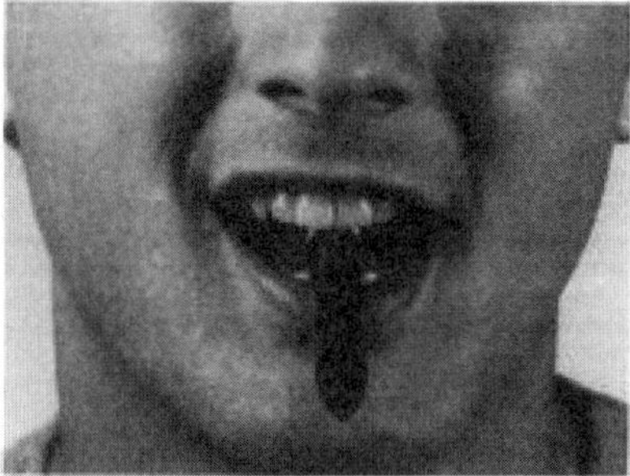

Abbildung 65: Bedingungen der Studie von Strack, Martin und Stepper (1988).

Pachur, Hertwig und Steinmann (2012) verglichen in einer Studie die Affektheuristik mit der Verfügbarkeitsheuristik. Wie in der Studie von Lichtenstein et al. (1978), bei der das Risiko verschiedener Todesursachen eingeschätzt werden sollte, erhielten die Vpn jeweils zwei mögliche Todesursachen (z. B. Selbstmord und Ertrinken) und sollten dann einschätzen, bei welcher davon die jährliche Sterberate (Anzahl der Todesfälle pro Jahr bezogen auf die Gesamtzahl der Einwohner des Landes) höher liegt. Zusätzlich gaben sie an, an wie viele Fälle sie sich in ihrem persönlichen Umfeld erinnern konnten, die an der jeweiligen Ursache gestorben waren (Verfügbarkeit durch direkte Erfahrung), an wie viele Fälle sie sich aus den Medien (Kino, Zeitung, Romane) erinnern konnten (Verfügbarkeit durch indirekte Erfahrung) und wie hoch ihre Furcht vor den jeweiligen Todesursachen ist. Vpn waren 85 Studenten der Universität Basel, zu 73 % weiblich, als Datenbasis dienten die durchschnittlichen Sterberaten von 1999 bis 2004 in der Schweiz. Das Ergebnis der Studie zeigte, dass die Verfügbarkeit aufgrund von persönlicher Erfahrung die tatsächliche Häufigkeit am besten vorhersagen konnte (in 81,5 % war die Vorhersage richtig, das heißt, bei der Todesursache, bei der einem mehr Todesfälle im persönlichen Umfeld einfielen, war die Sterberate tatsächlich höher, s. Abbildung 66). Die Vorhersage aufgrund der Affektheuristik – hierbei wurde die Furcht als Prädiktor für die Sterblichkeitsrate herangezogen – ist etwas schlechter (76,7 % korrekte Vorhersage). Am schlechtesten kann die Sterblichkeitsrate aufgrund der Präsenz in den Medien vorhergesagt werden.

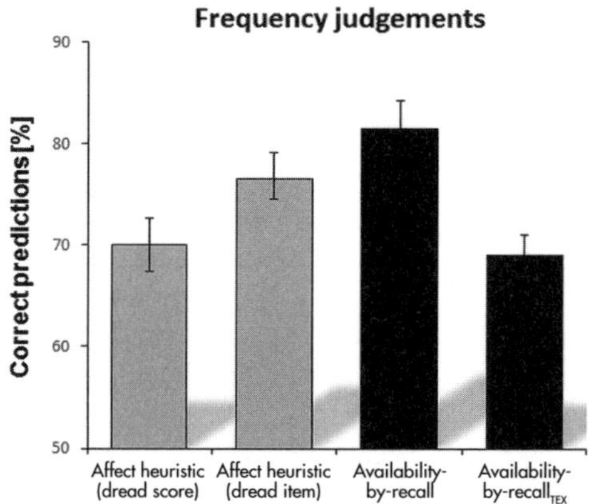

Abbildung 66: Vorhersage der Sterblichkeit aufgrund der Affekt- und Verfügbarkeitsheuristik in der Studie von Pachur et al. (2012). Anmerkung: Es wurden immer Paare von Todesursachen verglichen und geschaut, ob aufgrund der Heuristiken die Todesursache mit der höheren Sterberate identifiziert werden kann (die Ratewahrscheinlichkeit liegt bei 50 %). Für die Furcht (dread) gab es ein Einzelitem (Wie sehr fürchten Sie sich vor dieser Todesursache?) und einen aus mehreren Items gebildeten Furcht-Score (dread score). Availability-by-recall bezieht sich auf die verfügbaren Todesfälle im näheren Umkreis, Availability-by-recall$_{TEX}$ auf die Verfügbarkeit aufgrund von Medienberichten.

2.3.5 Simulationsheuristik

Bei der Simulationsheuristik bildet die Leichtigkeit, mit der alternative Szenarios (sogenannte Counterfactuals) vorgestellt werden können, die Urteilsgrundlage. Dazu ein Beispiel:

Stellen Sie sich vor, dass Passagier A aufgrund eines Verkehrsstaus 30 Minuten zu spät zum Flughafen kommt und daher das pünktlich gestartete Flugzeug versäumt. Ein anderer Passagier B, der einen anderen Flug gebucht hat, kommt ebenfalls 30 Minuten zu spät, sein Flug hat aber eine Verspätung von 25 Minuten, sodass er sein Flugzeug nur um fünf Minuten versäumt.
Frage: Welcher Passagier wird enttäuschter sein?

Wir gehen davon aus, dass Passagier B enttäuschter sein wird, weil wir uns leichter vorstellen können, dass er sein Flugzeug noch erreicht hat. Kahneman und Miller (1986) nennen Ereignisse, bei denen man sich leicht eine Alternative vorstellen kann, „abnorme" Ereignisse. Und sie postulieren, dass die resultierenden Emotionen umso stärker auftreten, je „abnormer" ein Ereignis ist. In einer Studie (Kahneman & Tversky, 1982) gaben sie den Vpn folgendes Szenario vor:

Hr. Adams wurde in einen Unfall verwickelt, als er seine gewohnte Route von der Arbeit nach Hause fuhr. Hr. White war in einen ähnlichen Unfall verwickelt. Er fuhr jedoch eine Strecke, die er nur dann fährt, wenn er Abwechslung bevorzugt.

82 % der Vpn fanden, dass Mr. White sich mehr über den Unfall aufregen wird als Mr. Adams.

Johnson (1986) gab den Vpn folgendes Szenario vor: „Debbie ging zu einem Rockkonzert. Für kurze Zeit setzte sie sich auf Platz 2047, bis eine große Person sich direkt vor sie setzte. In der Pause fand eine Verlosung statt. Platz 2047 gewann eine Weltreise für zwei Personen." Debbie wäre also der Gewinn zugekommen, wenn sie sich nicht versetzt hätte. Die Kontrollgruppe las dieselbe Geschichte, aber eine andere Nummer hat die Weltreise gewonnen. Die Personen in der Versuchsgruppe bewerteten Debbie signifikant schlechter[23] und gingen davon aus, dass sie auch in Zukunft weniger Erfolg haben würde. Wie kann man das erklären? Bei der Version in der Versuchsgruppe handelt es sich um ein „abnormes" Ereignis im obigen Sinn, Debbie sollte also enttäuscht sein. In solchen Fällen zeigt sich oft das Phänomen, dass „Opfer" von Geschehnissen zusätzlich abgewertet werden, um den eigenen „Glauben an eine gerechte Welt" aufrechtzuerhalten (Lerner & Miller, 1978). Jemand, der an eine „gerechte Welt" glauben

---

[23] Debbie wurde auf den Skalen „gut-schlecht", „positiv-negativ", „weise-dumm", „stark-schwach" und „wichtig-unwichtig" bewertet.

will, muss dann bei Unglücksfällen davon ausgehen, dass das Opfer seinen Anteil am Geschehen hat und daher ein Stück weit das bekommt, was es verdient. Diese Überlegungen werden nicht bewusst angestellt, können aber die Abwertung von Opfern oder Pechvögeln erklären. Die Funktion des Glaubens an eine gerechte Welt ist die, die Illusion an eine Welt aufrechtzuerhalten, in der jeder das bekommt, was ihm zusteht.

In der Studie von Turnbull (1981) konnte gezeigt werden, dass Personen enttäuschter sind, wenn bei einer Lotterie die eigene Losnummer der Gewinnnummer ähnelt.

Nach der Simulationsheuristik spielt es eine Rolle für die „mentale Revidierbarkeit", ob eine Handlung unterlassen oder vollzogen wird. So hat man mehr Mitleid mit einer Studentin, die den falschen Prüfungsstoff gelernt hat und deshalb eine negative Note bekommt, als mit einer Studentin, die es verabsäumt hat, den richtigen Stoff zu lernen, und sich stattdessen eine schöne Zeit macht.

Im Einklang mit der Simulationsheuristik empfinden Bronzemedaillengewinner bei Olympischen Spielen größere Freude als Silbermedaillengewinner. Wahrscheinlich überwiegt bei letzteren durch die Nähe zur Goldmedaille das Verlustgefühl und die Vorstellung des Goldgewinns fällt relativ leicht. Die Bronzemedaillengewinner sind wohl eher froh, überhaupt eine Medaille zu erhalten, denn ihnen liegt die Vorstellung nahe, dass sie einen Medaillengewinn gänzlich verfehlt haben könnten (Medvec, Madey & Gilovich, 1995, s. Abbildung 67).

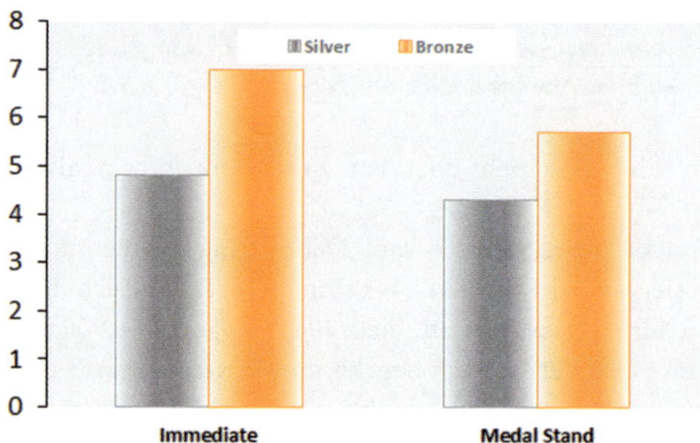

Abbildung 67: Die Freude unmittelbar und bei der Medaillenverleihung von Silber- und Bronzemedaillengewinnern der Sommerolympiade 1992 in Barcelona (modifiziert nach Medvec et al., 1995). Anmerkung: Die Freude wurde anhand von Videoaufzeichnungen von unabhängigen Beobachtern beurteilt.

2.3.6 Einfache Heuristiken

Während Kahneman und Tversky die Fehlerhaftigkeit des menschlichen Denkens und Urteilens betonen, heben ihre Kritiker um Gerd Gigerenzer die Adaptivität von Heuristiken im Alltag hervor (Gigerenzer et al., 1999).

Hertwig (2006, S. 465), einer der Schüler Gigerenzers, kommentiert die Entwicklung so: „Das Bemühen, Heuristiken vom Odium der Irrationalität zu befreien, wurde zum Ausgangspunkt des zweiten großen Forschungsprogramms zu Heuristiken in der zeitgenössischen Psychologie." Die grundlegende Annahme der neuen Sichtweise ist, dass Personen in Urteils- und Entscheidungssituationen aus einer Werkzeugkiste (*toolbox*) geeignete Heuristiken auswählen, die schnell und sparsam („fast and frugal") sind. Diese Heuristiken benötigen wenige Informationen und erlauben die rasche Urteils- oder Entscheidungsbildung. In der realen Welt sind unsere kognitiven Ressourcen beschränkt. Zudem gibt es bestimmte Einschränkungen der Umwelt (environmental constraints), die die Verwendung optimaler Verfahren zur Lösung eines Problems nicht erlauben, da z.B. unter Zeitdruck gehandelt werden muss oder ein Problem schlecht definiert ist (d.h. von vornherein unklar ist, welche Handlungsoptionen möglich sind). „In der Sichtweise des Fast-and Frugal-Heuristics-Forschungsprogrammes entwickelten sich Heuristiken, um spezifische Probleme in spezifischen Umgebungen mit spezifischen Informationsstrukturen zu lösen" (Hertwig, 2006, S. 466). Solche Heuristiken sind *„ökologisch rational"*, indem sie an die Informationsstruktur der Umgebung angepasst sind. Dieses Konzept der „ökologischen Rationalität" (s. Hertwig & Hoffrage, 2001) ist eng an das Konzept der *„begrenzten Rationalität"* (*bounded rationality*) von Herbert Simon angelehnt (Gigerenzer & Goldstein, 1996). Simon (1956; 1990) charakterisierte rationales Verhalten durch die Scheren-Metapher. Rationales Verhalten ist für ihn „shaped by scissors whose two blades are the structure of task environments and the computational capabilities of the actor" (Simon, 1990, S. 7), also begrenzt durch die Verarbeitungsfähigkeit des Individuums und die Struktur der Anforderungen in der Umwelt. Beide Komponenten müssen wie bei einer Schere ineinandergreifen.

Eine der Heuristiken, die von Gigerenzer et al. (1999) beschrieben werden, ist die *Rekognitionsheuristik*, deren Grundlage das Wiedererkennen darstellt.

In einer Studie (Goldstein & Gigerenzer, 2002) wurden amerikanische und deutsche Studenten gefragt, welche Stadt größer sei, San Diego oder San Antonio. Während nur 63% der amerikanischen Studenten diese Frage richtig beantworten konnten, waren es 100% der deutschen Studenten. Diese nannten einfach die Stadt, deren Namen sie schon einmal gehört hatten, und das war San Diego. Für die amerikanischen Studenten war die Aufgabe viel schwerer, weil sie beide Städte kannten und verschiedene Kriterien heranziehen konnten, um die Größe der Stadt einzuschätzen. Das Experiment demonstriert, dass sich ein geringeres Wissen manchmal als Vorteil erweist. Valide ist die Rekognitionsheuristik nur dann, wenn das Wiedererkennen auch mit dem verlangten Urteilskriterium (im Beispiel die Größe der Stadt) korreliert (im Allgemeinen hört man eher von großen als von kleinen Städten). Die Rekognitionsheuristik wurde von Gigerenzer et al. auch verwendet, um Aktien zu kaufen. Sie wendeten dabei folgende Strategie an: Gigerenzer und seine Mitarbeiter fragten 180 Passanten in München, von welchen Unternehmen einer Liste mit 300 Internetaktien sie schon einmal gehört hatten. In diese Aktien investierte Gigerenzer dann. Innerhalb eines halben Jahres stieg der Wert des Portfolios von Gigerenzer um 47 Prozent (Germis, 2007). Fraglich ist, ob dieses Ergebnis für alle wirtschaftlichen Szenarios verallgemeinert werden kann (Gigerenzer & Gaissmaier, 2011).

In der Studie von Gaissmaier und Marewski (2011) waren die Vorhersagen von Wahlergebnissen von Landtagswahlen in Deutschland auf Basis der Rekognitionsheuristik fast genauso präzise wie die Vorhersagen auf Basis von Meinungsumfragen. Vor allem die Ergebnisse kleinerer Parteien konnten gut vorhergesagt werden, indem die Wähler einfach gefragt wurden, ob sie die Namen der sich zur Wahl stellenden Kandidaten kennen oder nicht.

Auf Basis der Rekognitionsheuristik (befragt wurden Amateur-Tennisspieler, die nur die Hälfte der Spieler kannten) konnten die Ergebnisse des Tennis-Turniers in Wimbledon 2005 besser vorhergesagt werden als aufgrund des aktuellen ATP[24]-Rankings und der Meinung von Wimbledon-Experten (Scheibehenne & Bröder, 2007).

Eine zweite von der Forschergruppe um Gigerenzer untersuchte Heuristik ist die *Take-the-Best-Heuristik* (Goldstein & Gigerenzer, 2009). Bei dieser vergleichen wir die Eigenschaften von zwei Objekten miteinander, bis wir eine Eigenschaft finden, in der sich die Objekte unterscheiden. Die Eigenschaften sind dabei nach ihrer Validität geordnet, das heißt, die Eigenschaften, die am aussagekräftigsten für das fragliche Urteil sind, werden als erstes herangezogen. Wenn wir beispielsweise entscheiden wollen, welche von zwei Städten größer ist, New York oder Los Angeles, können wir uns fragen, ob eine der beiden Städte die Hauptstadt des Landes ist. Nein, keine. Hat eine der Städte eine Basketballmannschaft in der NBA (National Basketball Association) oder einen Flughafen? Ja, beide. War eine der Städte schon Austragungsort der Weltausstellung. Ja, New York, aber nicht Los Angeles. Die Eigenschaft „Austragungsort der Weltausstellung“ differenziert am besten zwischen den beiden Städten und wird zur Urteilsbildung herangezogen. Unsere Antwort lautet somit: New York ist die größere Stadt.

Gigerenzer und Gaissmaier (2011) beschreiben einige weitere ähnliche Heuristiken wie z. B. die *Take-the-first-Heuristik*, wonach man die erstbeste Option wählen sollte, die einem in den Sinn kommt. Im Sport z. B. ist die Anwendung dieser Strategie sinnvoll, weil man so schneller reagieren kann, anstatt zu lange zu grübeln, ob man jetzt z. B. den Ball abgeben oder selbst auf das Tor schießen soll.

---

[24] Die ATP ist die Association of Tennis Professionals.

Evans und Over (2009) argumentieren allerdings gegen Gigerenzer, dass erstens solche simplen Heuristiken einen sehr eingeschränkten Einsatzbereich besitzen, der von Gigerenzer überschätzt werde, dass zweitens die Anwendung solcher Heuristiken ebenso oft fehlerhaft wie effektiv ist und dass drittens logisches Denken oftmals notwendig und unverzichtbar für menschliche Entscheidungen ist, sonst wäre es evolutionär nie entstanden.

2.3.7 Probabilistisches Denken

Rechnen mit Wahrscheinlichkeiten fällt vielen Menschen schwer. Sogar Mathematiker sind sich aber selbst bei simplen Problemen nicht immer einig in Bezug auf die korrekte Lösung. Bar-Hillel und Falk (1982) bringen dafür ein Beispiel:

> Hr. Schmid ist der Vater von zwei Kindern. Wir treffen ihn auf der Straße mit einem kleinen Buben, den er stolz als seinen Sohn präsentiert. Wie hoch ist die Wahrscheinlichkeit, dass das zweite Kind von Hrn. Schmid ebenfalls ein Bub ist? (übersetzt nach Bar-Hillel & Falk, 1982, S. 109)

Nach Bar-Hillel und Falk (1982) diskutierten zwei Mathematikprofessoren über die Frage und kamen zu zwei verschiedenen Lösungen, ½ und ⅓. Ein Argument für ½ als Lösung könnte lauten: Da die Wahrscheinlichkeit für Bub oder Mädchen nahe bei ½ liegt und die beiden Ereignisse unabhängig voneinander sind, verändert das Wissen darüber, dass ein Kind von Hrn. Schmid ein Bub ist, nicht die Wahrscheinlichkeit in Bezug auf das Geschlecht des anderen Kindes, die bei ½ bleibt. Ein Argument für ⅓ als Lösung ist: Bevor wir wussten, dass Hr. Schmid einen Sohn hat, gab es folgende Möglichkeiten: Entweder ist er der Vater von zwei Buben (BB) oder von zwei Mädchen (MM) oder von einem Bub und einem Mädchen (in der Geburtenreihenfolge BM oder MB). Die Wahrscheinlichkeit für zwei Buben beträgt zunächst ¼. Nachdem wir wissen, dass er einen Buben hat, fällt die Lösung MM weg, die Möglichkeit BB ist nur mehr eine von drei Möglichkeiten, also beträgt die Wahrscheinlichkeit für zwei Buben ⅓.

Nickerson (1996) macht deutlich, dass es bei solchen Problemen implizite Annahmen gibt, die zu unterschiedlichen Lösungen führen. Unter der Annahme, dass man einen Vater von einem Mädchen und einem Buben mit gleicher Wahrscheinlichkeit mit dem Buben wie mit dem Mädchen spazieren gehen sieht, beträgt die Wahrscheinlichkeit, dass Hr. Schmid noch einen zweiten Buben hat, tatsächlich ½ (s. Tabelle 14).

Tabelle 14: Wahrscheinlichkeiten, Herrn Schmid in Begleitung eines Mädchens zu sehen, unter der Annahme, dass er weder Buben noch Mädchen bevorzugt.

	Wahrscheinlichkeit für die Begleitung		
Ereignis	**eines Buben (b)**	**eines Mädchens (m)**	
BB	1/4	0	1/4
BM	1/8	1/8	1/4
MB	1/8	1/8	1/4
MM	0	1/4	1/4
Summe	1/2	1/2	1

Anmerkung: b … wir sehen Schmid mit einem Buben; m … wir sehen Schmid mit einem Mädchen; BB … Schmid hat zwei Buben; BM bzw. MB … Schmid hat einen Buben und ein Mädchen, MM … Schmid hat zwei Mädchen.

Die Wahrscheinlichkeit, dass Hr. Schmid zwei Buben hat, unter der Annahme, dass er mit einem Buben spazieren geht, ist dann: $p(BB/b) = p\ (BB\ \&\ b)/p\ (b) = (\frac{1}{4})/(\frac{1}{2}) = \frac{1}{2}$. p (BB & b) steht für die verknüpfte Wahrscheinlichkeit, dass er zwei Buben hat und mit einem Buben spazieren geht, und p(b) für die Wahrscheinlichkeit, dass er mit einem Buben spazieren geht. Die Wahrscheinlichkeit dafür, dass er zwei Buben hat und mit einem davon spazieren geht, beträgt ¼; in der Hälfte der Fälle wird er mit einem Buben spazieren gehen, also ist die Wahrscheinlichkeit, dass er zwei Buben hat, wenn er mit einem Buben spazieren geht, ½.

Wenn man aber annimmt, dass er Buben bevorzugt, dann würde er bei einem Mädchen und einem Buben immer mit dem Buben gehen (s. Tabelle 15). Die Tatsache, dass man ihn mit einem Buben sieht, liefert kein Kriterium dafür, ob er zwei Buben oder einen Buben und ein Mädchen hat. Die drei Möglichkeiten BB, BM und MB bleiben also gleich wahrscheinlich und die Wahrscheinlichkeit von BB liegt bei 1/3.

Tabelle 15: Wahrscheinlichkeiten, Herrn Schmid in Begleitung eines Buben oder Mädchens zu sehen, unter der Annahme, dass er Buben bevorzugt und mit einem Sohn spazieren geht, wenn er einen hat.

	Wahrscheinlichkeit für die Begleitung		
Ereignis	**eines Buben (b)**	**eines Mädchens (m)**	
BB	¼	0	¼
BM	¼	0	¼
MB	¼	0	¼
MM	0	¼	¼
Summe	¾	¼	1

Anmerkung: b … wir sehen Schmid mit einem Buben; m … wir sehen Schmid mit einem Mädchen; BB … Schmid hat zwei Buben; BM bzw. MB … Schmid hat einen Buben und ein Mädchen, MM … Schmid hat zwei Mädchen.

Die resultierende Wahrscheinlichkeit P(BB/b) = p (BB & b) / p (b) = $(\frac{1}{4})/(\frac{3}{4}) = \frac{1}{3}$.

In drei Viertel aller Fälle sehen wir Herrn Schmid mit einem Buben, das Ereignis BB betrifft ein Viertel dieser Fälle, also ist die Wahrscheinlichkeit dafür, dass Herr Schmid zwei Buben hat, wenn wir ihn mit einem sehen, ⅓.

Bevorzugt Herr Schmid hingegen Mädchen als Begleitung, dann würde er nur dann mit einem Buben gehen, wenn er zwei Buben hat. In dem Fall läge die Wahrscheinlichkeit für einen zweiten Buben bei 1, also bei 100 Prozent.

Ein ähnliches, vieldiskutiertes Rätsel ist das sogenannte Ziegenproblem oder Monty-Hall-Problem, das in einer Kolumne des Parade Magazines erschien (Vos Savant, 1991, zit. in Übersetzung nach Nickerson, 1996, S. 410, s. Abbildung 68):

> Nehmen Sie an, Sie wären in einer Spielshow und hätten die Wahl zwischen drei Toren. Hinter einem der Tore ist ein Auto, hinter den anderen sind Ziegen. Sie wählen ein Tor, sagen wir, Tor Nummer 1, und der Showmaster, der weiß, was hinter den Toren ist, öffnet ein anderes Tor, sagen wir, Nummer 3, hinter dem eine Ziege steht. Er fragt Sie nun: „Möchten Sie das Tor Nummer 2?" Ist es von Vorteil, die Wahl des Tores zu ändern?

Ein Argument, bei der ursprünglichen Wahl zu bleiben, wäre: Ursprünglich lag die Wahrscheinlichkeit, das Tor mit dem Auto gewählt zu haben, bei ⅓. Da der Showmaster ein Tor geöffnet und eine Ziege präsentiert hat, wurde eine der drei ursprünglichen Lösungen eliminiert. Es bleiben zwei Möglichkeiten und die Wahrscheinlichkeit für das Auto liegt damit bei ½. Ein Argument für das Wechseln des Tores wäre: In einem Drittel aller Fälle hat man ursprünglich das Auto gewählt, bei einem Wechsel würde man verlieren und die Ziege erwischen. In zwei Dritteln aller Fälle (s. Abbildung 69) aber hat man ursprünglich eine Ziege gewählt und würde durch den Wechsel zwangsläufig das Autotor wählen (weil es ja nur zwei Ziegen gibt, eine hat man ursprünglich gewählt, die zweite präsentiert der Showmaster, bleibt nur das Auto übrig).

Welche Argumentation ist die richtige? Das hängt wiederum davon ab, welche impliziten Annahmen man dem Verhalten des Showmasters zuschreibt. Die Situation ist also mathematisch unterbestimmt (d. h. es gibt zu wenige Angaben), um eine eindeutige Lösung zu ermitteln.

Abbildung 68: Das Ziegenproblem.

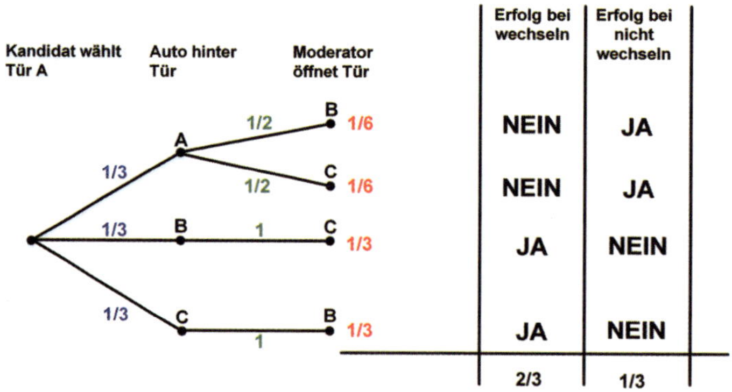

Kandidat wählt Tür A	Auto hinter Tür	Moderator öffnet Tür		Erfolg bei wechseln	Erfolg bei nicht wechseln
1/3	A	1/2 → B	1/6	NEIN	JA
		1/2 → C	1/6	NEIN	JA
1/3	B	1 → C	1/3	JA	NEIN
1/3	C	1 → B	1/3	JA	NEIN
				2/3	1/3

Abbildung 69: Das Baumdiagramm zum Ziegenproblem.

Geht man davon aus, dass der Showmaster die Kosten der Show reduzieren muss und er nur dann den Wechsel anbietet, wenn der Kandidat das Auto erwischt hat, wäre man schlecht beraten zu wechseln, weil dann die Chance auf Null sinkt, das Auto zu bekommen. Geht man davon aus, dass der Showmaster dem Kandidaten nicht schaden will, dann ist es grundsätzlich sinnvoll zu wechseln. Aber ob man durch den Wechsel seine Chancen tatsächlich erhöht, hängt von weiteren Annahmen ab:

(1) Man geht davon aus, dass der Showmaster zufällig eines der beiden verbleibenden Tore öffnet. Dann wird der Showmaster in einem Drittel der Fälle die Tür mit einem Auto aufmachen und Sie haben verloren. In zwei Dritteln der Fälle kann er einen Wechsel anbieten, wobei Sie in der Hälfte der Fälle gewinnen werden (wenn sie zunächst eine Ziege gewählt haben) und in der Hälfte der Fälle verlieren (wenn sie ursprünglich ein Auto gewählt haben). Man beachte, dass diese Wahrscheinlichkeit von $\frac{1}{2}$ nur zwei Drittel der Fälle betrifft (zu einem Drittel ist das Spiel ja sofort aus, weil der Showmaster eine Autotür öffnet), sich also insgesamt mit $\frac{1}{3} = (\frac{1}{2}) \times (\frac{2}{3})$ nicht gegenüber der ursprünglichen Wahrscheinlichkeit, ein Auto gewählt zu haben, erhöht. Wenn (2) der Showmaster auf jeden Fall eine Ziegentür öffnet (und zufällig entscheidet, welche der beiden Türen er öffnet, wenn Sie das Tor mit dem Auto gewählt haben), dann erhöht sich die Wahrscheinlichkeit, das Auto zu gewinnen, von ursprünglich $\frac{1}{3}$ auf $\frac{2}{3}$ (wie in Abbildung 69 dargestellt), da in zwei Dritteln der Fälle die verbleibende Tür das Auto enthält. Für weitere mögliche Annahmen siehe Nickerson (1996).

Wir sehen also, dass die Ursache für divergierende Lösungen weniger in schlechten Mathematikkenntnissen liegt als in den zusätzlichen Annahmen, die selten explizit und damit bewusst getroffen werden. Der Beitrag der Psychologie besteht also darin, auf die immanente Mehrdeutigkeit solcher Probleme hinzuweisen, d. h. zu zeigen, dass sie mathematisch unterbestimmt und weitere Annahmen zur Berechnung einer Lösung notwendig sind, die explizit gemacht werden müssen.

2.4 Problemlösen

Vorhandene Erfahrungen können sich in neuen Situationen negativ auf die Problemlösefähigkeiten auswirken. Das demonstrierte bereits Duncker (1935) in seinen Aufgaben zur „funktionalen Gebundenheit". Duncker definierte funktionale Gebundenheit als eine Hemmung beim Finden eines adäquaten neuen Verwendungszweckes für ein Objekt wegen dessen „Gebundenheit durch eine der geforderten *ungleiche* Funktion" (Duncker, 1935, S. 103).

Bei einem seiner Versuche hatten die Vpn die Aufgabe, mit Hilfe von Reißnägeln, Kerzen und Streichhölzern drei Kerzen in Augenhöhe an der Wand zu befestigen. Ein Teil der Vpn erhielt die Reißnägel, Kerzen und Streichhölzer in jeweils einer Schachtel, einem Teil wurden die Schachteln separat präsentiert (s. Abbildung 70). Die richtige Lösung verlangt, dass die Schachtel mit den Nägeln an der Wand als Kerzenhalter fixiert wird. Wenn die Vpn die mit Versuchsmaterial gefüllten Schachteln erhielten, fiel es ihnen schwerer, auf die Lösung zu kommen, als wenn ihnen die leeren Schachteln präsentiert wurden. Duncker wertet auch quantitativ aus, wie viele seiner Vpn die richtige Lösung fanden: „Man kann also sagen: *Unter unseren Versuchsbedingungen wird der nicht gebundene Gegenstand fast doppelt so leicht gefunden wie der gebundene*" (Duncker, 1935, S. 105). Offenbar konnten sich erstere Personen schlechter von dem Gedanken lösen, dass die Schachtel nur als Aufbewahrungsbehälter fungiert.

Duncker versuchte, die funktionale Gebundenheit für verschiedenste Aufgaben, u. a. auch mathematische Aufgaben, zu zeigen. Er schlussfolgerte: *„Es widerstrebt dem Denken (in individuell verschiedenen Graden), einen in bestimmter anschaulicher Strukturierung eingeführten und darin noch lebendig gebundenen Sachverhalt in konträrer Strukturierung zu konzipieren*" (ebd., S. 131). Der Grad der Fähigkeit, sich von bestimmten anschaulichen Strukturierungen des Denkmaterials zu lösen und davon zu abstrahieren, würde z. B. gute und schlechte Mathematiker voneinander unterscheiden.

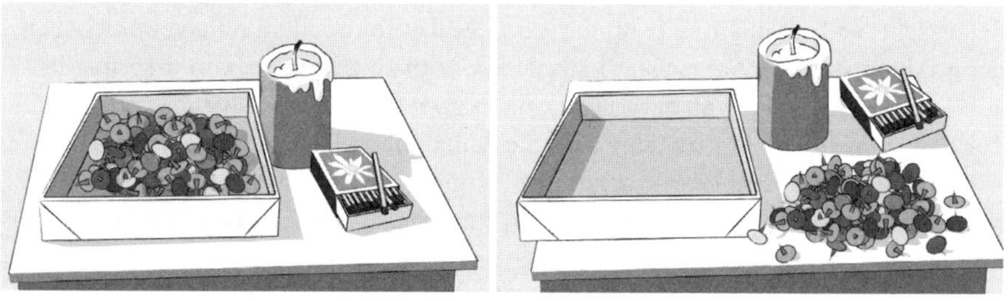

Abbildung 70: Die Aufgabe von Duncker (1935) zur funktionalen Gebundenheit.

Luchins und Luchins (Luchins, 1942; Luchins & Luchins, 1950) führten ebenfalls Untersuchungen zur Rigidität des Denkens durch (s. Tabelle 16). Ihre Vpn hatten die Aufgabe, sich drei Wasserkrüge mit einem festgesetzten Volumen vorzustellen und bei unbegrenztem Wasservorrat und durch gedankliches Umschütten eine Zielmenge abzufüllen. In Tabelle 16 sind einige Aufgaben dargestellt. Problem 1 lässt sich lösen, indem Behälter B aufgefüllt, dann davon einmal die Menge von A und zweimal die Menge von C weggeschüttet wird. Auch die Aufgaben 2 bis 5 sind nach diesem Schema B – A – 2C zu lösen. Bei den Aufgaben 6 bis 8 gelingt die Lösung einfacher durch A – C oder A + C, dennoch bleiben die meisten rigide bei der ursprünglichen Lösung, die ebenfalls gangbar ist. Aufgabe 9 wurde eingeschoben, damit die Vpn von ihrer mechanischen Vorgangsweise abweichen müssen. Danach folgt nochmals eine Aufgabe, die das Lösungsschema B – A – 2C oder A – C nahelegt.

Tabelle 16: Die Umschüttaufgaben nach Luchins und Luchins (1950).

Problem	Volumen			Zielmenge
	A	B	C	
1	21	127	3	100
2	14	163	25	99
3	18	43	10	5
4	9	42	6	21
5	20	59	4	31
6	23	49	3	20
7	15	39	3	18
8	28	59	3	25
9	18	48	4	22
10	14	36	8	6

Luchins und Luchins (1950) schreiben:

> Dieses Grundexperiment und seine Abwandlungen haben wir mit über 900 Vpn durchgeführt, von denen die meisten einen erheblichen Einstellungseffekt zeigen. Die Unterbrechung der schon mechanisch zu lösenden Aufgabenreihe führte bei Erwachsenengruppen im Allgemeinen nicht zu einer starken und bei Schülergruppen nur zu unerheblichen Reaktionsänderungen. (zit. nach Mayer, 1979, S. 89)

Luchins (1942) sieht die Rigidität (er spricht von Einstellung) als ein Grundübel des menschlichen Denkens an: „Einstellung – Gewöhnung – schafft eine mechanische Art zu denken, geistige Trägheit, Blindheit gegenüber Problemen; man sieht nicht die wesentlichen Punkte des Problems selbst, sondern läßt sich von einer mechanischen Anwendung gewohnter Methoden leiten" (Luchins, 1942, zit. nach Mayer, 1979, S. 89). Gelänge es, diese mechanische Denkweise zu überwinden, wäre es sogar möglich, die Nazis zu besiegen, so Abraham Luchins (1914–2005), ein Schüler des Gestaltpsychologen Max Wertheimer, der ebenso wie sein Lehrer in die USA emigrierte, anno 1942, mitten im Zweiten Weltkrieg.

Weitere Studien (z. B. Maier, 1945) zeigten, dass Vorerfahrung auch beim Problemlösen helfen kann, und zwar dann, wenn die erforderlichen Operationen ziemlich ähnlich sind wie bei den Vorerfahrungen. Sollen bekannte Objekte aber auf neue, ungewöhnliche Art eingesetzt werden, ist Vorerfahrung hinderlich.

2.5 Sind Menschen rational?

Wie würden Sie die Frage beantworten? Sind Menschen generell rationale, also vernünftige Wesen (Aristoteles spricht z. B. in der Nikomachischen Ethik vom Menschen als dem Wesen, das „Vernunft (logos) besitzt“; Nikomachische Ethik, 1098a) oder überwiegt doch die Irrationalität, sodass man eigentlich sagen muss, die Menschen sind irrational? Oder lässt sich vielleicht keine eindeutige Antwort auf diese Frage geben, weil es sowohl rationale als auch irrationale Züge am Menschen gibt: „Das Rationale am Menschen sind seine Einsichten, die er hat. Das Irrationale an ihm ist, dass er nicht danach handelt“ (Friedrich Dürrenmatt). Jedenfalls ist es eine Frage, die von der Philosophie im Laufe ihrer Geschichte immer wieder ganz unterschiedlich beantwortet wurde. In den letzten Jahrzehnten hat sich auch die Psychologie zu Wort gemeldet und versucht, eine Antwort auf diese Frage zu geben.

Der Philosoph Edward Stein (1996) weist darauf hin, dass der Begriff Rationalität in dreierlei Weise gebraucht wird. Wenn man sagt, dass Menschen rational sind, kann man zum einen einfach meinen, dass Menschen die Fähigkeit haben zu denken. Menschen sind rational, weil sie bewusst und explizit denken, sie können ihr Handeln begründen usw. Eine zweite Sprechart verbindet Rationalität mit perfektem Denken (Reasoning-Fähigkeiten). In diesem Sinn sind wir nicht rational, da wir manchmal Fehler machen und vom Ideal des perfekten Denkens deutlich abweichen. Dieses Verständnis von perfekter Rationalität kann hinter Freuds Nachweis der menschlichen Irrationalität (die sich in Fehlleistungen wie Versprechern äußert) stehen. Bisweilen sind wir nicht vollkommen rational, weil unser Denken z. B. durch sexuelle Impulse geleitet wird. In einer dritten Sichtweise von Rationalität werden diese Fehlleistungen in der Unterscheidung zwischen einer Kompetenz- und einer Performanzebene (Handlungsebene) berücksichtigt. Rationalität als prinzipielle Kompetenz wird durch Fehler in der Performanz nicht (oder kaum) geschmälert. Wenn unsere Denkfähigkeit z. B. durch Müdigkeit oder zu viel Alkohol beeinträchtigt ist, dann nur auf einer manifesten (beobachtbaren) Ebene. Latent bleibt unsere prinzipielle Vernunftfähigkeit (Kompetenz) erhalten. Auch im Alltag berücksichtigen wir diese Unterscheidung, z. B. wird niemand daran zweifeln, dass ein Mathematikprofessor befähigt ist zu addieren, wenn er sich einmal bei einer einfachen Addition verrechnet. Eine solche Fehlleistung ist vielleicht auf besondere Umstände wie Müdigkeit, Trunkenheit oder auf einen Scherz zurückzuführen. Im Gegensatz zu dem Mathematikprofessor, der einen Fehler auf der Performanzebene begeht, handelt es sich bei einem dreijährigen Kind wahrscheinlich um einen Fehler auf der Kompetenzebene, wenn es eine einfache Addition nicht lösen kann. Wie sich zeigen wird, ist es vor allem dieses dritte Verständnis von Rationalität, dass Philosophen im Auge haben, wenn sie Menschen prinzipielle Rationalität zusprechen.

Im Zusammenhang mit der Definition der Rationalität lassen sich weitere Fragen stellen. Kann man nur dann von menschlicher Rationalität sprechen, wenn alle, die meisten Menschen oder zumindest die Mehrheit in Einklang mit normativen Prinzipien agieren, oder genügt es unter Umständen, wenn einige wenige Menschen (vom Kaliber eines Aristoteles, Isaac Newtons oder Carl Friedrich Gauß) die normativen Prinzipien des Denkens (oder Regeln des richtigen Denkens) strikt einhalten? Stein (1996) gibt darauf folgende Antwort: „By talking about human rationality in terms of human reasoning competence, the rationality and irrationality theses concern the reasoning *capacities* of all *normal* humans" (Stein, 1996, S. 11). Interindividuelle Differenzen bezüglich rationaler Fähigkeiten interessieren hier also zunächst nicht. So sollte sich von menschlicher Rationalität genauso reden lassen wie von Sehfähigkeit, obwohl es Blindheit gibt.

Welche Argumente finden sich in der Philosophie und Psychologie zu dieser Frage? Philosophen diskutieren, ob das eine Frage ist, die naturalisiert werden kann, also naturwissenschaftlich (d. h. empirisch durch Untersuchung von Menschen) zu beantworten ist, oder eher nicht. Sogenannte Naturalisten bejahen dies und verweisen in ihrer Argumentation auf psychologische Experimente, die aus ihrer Sicht relevant sind, in erster Linie handelt es sich dabei um die Experimente von Kahneman und Tversky (s. Stein, 1996). Andere Philosophen sind der Ansicht, dass es sich um eine *a priori* zu beantwortende Frage handelt, d. h. um eine Frage, deren Antwort man durch Begriffsanalyse u. Ä. von vornherein (vor jeder empirischen Studie) geben kann (Cohen, 1981).

In der Psychologie bezweifelt nur eine Minderheit, dass die Frage empirisch beantwortet werden kann, über die Auslegung der Ergebnisse der empirischen Studien debattieren Wissenschaftler jedoch heftig.

2.5.1 Der Ansatz des reflektiven Equilibriums

Ein philosophisches Argument, das ins Treffen geführt wurde, um *a priori* für menschliche Rationalität zu plädieren, ist der Ansatz des reflektiven Equilibriums (Überlegungsgleichgewicht) (Cohen, 1981). Darunter wird verstanden, dass sich menschliche rationale Kompetenz letztlich nicht von den normativen Standards des richtigen Denkens unterscheiden könne, da beide aus Intuitionen darüber, was menschliche Rationalität ausmacht, resultieren. Die Argumentationskette für die Stützung der Rationalitätsthese lautet folgendermaßen (s. Stein, 1996):

(1) Die normativen Prinzipien der Rationalität entstammen unseren Intuitionen darüber, was Rationalität ausmacht.
(2) Diese Intuitionen haben ihren Ursprung in unserer Rationalitätskompetenz.
(3) Daher resultieren auch die normativen Prinzipien aus unserer Rationalitätskompetenz.
(4) Ergo muss unsere Rationalitätskompetenz den normativen Prinzipien der Rationalität entsprechen.

Der Ansatz des reflektiven Equilibriums wurde von Nelson Goodman (1983) ausgearbeitet und von Cohen (1981) in die Rationalitätsdebatte eingebracht. Prinzipiell geht es hierbei um eine Rechtfertigung von Prinzipien. Um eine Anzahl von Prinzipien, die Urteile in einem bestimmten Bereich charakterisieren, zu rechtfertigen, generiert man nach dieser Theorie Prinzipien, die mit allgemein akzeptierten Urteilen zusammenfallen. Stellt sich heraus, dass eines dieser Prinzipien Urteile zulässt, die nicht der allgemeinen Praxis entsprechen, wird das Prinzip modifiziert; würde eine derartige Änderung jedoch ein Prinzip hervorbringen, das intuitiv nicht akzeptiert wird, führt das zur Ablehnung des Urteils (das heißt, es wird nicht länger angenommen, dass es sich um ein allgemein akzeptiertes Urteil handelt). Nach so einem Prozess sollten Prinzipien und Urteile letztlich einander entsprechen. Wenn sich Prinzipien und Urteile gegenseitig rechtfertigen, handelt es sich um einen Zirkel, der nach Goodman (1983) jedoch fruchtbar ist.

Ein Einwand gegen diese Argumentation könnte lauten, dass der Prozess des reflektiven Equilibriums basierend auf Intuitionen unter Umständen einige Prinzipien als normativ anerkennt, die nicht die richtigen Prinzipien sind: „The general point is that the reasoning experiments count against the reflective equilibrium account of the justification of principles of reasoning because they suggest that there are some principles that are *not* normative principles but *are* in reflective equilibrium" (Stein, 1996, S. 143). Ein solches Prinzip, das der Intuition entspringt, aber normative Prinzipien verletzt, ist der Trugschluss des Spielers (gambler's fallacy, s. S. 124). Es erscheint absurd, aus der Tatsache, dass der Trugschluss des Spielers im reflektiven Equilibrium ist, den Schluss zu ziehen, dass es gerechtfertigt wäre, im Einklang damit zu urteilen.

Ein Ausweg aus diesem Dilemma könnte darin bestehen, dass man die Idee des reflektiven Equilibriums auf die Intuitionen von Experten beschränkt. Naive Intuitionen, die z. B. zum Trugschluss des Spielers führen, werden dadurch ausgeschlossen. Das heißt, ein Prinzip kann erst dann als normatives Prinzip der Rationalität betrachtet werden, wenn es sich im reflektiven Equilibrium derjenigen Personen befindet, die auch in der Lage sind, die relevanten Überlegungen anzustellen. Diese Expertenversion des Ansatzes vom reflektiven Equilibrium nimmt also an, dass nur diejenigen Schlussfolgerungen gerechtfertigt sind, die nach Reflexion von Experten als gerechtfertigt angesehen werden. Jedoch sind die Experten gerade für ihre Zuverlässigkeit in Bezug auf Vermeidung von Fehlern wie den Trugschluss des Spielers bekannt. Diese Argumentation der Expertenversion ist also zirkulär (tautologisch), da ihr Inhalt lautet: Gerechtfertigt sind diejenigen Intuitionen, die nach Ansicht derjenigen, von denen wir von vornherein annehmen, dass sie befähigt sind, solche Urteile zu fällen, gerechtfertigt sind. Unsere A-priori-Annahme, dass jemand als Experte geeignet ist, basiert aber gerade auf der Tatsache, dass die Experten bestimmte Intuitionen rechtfertigen und andere nicht; damit ist sie aber grundlos. Gefragt sind somit unabhängige Kriterien für die Position eines Experten. Diese Überlegungen münden in die Schlussfolgerung, dass die Expertenversion des Ansatzes vom reflektiven Equilibrium genauso angreifbar ist wie die allgemeine Version.

2.5.2 Zum Unterschied zwischen Kompetenz und Performanz

Henle (1962) argumentierte als erste, dass nicht automatisch von den Antworten der Vpn auf die logische Kompetenz geschlossen werden kann. Auf der Ebene der manifesten Leistung (Performanzebene) können wir fragen, welche Bedingungen zu falschen Antworten führen bzw. wo die Ursachen für derartiges irrationales Handeln liegen. Auf der Kompetenzebene ist die Situation etwas komplizierter. Vorausgesetzt dass die Richtigkeit der normativen Ansätze letztlich intuitiv ersichtlich ist, müssen wir nach Cohen (1981) eigentlich von der Kompetenz normaler erwachsener Personen ausgehen:

> In other words, where you accept that a normative theory has to be based ultimately on the data of human intuition, you are committed to the acceptance of human rationality as a matter of fact in that area, in the sense that it must be correct to ascribe to normal human beings a cognitive competence – however faulted in performance – that corresponds point by point with the normative theory. (Cohen, 1981, S. 321)

Im Einklang mit diesen Überlegungen hat Smedslund (1970, 1990) auf den zirkulären Zusammenhang zwischen Logik und Verstehen hingewiesen. Jemand hat die Aufgabe, einen logischen Schluss zu ziehen. Voraussetzung für eine logisch richtige Antwort ist, dass das Problem verstanden wurde. Letzteres kann man wiederum nur an den logisch richtigen Antworten erkennen. Die Schwierigkeit liegt also darin, dass man bei logisch ungültigen Antworten nicht sagen kann, ob die Person das Problem nicht verstanden hat (z. B. verständlicherweise nicht weiß, welche Bedeutung bestimmte logische Ausdrücke wie „und" oder „oder" besitzen, da es hier definitorische Unterschiede zur alltagssprachlichen Bedeutung gibt) oder nicht logisch schlussfolgern kann (obwohl sie die Bedeutung von Begriffen wie „und" und „oder" kennt). Smedslund hat aus dieser Zirkularität wie Cohen den Schluss gezogen, dass man logisches Verständnis postulieren muss: „the only possible coherent strategy is always to presuppose logicality and regard understanding as a variable" (Smedslund, 1990, S. 118). Daraus folgt, dass fehlende Logik nicht erklärt werden kann:

> The genuinely illogical cannot be explained, since explaining means describing the premises from which something follows, and since the genuinely illogical does not follow from any premises. Therefore, the apparently illogical must allways be understood through reference to misunderstandings, that is, through a reference to premises not intended by the researcher. (Smedslund, 1990, S. 117)

2.5.3 Menschliche Rationalität aus psychologischer Sicht

Während Philosophen vergangener Zeiten mit Bezug auf Triebe oder Emotionen für die Irrationalität des Menschen plädierten, nehmen gegenwärtige Philosophen direkt Bezug auf die Studien der Psychologie. Daher widmen wir uns im Folgenden der Rationalitätsdebatte aus psychologischer Sicht.

Lange Zeit wurde in der Psychologie von der Vernünftigkeit menschlichen Denkens ausgegangen. Wenn Menschen im Grunde aber vernünftig sind, d. h. sich auch Gründe für Verhaltensweisen identifizieren lassen, sollte es möglich sein, ihr Verhalten vorherzusagen und im Optimalfall Formeln für ihr Verhalten zu finden. Viele Bemühungen in der Psychologie gehen von dieser Annahme aus, so zum Beispiel die Erwartung-mal-Wert-Theorien in der Motivationspsychologie, der Entscheidungs- bzw. Wirtschaftspsychologie und in vielen anderen Bereichen.[25] Zu Beginn der 70er-Jahre des 20. Jahrhunderts änderte sich die Situation grundlegend. Forscher wie Kahneman und Tversky fühlten sich zwar innerlich dem Programm der Aufklärung (verkörpert von Denkern wie Leibniz) verpflichtet, wonach die Vernunft das wahre Wesen des Menschen ist und sich eigentlich auch Normen für menschliches Denken entwickeln lassen sollten, die unabhängig vom Inhalt und Kontext des Problems gültig sind. Dementsprechend haben Hardliner der Artificial Intelligence auch gemeint, dass „Denken" eigentlich „Rechnen" ist (Marvin Minsky, zit. nach Gigerenzer, 1988). In ähnlicher Weise setzen Vertreter des Forschungsprogramms „Heuristics and Biases" wie Kahneman, Nisbett, Slovic oder Tversky Denken mit statistischem Rechnen gleich. Das hat zur Konsequenz, dass die Probleme von vornherein so konstruiert werden, dass es genau *eine* rein rechnerische statistische Lösung gibt. „Die Denkprobleme sind so konstruiert, dass Rechnen oder die Anwendung von Gesetzen der Wahrscheinlichkeitstheorie hinreichend für eine Lösung sind; die gegebene Information ist oft numerisch aufbereitet, als ob man eine Rechenmaschine damit füttern wollte" (Gigerenzer, 1988, S. 98). Allerdings stellten die Forscher in ihren Studien fest, dass sich die Menschen an die von ihnen für richtig erachteten Normen des richtigen Denkens, Entscheidens und Urteilens zum Großteil nicht hielten. Die Konklusion aus diesen Ergebnissen waren „bleak implications for human rationality" (Nisbett & Borgida, 1975, S. 935), das heißt, die Fehlerhaftigkeit und Irrationalität menschlichen Denkens wurde zu einer Grundannahme der kognitiven Psychologie: „psychologists have bad news for us: we are not so rational after all" (Botterill & Carruthers, 1999, S. 105). Genau diese Ergebnisse wurden danach von naturalistisch eingestellten Philosophen wie Stich (Stich & Nisbett, 1980) und Stein (1996) rezipiert, um die Irrationalitätsthese zu begründen.

[25] Nach den Erwartung-mal-Wert-Theorien wird bei der Wahl zwischen mehreren Optionen jene Option gewählt, bei der das Produkt aus subjektivem Wert (Nutzen = Anreiz) und der Wahrscheinlichkeit, diesen auch zu bekommen (= Erwartung), maximal ist (s. Edwards, 1954).

Abbildung 71: Gerd Gigerenzer (* 1947).

Die Forschergruppe um Gerd Gigerenzer (s. Abbildung 71) kritisierte wiederum diese Schlussfolgerungen. Für Gigerenzer ist die Anwendung von Normen der Statistik und Wahrscheinlichkeitstheorie in der realen Welt unangemessen. Das kann durch folgendes Szenario veranschaulicht werden:

> Nehmen wir an, Sie wollen sich ein neues Auto kaufen. Heute haben Sie die Wahl zwischen zwei Alternativen: einem Volvo und einem Saab. Als einziges Kriterium für ihre Entscheidung benutzen Sie die Lebenserwartung des Autos. Aus einer Autozeitschrift haben Sie die Information, dass der Volvo in Bezug auf die Lebenserwartung in einer Stichprobe von einigen hundert Wagen besser abgeschnitten hat. Gerade gestern erzählt Ihnen Ihr Nachbar, dass sein neuer Volvo zusammengebrochen ist. Welches Auto kaufen Sie?

Es erscheint durchaus rational, sich nach den Basisraten zu richten, d.h. die Statistik in Bezug auf die Lebenserwartung des Autos bei der Kaufentscheidung zu berücksichtigen. Die Nichtberücksichtigung der Basisraten wäre also ein Fehler und irrational. Betrachten wir aber folgendes Szenario:

> Sie leben in einem Dschungel. Heute haben Sie die Wahl zwischen zwei Alternativen: Ihr Kind im Fluss schwimmen oder auf die Bäume klettern zu lassen. Als einziges Kriterium für Ihre Entscheidung benutzen Sie die Lebenserwartung des Kindes. Sie verfügen über die Information, dass in den letzten hundert Jahren nur ein einziger Unfall im Fluss passiert ist, bei dem ein Kind von einem Krokodil gefressen wurde, während ein Dutzend Kinder starben, weil sie vom Baum gefallen sind. Gerade gestern erzählte Ihnen Ihr Nachbar, dass sein Kind von einem Krokodil gefressen wurde. Wo schicken Sie Ihr Kind hin? (Gigerenzer, 1991, S. 19)

In dieser Situation einer dynamischen Umwelt wäre es alles andere als rational, sich nach der Statistik bzw. Basisrate vergangener Unfälle zu richten. Offensichtlich hat sich die Situation geändert, ein Krokodil hält sich in der Gegend auf und man wäre schlecht beraten, sein Kind im Fluss baden zu lassen.

Gigerenzer kritisierte am Forschungsprogramm von Kahneman und Tversky u. a. folgende Punkte:

(1) Das Fehlen einer holistischen Perspektive: So kann ein einzelnes – für sich betrachtet – falsches Urteil langfristig zu einer sehr guten Kalibrierung des Urteilsprozesses führen. Nimmt man eine holistische Perspektive ein, werden der zeitliche Rahmen sowie sonstige relevante Kontextinformationen berücksichtigt. In Übereinstimmung mit den Ideen der Aufklärung vernachlässigt das „Heuristics- and-Biases"-Programm jedoch völlig den Kontext und vertraut auf allgemeingültige, kontextunabhängige rationale Algorithmen. Viele „Fehler" verschwinden jedoch bzw. erscheinen dann nicht mehr als Fehler, wenn man den Kontext berücksichtigt (s. auch Mishler, 1979). Eine kleine Geschichte soll das Verschwinden der Irrationalität bei Berücksichtigung des Kontextes demonstrieren:

In einem kleinen Ort in Wales lebt ein Dorftrottel. Einmal wurde ihm angeboten, zwischen einem Schilling und einem Pfund zu wählen. Er nahm den Schilling. Von überall her kamen Menschen, um dieses Phänomen zu bestaunen. Sie ließen ihn immer wieder zwischen einem Schilling und einem Pfund wählen. Er nahm immer den Schilling.

Offensichtlich verletzt die Wahl des „Dorftrottels" das Prinzip der Maximierung, wonach man bei der Wahl zwischen zwei Alternativen immer die Alternative mit dem höheren Erwartungswert wählen sollte. Langfristig aber zahlt sich sein Verhalten aus und erscheint dann überhaupt nicht mehr so irrational.

Die auf den ersten Blick unsinnige Taktik, sich für die schlechtere Alternative zu entscheiden, entpuppt sich langfristig als klügere Strategie. Diese Anekdote demonstriert abermals, dass die isolierte Betrachtung des Problems unter Vernachlässigung des Kontextes (im vorliegenden Beispiel die zeitliche Perspektive) zu falschen Schlussfolgerungen führt.

(2) Mangel an ökologischer Validität: Die experimentelle Urteilssituation beim „Heuristics-and-Biases"-Programm ist durch einen Mangel an ökologischer Validität gekennzeichnet. Als ökologisch valide kann eine experimentelle Urteilssituation dann betrachtet werden, wenn sie einer Urteilssituation in der natürlichen Umgebung möglichst ähnlich ist. Kriterien für die Ähnlichkeit sind Übereinstimmung in Bezug auf den Urteilsgegenstand, den Kontext, die Struktur des Problems und relevante Hinweisreize für die Lösung des Problems. Außerdem sollten die Hinweisreize selbst wiederum

valide sein, das heißt, es sollte möglich sein, aufgrund der zur Verfügung stehenden Hinweisreize die Situation richtig einzuschätzen. Zahlreiche Beispiele für Hinweisreize mit geringer Validität findet man in den Studien von Kahneman und Tversky. Wenn die Vpn eine Personenbeschreibung erhalten, die sehr repräsentativ für eine bestimmte Berufsgruppe ist, dann kann das in einer natürlichen Umgebung einen validen Hinweis darauf liefern, dass diese Person der betreffenden Berufsgruppe angehört. Haben die Forscher das Experiment jedoch so konzipiert, dass die Personenbeschreibung zwar repräsentativ, aber ansonsten irrelevant für das zu fällende Urteil ist, weil eigentlich nur die Basisraten zu beachten sind, dann hat der Hinweisreiz keine Validität mehr. Mit anderen Worten: Die Laborsituation entspricht nicht der Situation, wie wir sie in unserer Alltagswelt vorfinden.

Die geringe ökologische Validität der klassischen psychologischen Untersuchungen zur menschlichen Rationalität hat Evans und Over (1996) bewogen, zwei Arten der Rationalität zu unterscheiden: Bei der Rationalität$_1$ handelt es sich um das Denken, Urteilen und Entscheiden, das generell zuverlässig und effizient ist, um persönliche Ziele zu erreichen. Rationalität$_2$ bezieht sich auf das Denken, Urteilen und Entscheiden im Einklang mit den Normen der Theorien. An einer Fülle von Belegen zeigen sie, dass es sich bei der menschlichen Rationalität v. a. um Rationalität$_1$ handelt. Dies sei an der Selektionsaufgabe verdeutlicht. Betrachten wir folgende Aussage (s. Evans & Over, 1996):

Wenn es ein Rabe ist, dann ist er schwarz.

Formal hat der Satz die Struktur der Selektionsaufgabe (Wenn auf einer Seite ein Selbstlaut steht, dann befindet sich auf der Rückseite eine gerade Zahl). Wie wird aber ein Wissenschaftler vorgehen, der den Satz als Hypothese auffasst, die es zu überprüfen (oder gegebenenfalls zu widerlegen) gilt? Welche der folgenden Möglichkeiten wird er wählen:

1. Halte nach Raben Ausschau.
2. Halte nach Nicht-Raben Ausschau.
3. Halte nach schwarzen Dingen Ausschau.
4. Halte nach nicht-schwarzen Dingen Ausschau.

Die einzig sinnvolle Strategie scheint die erste zu sein, nach Raben Ausschau zu halten. Wenn eine Reihe von Raben gefunden wurde und alle schwarz sind, hat man die Aussage in einem gewissen Ausmaß bestätigt. Die formal-logisch ebenfalls korrekte Strategie 4, nach nicht-schwarzen Dingen Ausschau zu halten, um eventuell doch einen nicht-schwarzen Raben zu finden, ist nicht praktikabel und gleicht der Suche nach der Nadel im Heuhaufen, da die Anzahl der Raben – wenn es sie gibt – innerhalb der nicht-schwarzen Dinge auf jeden Fall extrem gering ist. Die Schlussfolgerung aus dem Beispiel lautet, dass aus Sicht der Rationalität$_1$ in der realen Welt ganz andere Lösungen vernünftig scheinen können als die normativ als richtig angesehenen. Die jeweiligen Normen müssten also auf ihre ökologische Validität überprüft werden.

(3) Fehlen einer evolutionären Perspektive: Die evolutionäre Perspektive zeigt, dass menschliche Rationalität nicht unabhängig von der Repräsentation von Informationen beurteilt werden kann (s. das Bayes-Theorem). Die evolutionäre Perspektive lehrt uns auch, dass Rationalität unzulänglich erfasst wird, wenn der soziale Kontext nicht die rationalen Entscheidungen der anderen Individuen einer Gruppe umfasst. Dazu abermals ein Beispiel von Gigerenzer (1996):

Stellen Sie sich vor, ein Individuum hat die Wahl zwischen zwei Alternativen mit unsicheren Ergebnissen. Die Entscheidungsmenge ist {x, y}. Wählt das Individuum x, so erhält es eine Verstärkung (z. B. Futter) mit der Wahrscheinlichkeit von p(x) = .80, wohingegen bei der Wahl von y dieselbe Verstärkung nur mit der Wahrscheinlichkeit von p(y) = .20 erfolgt. Die Ergebnisse sind also in beiden Fällen dieselben, aber die Wahrscheinlichkeiten dafür, dass man sie erhält, sind unterschiedlich. Angenommen, das Individuum hat sich n-mal zwischen diesen Optionen zu entscheiden. Dann erscheint es nach der Maximierungsregel rational, jedesmal Option x zu wählen. Die Maximierungsregel bei gleichem Nutzen lautet:

Wähle immer x, wenn p(x) > p(y).

Setzt man Ratten in ein T-Labyrinth, in dem die Ratten in 80 % der Fälle verstärkt werden, in denen sie das linke Ende, und in 20 % der Fälle, in denen sie das rechte Ende erreichen, könnten die Ratten ihre Verstärkung maximieren, indem sie immer nach links laufen. Tatsächlich hat sich in vielen Untersuchungen gezeigt, dass beim Vorhandensein von zwei Alternativen mit unterschiedlicher Verstärkungsquote weder Ratten noch Menschen ausschließlich die Alternative mit größerer Verstärkungsquote wählen (Estes, 1976). Stattdessen wird die Strategie des „probability matching" gewählt, wonach die relative Häufigkeit der Wahl einer Alternative der Wahrscheinlichkeit der Verstärkung entspricht:

Wähle x mit der Wahrscheinlichkeit p(x) und y mit der Wahrscheinlichkeit p(y).

In der Lerntheorie wurde diese Strategie als Gesetz des relativen Effekts (law of relative effect) formuliert (Rachlin, 1976). Im obigen Beispiel erhält die Ratte zu 80 % eine Verstärkung, wenn sie immer die linke Seite wählt, aber nur zu 68 %, wenn sie gemäß den Wahrscheinlichkeiten zwischen den Seiten wechselt (also $0{,}80^2 + 0{,}20^2 = 0{,}68$).[26]

[26] Zur Erläuterung der Berechnung: Die Ratte bekommt Futter, wenn sie die linke Seite gewählt hat und dafür auch Futter bekommt oder die rechte Seite gewählt hat und dafür auch Futter bekommt. Wenn die Ratte mit einer Wahrscheinlichkeit von 0,8 die linke Seite wählt, dann wird sie mit einer Wahrscheinlichkeit von 0,8 auch Futter erhalten. Die Wahrscheinlichkeit, dass sie Futter erhält, wenn sie die linke Seite wählt, ist also 0,8 × 0,8. Die gleiche Überlegung ist für die rechte Seite anzustellen. Diese beiden Ereignisse (Wahl der linken und rechten Seite) sind einander ausschließend (disjunkt). Die Wahrscheinlichkeiten können somit addiert werden, um die Gesamtwahrscheinlichkeit dafür zu erhalten, Futter zu bekommen, wenn entsprechend der Wahrscheinlichkeiten die linke oder rechte Seite gewählt wird.

Ist diese Strategie irrational? Aus evolutionärer Sicht keineswegs. Unter natürlichen Bedingungen werden sehr viele Ratten im Konkurrenzkampf um Nahrung stehen. Wenn alle Ratten dort Nahrung suchen, wo nach bisheriger Erfahrung ausreichend Nahrung vorhanden ist, wird für die einzelne Ratte nur ein kleiner Anteil übrig bleiben. Die eine Ratte, die manchmal den weniger attraktiven Futterplatz aufsucht, würde davon profitieren. Natürliche Selektion sollte daher die Individuen bevorzugen, die sich manchmal für die schlechtere Alternative entscheiden. Die Flexibilität in der Wahl der Alternativen sichert zusätzlich, dass Änderungen in den zugrundeliegenden Verhältnissen eher erkannt werden.

Das Maximierungsprinzip ist eine Rationalitätsnorm, die den sozialen Kontext und hier im Speziellen die Unterscheidung zwischen einem isolierten Individuum und dem Individuum in sozialer Interaktion mit anderen Individuen nicht berücksichtigt. Daher erweist sich die von der isolierten Betrachtungsweise her scheinbar irrationale Strategie in der natürlichen Umgebung als vernünftig. Der Bias im Experiment – die Wahl der ungünstigen Strategie – kommt nur dadurch zustande, dass die Individuen in Isolation von anderen Individuen ihre Entscheidung treffen mussten.

Gigerenzer und seine Gruppe entwickelten im Folgenden das Konzept einer *eingeschränkten* (bounded) und *ökologischen Rationalität*, eine Rationalität, die auf die Anforderungen der Umwelt zugeschnitten ist und sich im Laufe der Evolution herausgebildet hat. Sie verbanden mit ihrem Konzept im Gegensatz zu Kahneman und Tversky auch eine optimistische Sicht auf die menschliche Rationalität.

2.5.4 Optimisten und Pessimisten in Bezug auf menschliche Rationalität

Die zwei Lager in Bezug auf die menschliche Rationalität lassen sich folgendermaßen charakterisieren: Die „Optimisten" (etwas abwertend oftmals „Panglossianer[27] oder „Entschuldiger" – „apologists" – genannt) glauben, dass Menschen von Grund auf rational sind. Für die Diskrepanz zwischen den Normen der Logik und Wahrscheinlichkeitstheorie und den Urteilen der Vpn führt das Lager der Optimisten vier Gründe an (für eine ausführliche Diskussion s. den Artikel von Stanovich & West, 2000):

(1) Abweichungen von der Norm können auf Performanzfehler zurückgeführt werden. Dazu gehören Aufmerksamkeitsfehler, momentane Gedächtnisschwächen u. Ä.
(2) Manche Abweichungen von den erwünschten normativen Antworten können auf Kapazitätsbeschränkungen (v. a. eine Überforderung des Arbeitsgedächtnisses) zurückgeführt werden.

[27] „Panglossian Rationality" ist eine Anspielung auf die Satire „Candide" von Voltaire, in der ein gewisser Dr. Pangloss als Karikatur von Leibniz selbst angesichts der furchtbarsten Unglücksfälle wie dem Erdbeben von Lissabon stets die Ansicht vertritt, in der „besten aller Welten" zu leben.

(3) Manche Normen sind schlichtweg falsch.
(4) Selbst wenn die Normen richtig sind, wird das Problem von den Vpn anders aufgefasst. Vpn geben in dem Fall die richtigen Antworten auf ein anderes Problem.

Auf der anderen Seite glauben die Pessimisten (auch „meliorists“[28] genannt), dass es sich bei den Abweichungen der Antworten der Vpn in den Experimenten um echte Fehler auf der grundlegenden Kompetenzebene handelt. Welche Seite recht hat oder ob die Wahrheit – wie so oft – irgendwo in der Mitte angesiedelt ist, kann nicht so leicht beantwortet werden (s. Stanovich & West, 2000).

Ist die Kritik an der Forschung zu den systematischen Denkfehlern vielleicht wirklich zu weitgehend, sodass konsequenterweise dann eigentlich nur aus dem deskriptiven Verhalten der Menschen Normen abgeleitet werden könnten? Nach dem Motto: Wie sich die Menschen auch verhalten, sie verhalten sich richtig und so sollte man sich dann auch verhalten. „Fehler“ gäbe es in diesem Sinne keine mehr. Die Forscher, die auf die Fehler hingewiesen hatten, argwöhnten bald, dass diese Argumentation darauf hinausläuft, dass „[...] a determined skeptic can ususally explain away any instance of what seems at first to be a logical mistake“ (Rips, 1994, S. 393). Kahneman, an dessen Forschungsprogramm sich die Kritik entzündete, bemerkte einmal in Richtung der Optimisten, dass sie offenbar nur zwei Denkfehler kennen würden: „[...] pardonable errors by subjects and unpardonable ones by psychologists“ (Kahneman, 1981, S. 340).

Um die Lage besser einschätzen zu können, ist es notwendig, auf die vier oben erwähnten „Entschuldigungsgründe“ detaillierter einzugehen. Ad (1) „Abweichungen von der Norm sind Performanzfehler“: Stanovich und West (2000) argumentieren, dass über verschiedene Aufgaben hinweg keine Zusammenhänge zwischen den Leistungen zu beobachten sein dürften, wenn es sich bei den Fehlern der Vpn tatsächlich um reine Performanzfehler handelt (denn warum sollte jemand bei allen Aufgaben unaufmerksam sein). Für verschiedene Aufgaben berichten sie moderate Zusammenhänge zwischen den Leistungen bei verschiedenen Tests, was darauf hindeutet, dass die Fehler nicht nur Performanzfehler sind.

Ad (2) „Abweichungen von der Norm beruhen auf Kapazitätsbeschränkungen“: Stanovich und West (2000) berechnen hohe Zusammenhänge zwischen dem *Scholastic Aptitude Test (SAT)* und den Ergebnissen in verschiedenen Tests zu Fehlern im logischen Denken und der Wahrscheinlichkeitsrechnung. Da der SAT zu einem Gutteil Intelligenz misst (andererseits natürlich auch Bildung), schließen Stanovich und West (2000), dass tatsächlich individuelle Kapazitätsbeschränkungen auf Seiten der Vpn die Unterschiede bei vielen Maßen der Rationalität erklären können. Vor allem die Leis-

[28] „Meliorists“, weil sie die Ansicht vertreten, dass menschliches Denken durch Schulungen in logischem Denken und Statistik verbessert werden könnte.

tungen im logischen Denken zeigen recht hohe Zusammenhänge mit dem Arbeitsgedächtnis (das wiederum in hohem Zusammenhang mit der allgemeinen Intelligenz steht). Stanovich und West (2000) betonen, dass die intelligenteren Personen sehr wohl im Einklang mit den Normen antworten können. Bei der Debatte um die menschliche Rationalität wird dies gerne übersehen, weil in der Regel die durchschnittliche oder häufigste Antwort als Maß für die menschliche Rationalität bzw. Irrationalität herangezogen wird.

Ad (3) „Manche Normen sind falsch“: Mit Sicherheit müssen manche Normen der Psychologen kritisch hinterfragt werden. Zum Beispiel gibt es für das Taxi-Problem (s. S. 108 f.) nicht nur eine mögliche Antwort. Wenn das Problem nicht mittels Bayes-Theorem behandelt wird, sondern mit Hilfe der Signalentdeckungstheorie (Birnbaum, 1983), erhält man eine andere Lösung und die Lösungen der meisten Vpn erscheinen mit einem Male „viel rationaler“. Offen bleibt, ob tatsächlich alle Normen der Experten falsch sind und die gerne als „Naive“ oder „Laien“ bezeichneten Vpn in ihren modalen (häufigsten) Antworten stets die richtigen Normen vertreten. Aus Sicht von Stanovich und West (2000) sowie Stein (1996) würde man einen naturalistischen Fehlschluss begehen, wenn man wie Cohen (1981) argumentiert: „[...] whatever human reasoning competence turns out to be, the principles embodied in it are the normative principles of reasoning“ (Stein, 1996, S. 231).

Ad (4) „Die Vpn fassen manche Probleme anders auf“: Die Forschergruppe um Gigerenzer zeigte auf, dass viele Vpn manche Denkprobleme anders verstehen als dies die Experten und einige wenige – vielleicht statistisch gebildetere – Vpn tun. Kahneman und Tversky haben in ihrem Forschungsprogramm einiges dazu beigetragen, solche Missverständnisse zu produzieren. Wenn sie z. B. ihren Vpn im Experiment zum Basisratenfehler (s. S. 105 f.) mit den Personenbeschreibungen von Juristen und Ingenieuren mitteilen, dass die Personenbeschreibungen zufällig aus 100 Personenbeschreibungen ausgewählt wurden, dann entspricht das nicht der Wahrheit. Niemand hat Personenbeschreibungen gesammelt und dann zufällig eine davon auswählen lassen. Vielmehr waren die Personenbeschreibungen inklusive der einleitenden Informationen gezielt für das Experiment konstruiert worden, um die Vpn zu täuschen.

Auch beim Konjunktionsfehler (s. S. 106 ff.) gibt es eine Kluft zwischen der geforderten Norm und den Urteilen der Vpn. Betrachten wir nochmals das vielleicht am häufigsten zitierte Beispiel für menschliche Irrationalität (z. B. Stich, 1985; Stein, 1996), das „Linda-Paradigma“ (Tversky & Kahneman, 1983).

Linda ist 31 Jahre alt, Single, sehr intelligent und nimmt kein Blatt vor den Mund. Sie hat Philosophie studiert. Als Studentin hat sie sich intensiv mit Fragen der sozialen Gerechtigkeit und Diskriminierung auseinandergesetzt. Außerdem hat sie an Anti-Kernkraft-Demonstrationen teilgenommen. Für wie wahrscheinlich halten Sie es, dass Linda

a) in der Frauenbewegung aktiv ist (A),
b) Bankangestellte ist (B),
c) Bankangestellte und in der Frauenbewegung aktiv ist?

Obwohl aus den grundlegendsten Axiomen der Wahrscheinlichkeitstheorie (Kolmogoroff, 1933) folgt, dass das Ereignis c) („A & B") nicht wahrscheinlicher als die beiden einzelnen Konstituenten A und B sein kann, antwortet die Mehrheit der Vpn in derartigen Experimenten, dass es wahrscheinlicher sei, dass Linda eine feministische Bankangestellte ist (A & B), als dass sie nur Bankangestellte (B) ist. Dieses Resultat wurde unzählige Male in unterschiedlichstem Gewand bestätigt und steht im Widerspruch zur Wahrscheinlichkeitstheorie.

Allerdings kann auch das Verhalten der Vpn beim Linda-Problem als durchaus rational interpretiert werden. Hertwig (1996) weist auf verschiedene semantische Unsicherheiten hin, die die Irrationalität des Konjunktionsfehlers gründlich in Frage stellen. So ist der Begriff Wahrscheinlichkeit nicht nur innerhalb der Wissenschaft alles andere als eindeutig definiert, sondern auch alltagssprachlich gibt es viele verschiedene Bedeutungen. Interpretiert man den Wahrscheinlichkeitsbegriff nicht mathematisch im Sinne von Kolmogoroffs Axiomatik, sondern alltagssprachlich z. B. im Sinne von Glaubwürdigkeit, dann erscheinen die Urteile beim Linda-Paradigma nicht mehr irrational, sondern im Gegenteil sehr vernünftig, weil nach der Beschreibung die Evidenz dafür, dass Linda eine feministische Bankangestellte ist, größer ist als dafür, dass sie nur Bankangestellte ist. Rein logisch betrachtet inkludiert „Bankangestellte" die Möglichkeit der „feministischen Bankangestellten". Allerdings stehe die logische Interpretation des Begriffs „Bankangestellte" im Widerspruch zu einer effizienten Kommunikation. So werden verschiedene pragmatische Kriterien der Rationalität (Grice, 1989) bei einer rein logischen Interpretation verletzt.

Nach Grice (1989) können sehr viele sprachliche Äußerungen nicht durch ein bloßes Dekodieren der Botschaft verstanden werden. So kann die Intention des Sprechers sehr oft nicht allein auf Grundlage der semantischen Bedeutung eines Satzes erschlossen werden. Oftmals ist es zusätzlich notwendig, verschiedene andere – nicht in der Botschaft enthaltene – Faktoren zu berücksichtigen, wie die Erwartung, dass der Sender einer Botschaft nur das mitteilt, was er auch für relevant hält (Relevanzmaxime). Hertwig (1996) zeigt auf, dass gerade die mathematische Wahrscheinlichkeitsdefinition beim Linda-Problem die Relevanzmaxime verletzt, und zwar in irreversibler Weise, sodass die von den Experimentatoren intendierte Bedeutung von Wahrscheinlichkeit bzw. der Propositionen „Linda" bzw. „Bankangestellte" nicht erfasst werden kann.

Verstünde man beispielsweise „Wahrscheinlichkeit" im Sinne einer „relativen Häufigkeit" – eine mathematische Bedeutung, die der Konjunktionsregel und dem Prinzip der Klasseninklusion gehorchen sollte – dann ist die Relevanzmaxime verletzt! Denn gleichgültig, was

> man über die Persönlichkeit von Linda erfährt, die relative Häufigkeit von Bankangestellten muss größer sein als die von feministischen Bankangestellten. Die Beschreibung ist also für ein Urteil gar nicht notwendig. Nun ist sie aber Teil der gegebenen Information, und wenn die Relevanzmaxime in der Interaktion zwischen Proband und Experimentator gilt, dann muss der Proband Lindas Beschreibung für relevant erachten. Man kann aber Lindas Beschreibung nur dann für relevant halten, wenn man annimmt, eine der nicht-mathematischen Bedeutungen des Begriffs „Wahrscheinlichkeit" sei beabsichtigt. Der Experimentator selbst legt also durch die Tatsache, dass er Lindas Persönlichkeit beschreibt, eine nicht-mathematische Bedeutung nahe. (Hertwig, 1996, S. 107)

Durch Befragung einer Stichprobe von Vpn, denen das Linda-Problem vorgegeben worden war, konnten Hertwig und Gigerenzer (1999) die Annahme bestätigen, dass die Vpn den Begriff Wahrscheinlichkeit bei dieser Aufgabe vorwiegend nichtmathematisch auffassen.

In einem weiteren Experiment (Hertwig & Gigerenzer, 1999) wurde ein Kontext hergestellt, bei dem die Vpn die Relevanzmaxime berücksichtigen und trotzdem ein Urteil in Einklang mit der mathematischen Wahrscheinlichkeitstheorie fällen.

Auch bei der Selektionsaufgabe (s. Abbildung 72) gibt es mehrere Arbeiten, die nahelegen, dass die Vpn das Problem anders auffassen als von den Experimentatoren intendiert. Der Ansatz von Evans und Over (1996) (s. S. 141) wurde bereits erwähnt.

Die Aufgabe lautet: Welche Karten müssen umgedreht werden, um folgende Regel zu überprüfen: „Wenn auf der einen Seite ein Selbstlaut steht, dann befindet sich auf der anderen Seite eine gerade Zahl."

Abbildung 72: Die Selektionsaufgabe.

Die üblicherweise als (normativ) richtig bezeichnete Anwort lautet „E" und „7" (s. S. 96). Wie erwähnt kann die Mehrheit der Vpn die Aufgabe bei entsprechender inhaltlicher Einkleidung lösen (s. die erwähnte Studie von Griggs und Cox, 1982). Stand für Griggs und Cox vor allem die Vertrautheit mit dem Material im Vordergrund, hängen nach Gigerenzer und Hug (1992) die Antworten bei inhaltlicher Einkleidung der Selektionsaufgabe davon ab, welche Perspektive eingenommen wird. Eine Reihe von Experimenten konnte den Perspektiveneffekt belegen. Beispielsweise lautete die zu überprüfende Regel in einem Experiment: „Wenn die Gemeinde einen Zuschuss bezahlt, dann installiert der Hausbesitzer eine neue Heizung." Auf den vier Karten stand

„Zuschuss", „kein Zuschuss", „Heizung installiert", „Heizung nicht installiert". Beinhaltete die Instruktion das Gerücht, der Hausbesitzer betrüge, drehte die Mehrheit der Vpn die Karten „Zuschuss" und „Heizung nicht installiert" um. Dadurch konnte kontrolliert werden, ob die Zuschussempfänger auch wirklich eine neue Heizung installiert haben und ob diejenigen, die keine Heizung installiert haben, auch nicht zu Unrecht einen Zuschuss empfangen haben. Lautete hingegen das Gerücht, die Gemeinde betrüge, wurden mehrheitlich die Karten „kein Zuschuss" und „Heizung installiert" gewählt. Unter dieser Perspektive wollten die Vpn überprüfen, ob die Hausbesitzer, die keinen Zuschuss erhalten haben, auch keine Heizung installiert haben (in der Erwartung, einen Zuschuss zu bekommen) und ob die Hausbesitzer, die eine Heizung installiert hatten, auch einen Zuschuss erhalten haben. Der Perspektiveneffekt macht die Präferenz für eine Lösung, die logisch unsinnig ist, psychologisch verständlich. Es wird davon ausgegangen, dass wir im Laufe der Evolution Mechanismen entwickelt haben, um Betrüger zu entlarven (Cosmides & Tooby, 1996).

Lowe (1993) argumentiert, dass die nicht mit den normativen Erwartungen der Versuchsleiter übereinstimmenden Antworten eher auf ein mangelndes Verständnis auf Seiten der Experimentatoren hindeuten. So ist es innerhalb der Logik selbst umstritten, ob ein in natürlicher Sprache abgefasster konditionaler Schluss der Form „Wenn A dann B" überhaupt als „A impliziert B" aufgefasst werden darf. Vor diesem Hintergrund sollten die psychologischen Forscher eigentlich Verständnis für abweichende Interpretationen ihrer Probanden haben. Interpretieren die Vpn die Regel „Wenn auf der einen Seite ein Selbstlaut steht, dann befindet sich auf der anderen Seite eine gerade Zahl" zum Beispiel als bikonditional („wenn" wird in diesem Fall als „dann und nur dann, wenn" interpretiert, was in der Alltagssprache durchaus geläufig ist), dann ist die logisch korrekte Lösung, nur die Karten „E" und „4" umzudrehen.

Streng genommen kann die Regel „Wenn auf der einen Seite ein Selbstlaut steht, dann befindet sich auf der anderen Seite eine gerade Zahl" nur dann wahr sein, wenn für jede Karte gilt: „Wenn diese und nur diese Karte auf der einen Seite einen Selbstlaut hat, dann hat sie auf der anderen Seite eine gerade Zahl" (Lowe, 1993). Daraus folgt, dass genau genommen durch einen Blick auf die Karten „K" und „7" sofort erkannt werden kann, ob die Regel erfüllt ist. Warum drehen in diesem Fall die Vpn überhaupt eine Karte um? Möglicherweise aus Nachsicht gegenüber dem Versuchsleiter. Die Vpn könnten denken, dass die Regel offensichtlich nicht für alle Karten erfüllt ist, aber der Versuchsleiter dennoch will, dass die Regel für diejenigen Karten überprüft wird, für die sie prinzipiell gelten kann, und daher werden naheliegenderweise die Karten mit „E" und „4" umgedreht.

Auch der Hinweis der Forscher, dass die Vpn Schwierigkeiten haben, ihre Kartenwahl bei der Wason-Aufgabe zu rechtfertigen, lässt eigentlich nicht den Schluss zu, sie hätten irrational gehandelt, weil die verlangte Rechtfertigung auf der Metaebene angesiedelt ist, nämlich der des Denkens über das Denken.

Selbst kognitive Täuschungen, die unbestritten fehlerhaft sind, wie der Trugschluss des Spielers, wurden in den letzten Jahren im Einklang mit der Annahme menschlicher Rationalität versucht zu erklären. So weisen Farmer, Warren und Hahn (2017) darauf hin, dass es bei kurzen endlichen Serien tatsächlich viel unwahrscheinlicher ist, eine Münzwurfserie wie viermal Kopf „KKKK" als die Serie „KKKZ" zu beobachten. Wirft man eine Münze z. B. 20 Mal, dann wartet man im Schnitt viel länger auf die Sequenz „KKKK" als auf die Sequenz „KKKZ" und die Wahrscheinlichkeit, dass die Serie nicht kommt, ist für die Serie „KKKK" viel höher. Erst bei längeren Ereignissequenzen gleichen sich die Wahrscheinlichkeiten, innerhalb der Sequenz eine Serie wie „KKKK" oder „KKKZ" zu beobachten, wieder einander an.

Der Trugschluss des Spielers kommt aus Sicht von Farmer et al. (2017) deshalb zustande, weil die Spieler im Casino nur kurze endliche Serien beobachten und die Gedächtniskapazität limitiert ist, um den Überblick über alle Ereignisse zu behalten. Für diese kurzen Serien sind die Annahmen der Spieler zutreffend: „[…] seemingly biased beliefs about randomness are, in fact, correct and represent reflections of (experienced) environmental statistics" (Farmer et al., 2017, S. 65).[29]

Das heißt, selbst wenn man die Normen der Experten als richtig ansieht, ist doch sehr fraglich, ob deren Anwendung von den Vpn auch verlangt werden kann. Nach Stanovich und West (2000) antworten intelligentere Personen aber eher in Einklang mit der Expertennorm. Diesbezügliche deutliche Unterschiede berichten sie für die indikative Form der Selektionsaufgabe und für das Linda-Problem. Bei der deontischen Form der Selektionsaufgabe finden sich nur geringe Unterschiede.

Das pessimistische Lager hat in den letzten Jahren einige Zugeständnisse an die Optimisten gemacht. So erkennen die Pessimisten mittlerweile an, dass die Verwendung von Heuristiken oftmals adaptiv ist und nicht per se als irrational angesehen werden kann. Sie gehen aber nicht so weit, die normative Sicht auf die Rationalität ganz aufzugeben, sondern schlagen als Alternative zwei Systeme der Rationalität (s. Tabelle 17) vor (man spricht hier von *Dual-Process-Theorien*, s. die zwei erwähnten Rationalitäten nach Evans und Over, 1996). Eine Reihe von Autoren hat diesbezügliche Vorschläge gemacht, die letztlich alle auf der von Shiffrin und Schneider (1977) getroffenen Unterscheidung zwischen automatischen und kontrollierten Prozessen beruhen (z. B. Epstein, 1994; Evans & Over, 1996; Sloman, 2002).

---

29 Freilich wäre hier einzuwenden, dass die Spieler im Casino diese Limitationen überwinden könnten und realisieren müssten, dass die kurzen beobachteten Sequenzen in viel längere Serien eingebettet sind. Marks und Kammann (1980) haben das als Illusion der kurzen Serie bezeichnet.

Tabelle 17: Unterschiede zwischen zwei Systemen[30] der Rationalität (nach Stanovich & West, 2000).

System 1	System 2
assoziativ	regelbasiert
holistisch und intuitiv	analytisch
automatisch	kontrolliert
implizit	explizit
emotional	neutral
geringe Anforderungen an die kognitive Kapazität	hohe Anforderungen an das kognitive System
rasch	langsam
kontextabhängig	kontextunabhängig
soziale Intelligenz	analytische Intelligenz
Konversationsmaximen und die kulturelle Umgebung spielen eine Rolle	

Auch Kahneman (2003) skizziert in seiner Nobelpreisrede ein derartiges Zwei-Prozess-Modell. Er geht davon aus, dass das langsame, seriell verschaltete, kontrollierte, regelbasierte System 2 das schnelle, parallel verschaltete, automatische und assoziative System 1 überwacht. Aus Sicht von Kahneman und Frederick (2002) ist die Überwachung normalerweise aber recht lax. Dies illustrieren sie durch eine kleine Denkaufgabe: „Ein Schläger und ein Ball kosten zusammen 1,10 Dollar. Der Schläger kostet 1 Dollar mehr als der Ball. Wie viel kostet der Ball?"[31] Spontan antwortet fast jeder 10 Cent, da man 1,10 Dollar gut in 1 Dollar und 10 Cents aufteilen kann. In der Erhebung von Frederich (2003, zit. nach Kahneman, 2003) gaben 50 % der Studenten der Universität von Princeton und 56 % der Studenten der Universität von Michigan die falsche Antwort, die einem ohne große Anstrengung spontan über die Lippen kommt. Die falsche Antwort wird aus Sicht von Kahneman vom automatischen System 1 gegeben. Kahneman weist jedoch darauf hin, dass das automatische System auch für Höchstleistungen verantwortlich ist, z. B. bei Schachspielern, die in Blitzpartien intuitiv die richtigen Züge finden.

Stanovich und West (2000) betonen, dass in den allermeisten Fällen das System 1 ausreicht, um die alltäglichen Anforderungen zu bewältigen. Zumeist wäre das System 1 auch im Einklang mit den normativen Modellen der Logik und Wahrscheinlichkeitstheorie: „It must be stressed though that in the vast majority of mundane situations, the evolutionary rationality embodied in System 1 processes will *also* serve the goals of

30 Psychologen lieben seit altersher derartige Dichotomien. So findet man auch in der Differentiellen Psychologie sehr viele ähnliche Modelle, um Personen voneinander zu unterscheiden (die Ähnlichkeiten zu den Theorien der Feldabhängigkeit oder der Theorie des männlichen und weiblichen Gehirns sind offenkundig).

31 Die richtige Antwort ist natürlich 5 Cent, da 5 Cent und 1,05 Dollar die Summe von 1,10 Dollar ergibt.

normative rationality“ (Stanovich & West, 2000, S. 661). Dies trifft z. B. bei der deontischen Form der Selektionsaufgabe von Griggs und Cox (1982) zu. Bei anderen Aufgaben, wie beim Linda-Problem oder der indikativen Form der Selektionsaufgabe, wäre es letztlich eine Frage der Intelligenz, ob das System 2 die Antworttendenz von System 1 überstimmen könnte: „[...] for some individuals, System 2 processes [...] will have the requisite computational power (or a low enough threshold) to override the response primed by System 1“ (Stanovich & West, 2000, S. 660).

Aus Sicht von Stanovich und West (2000) ist die Frage der menschlichen Rationalität somit letztlich eine Frage der Intelligenz. Da zumindest manche Personen auch die schwierigen Aufgaben lösen können und diese Personen im Allgemeinen intelligenter sind, können die Normen nicht so falsch sein.

Dieser Behauptung entgegnet Funder (2000), dass man aus schwierigen, zumeist falsch gelösten Aufgaben bei Intelligenztests auch nicht auf die grundsätzliche Irrationalität des Menschen schließen könne:

> The presence of people – even a few people – who consistently do not miss Meliorist problems implies that what errors demonstrate is not some fundamental limitation on human rationality, but something akin to what the Educational Testing Service (ETS) demonstrates every time it writes a difficult SAT item. As far as I know, nobody has ever claimed that the existence of SAT items that most test-takers get wrong means that human cognition is systematically irrational. Yet this is precisely the kind of implication drawn by Meliorism every time it interprets the invention of a difficult problem as revealing a fundamental limitation on human thought. (Funder, 2000, S. 674)

2.5.5 Fazit

Viele der normativen Modelle zum Denken und Urteilen sind nicht der Alltagswelt angemessen. Und wenn Personen die falschen Antworten bei richtigen normativen Modellen nicht finden, dann liegt das daran, dass sie das Problem a) anders verstehen oder b) nicht die benötigten Ressourcen (Zeit, kognitive Kapazität) haben, um das Problem wie gefordert zu lösen. Beides kann ihnen nicht zum Vorwurf gemacht werden, sodass m. E. in keinem Fall von menschlicher Irrationalität auszugehen ist. Der Nachweis systematischer menschlicher Irrationalität ist letztlich nicht gelungen: „The attention-grabbing notion that the human mind is afflicted by ‚systematic irrationality‘ was fun while it lasted, but is gone with the wind“ (Funder, 2000, S. 674). Menschen machen Fehler, aber dennoch kommt ihnen prinzipiell Vernunft zu.

3 Volition und Willensfreiheit

3.1 Definitionen

Wenn man einen Vorsatz fasst, z. B. mehr Sport zu treiben oder mit dem Rauchen aufzuhören, dann ist es nicht so leicht, diesen Vorsatz auch in die Tat umzusetzen. Man braucht dafür Willenskraft. In der Psychologie wird der umgangssprachliche Begriff Willenskraft eigentlich nicht verwendet, stattdessen spricht man von *Volition*, wenn es um die Prozesse der Verwirklichung von Zielen geht (Becker-Carus & Wendt, 2017). Volition bezeichnet die bewusste, willentlich intendierte (d. h. beabsichtigte) Umsetzung von Zielen. In jüngster Zeit ist es aber umstritten, ob wir Menschen überhaupt selbst entscheiden können, was wir wollen, oder ob wir nicht vielmehr ein „Spielball" unserer neuronalen Verschaltung sind. Gibt es so etwas wie einen freien Willen oder sind wir eigentlich determiniert, so und nicht anders zu handeln? Das heftig und kontrovers diskutierte Thema *Willensfreiheit* soll hier am Ende dieses Einführungsbuches behandelt werden.

Die Frage nach der Freiheit des Willens ist eine jener Fragen, die die Menschheit seit ihrem Anbeginn beschäftigen. Philosophen waren und sind sich nicht einig darüber, ob der Mensch über Willensfreiheit verfügt. Neu ist, dass innerhalb des Fachgebiets der Psychologie, insbesondere von Seiten der Neuropsychologie, versucht wird, eine Antwort auf diese Frage zu geben, die bisher nur innerhalb der Philosophie behandelt wurde. So konstatiert der Neurowissenschaftler Markowitsch in seinem Aufsatz „Warum wir keinen freien Willen haben": „Unbestreitbar haben in den letzten Jahren neurowissenschaftliche Denker[32] denen der Philosophie oder der phänomenologisch ausgerichteten Psychologie zunehmend Konkurrenz gemacht" (Markowitsch, 2004, S. 163).

Ähnlich optimistisch äußerte sich 2004 eine Gruppe von Neurowissenschaftlern zu den Möglichkeiten der Hirnforschung:

> In absehbarer Zeit, also den nächsten 20 bis 30 Jahren, wird die Hirnforschung den Zusammenhang zwischen neuroelektrischen und neurochemischen Prozessen einerseits und perzeptiven, kognitiven, psychischen und motorischen Leistungen andererseits soweit erklären können, dass Voraussagen über diese Zusammenhänge in beiden Richtungen mit einem hohen Wahrscheinlichkeitsgrad möglich sind. Dies bedeutet, dass man widerspruchsfrei Geist, Bewusstsein, Gefühle, Willensakte und Handlungsfreiheit als natürliche Vorgänge ansehen

[32] Diese Selbstzuschreibung strotzt vor Selbstbewusstsein, entbehrt aber nicht einer gewissen Komik, da Markowitsch im selben Aufsatz zum Thema der Willensfreiheit die Ansicht vertritt, solche Äußerungen vollkommen determiniert getroffen zu haben: „nicht ‚frei' […], sondern auf der Basis [s]eines Körpers, [s]einer genetischen Ausstattung und der Information (Außeneinwirkungen und physiologisch determinierte Denkprozesse), die in [s]einem Hirn Spuren hinterlassen hat" (Markowitsch, 2004, S. 164). Aber können Automaten denken?

> wird […]. Dann lassen sich auch die schweren Fragen der Erkenntnistheorie angehen: nach dem Bewusstsein, der Ich-Erfahrung und dem Verhältnis von erkennendem und zu erkennendem Objekt. Denn in diesem zukünftigen Moment schickt sich das Gehirn ernsthaft an, sich selbst zu erkennen.[33] (Elger et al., 2004, S. 37)

Keil weist darauf hin, dass „Hirnforscher dem Thema Willensfreiheit ein Maß an öffentlicher Aufmerksamkeit verschafft [haben], das die Philosophie als traditionelle Sachwalterin dieses Themas nicht zuwege gebracht hätte. Der Preis dafür war allerdings hoch" (Keil, 2009, S. 3). So sei der Respekt vor den philosophischen Schwierigkeiten des Themas weitgehend verloren gegangen, „Wortführer der Debatte haben sich nicht genügend mit den begrifflichen und theoretischen Schwierigkeiten des Freiheitsproblems beschäftigt und unterschätzen die Schwierigkeiten deshalb" (ebd.).

Lässt sich von der neurowissenschaftlichen Ebene aus nunmehr die Frage der Willensfreiheit beantworten oder ist das prinzipiell nicht möglich? Im Folgenden soll skizziert werden, wie die Neurowissenschaften versuchen, die Frage der Willensfreiheit von ihrer Forschungsrichtung her zu untersuchen. Zunächst ist jedoch zu fragen, was eigentlich unter Willensfreiheit zu verstehen ist.

Willensfreiheit ist dann gegeben, wenn ein Mensch frei entscheiden und handeln kann. Manchmal wird zwischen Handlungs- und Willensfreiheit differenziert. Unter Handlungsfreiheit versteht man die Freiheit zu tun, was man will. Dementsprechend ließe sich auf die Willensfreiheit übertragen, dass man auch wollen kann, was man will. „Dies würde bedeuten, dass man auch etwas anderes wollen kann, als man tatsächlich will" (Keil, 2009, S. 26). Gegen eine solche Auffassung hat sich schon Schopenhauer gewandt: „Du kannst *thun* was du *willst*: aber du kannst, in jedem gegebenen Augenblick deines Lebens, nur Ein Bestimmtes *wollen* und schlechterdings nichts Anderes, als dieses Eine" (Schopenhauer, 1838/1978, S. 59).

---

[33] Aus heutiger Sicht sind die Ankündigungen wohl zu optimistisch gewesen: „Der kognitiven Neurowissenschaft gelingt es heute um keinen Deut besser als vor hundert Jahren, den qualitativen Unterschied zwischen mentalen und physischen Phänomenen einzuebnen. *Es gelingt ihr noch nicht einmal methodologisch*. Mehr als bestimmte Korrelationen zwischen physischen und psychischen Phänomenen kann sie nicht nachweisen, und alle Methoden von der Psychophysik über die Geschichten vom beschädigten Gehirn bis hin zu den bildgebenden Verfahren im weitesten Sinn erbringen nicht mehr als ein loses kausales Bedingungsgefüge der Zusammenhänge zwischen Gehirn und Geist. Alle experimentellen Methoden, die mehr leisten wollen, scheitern am Abgrund, der nach wie vor zwischen unserem subjektiven Erleben und den objektiven Dingen und Geschehnissen der Außenwelt klafft. Und sie scheitern *nicht erst* am Unterschied von Innen- und Außenperspektive. Sie scheitern schon daran, dass es die experimentelle Methode nicht schafft, mentale Phänomene so gut zu isolieren, in Komponenten zu zergliedern und auf kausal relevante Faktoren hin zu untersuchen, wie es ihr bei den physischen Phänomenen gelingt. *Die Zusammensetzung mentaler Phänomene ist nicht experimentell objektivierbar. Die kausal relevanten Faktoren, unter denen sie stehen, sind es deshalb auch nicht*" (Falkenburg, 2012, S. 355). Eine kritische Neurowissenschaft hätte u. a. die Aufgabe, die Möglichkeiten, Probleme und Grenzen der Neurowissenschaft realistischer einzuschätzen (s. Slaby & Choudhury, 2018).

Keil (2009; 2017) möchte daher der Willensfreiheit einen anderen Sinn geben, da niemand seine gegenwärtigen Wünsche und Neigungen anders sein lassen kann, als sie sind. Vielmehr sollte es bei der Willensfreiheit

> um die Frage gehen, was mit diesen vorfindlichen Einstellungen weiter geschieht, insbesondere darum, ob und in welcher Weise sie handlungswirksam werden. Wie werden aus den Wünschen und Neigungen, die wir in uns vorfinden, Entscheidungen und Handlungen? Setzen sich Wünsche gleichsam automatisch in Handlungen um, oder haben wir die Möglichkeit, innezuhalten, sie zu prüfen und uns gegebenenfalls von ihnen zu distanzieren? Entscheiden *wir* uns, bilden *wir* aus dunklen Ursprüngen eine handlungswirksame Absicht, oder stoßen uns Absichten und Entscheidungen einfach zu, so wie die ersten Neigungen uns zustoßen? (Keil, 2009, S. 27)

Wenn es nicht um das Vermögen geht, seine ersten Neigungen zu wählen, sondern darum, was mit diesen Neigungen weiter geschieht, erscheint der Vorschlag plausibel, die *Bildung des Willens* als dasjenige anzusehen, was im Falle der Willensfreiheit „frei" genannt wird (Keil, 2009, S. 27). Für Keil handelt es sich dabei um eine Fähigkeit zur hindernisüberwindenden Willensbildung. Natürlich gibt es Umstände, die die Willensbildung unmöglich machen oder die Fähigkeit selbst beeinträchtigen. „Im Einzelfall, beispielsweise bei einem psychisch gestörten Sexualstraftäter, muss die schwierige Frage entschieden werden, ob die Person ihren Dispositionen nicht widerstehen *konnte* oder nicht widerstehen *wollte*. Nur im ersten Fall war ihre *Fähigkeit* zur vernünftigen Willensbildung verloren" (Keil, 2009, S. 29).

Es lassen sich folgende Bedingungen für eine freie Entscheidung formulieren:

(1) die Fähigkeit, gegenüber äußeren Determinanten autonom über die eigenen Willensakte zu verfügen (*Autonomieprinzip*);
(2) die Handlung bzw. Entscheidung kann kausal auf das Subjekt zurückgeführt werden (*Urheberprinzip*);
(3) die vorhandene Möglichkeit, die Handlung auch unterlassen zu können (*Deliberationsprinzip*);
(4) die Möglichkeit, unter identischen Umständen auch anders handeln zu können (*Prinzip der alternativen Möglichkeiten*);
(5) die Handlungen bzw. Entscheidungen können auf die Vernunft zurückgeführt werden (*Intelligibilitätsprinzip*).

Auf den ersten Blick erscheinen alle Bedingungen plausibel. Erstens wird niemand eine Handlung, die durch Drohungen oder Gewaltmaßnahmen erzwungen wurde, frei nennen. Es muss zweitens auch ersichtlich sein, dass der Willensakt selbst auf die Person zurückgeführt werden kann und nicht z. B. auf andere Personen, die die Vormundschaft über die Person übernommen haben. Drittens wird man nur dann von einer freien Handlung sprechen, wenn man sich auch gegen die Handlung hätte entscheiden können und sich viertens sogar in genau derselben Situation anders hätte verhalten können. Fünftens schließlich wird man eine Handlung nur sehr eingeschränkt für frei halten können, wenn klar ersichtlich ist, dass hier im Affekt oder unter Drogeneinfluss gehandelt wurde oder Zwangshandlungen erfolgten u. Ä.

Die gegenwärtigen Neurowissenschaften stellen alle fünf Bedingungen der Freiheit prinzipiell in Abrede. Zum einen wird dabei auf experimentelle Befunde verwiesen (s. Kap. 3.2), zum anderen wird unabhängig von den experimentellen Befunden der Determinismus in die Argumentation eingebracht (s. Kap. 3.3).

3.2 Experimentelle Befunde zur Willensfreiheit

Walde (2006) nennt drei kognitionswissenschaftliche Herausforderungen, die die Annahme der Willensfreiheit infrage stellen: 1. die unbewusste Initiierung intentionaler Handlungen, 2. subliminale Reize als Determinanten kontrollierter Handlungen und 3. Fehlzuschreibungen der Urheberschaft.

3.2.1 Die unbewusste Initiierung intentionaler Handlungen

In einer Serie von mittlerweile berühmten Experimenten wies Benjamin Libet (Libet et al., 1983; 1985) seine Vpn an, beim Verspüren eines spontanen Dranges zu einem beliebigen Zeitpunkt den Finger oder das Handgelenk zu bewegen. Gleichzeitig beobachteten sie einen rotierenden Uhrzeiger (auf einem Oszilloskop rotierte ein Lichtfleck, der ein Ziffernblatt in 2,56 Sekunden einmal umrundete; die angegebenen Einheiten auf dem Ziffernblatt umfassten 43 Millisekunden), um den Zeitpunkt angeben zu können, zu dem sie den Impuls zur Fingerbewegung empfunden hatten. Es stellte sich heraus, dass das am Gehirn gemessene Bereitschaftspotenzial im Schnitt (gemittelt über 40 Versuche) einige hundert Millisekunden vor dem bewusst empfundenen Wunsch, den Finger zu bewegen, auftrat (s. Abbildung 73).

Bei diesem Bereitschaftspotenzial handelt es sich um eine negative Potenzialverschiebung im EEG, die vor Willkürbewegungen auftritt und erstmals von Kornhuber und Deecke (1965) beschrieben wurde. Bei dem Experiment von Libet gab es also drei Zeitpunkte: Zum Zeitpunkt t_1 beginnt das Bereitschaftspotenzial, zum Zeitpunkt t_2 verspürten die Vpn den frühesten Drang, den Finger zu bewegen („the earlist occurence of the awareness of wanting to perform a given self-initiated movement"), und zum Zeitpunkt t_3 kontrahierten die Muskeln und der Finger bewegte sich. Wenn die Vpn die Fingerbewegung nicht schon zuvor geplant hatten, trat das Bereitschaftspotenzial im Mittel 500 ms vor der Bewegung auf (t_1). Von den Vpn wurde angegeben, dass sie

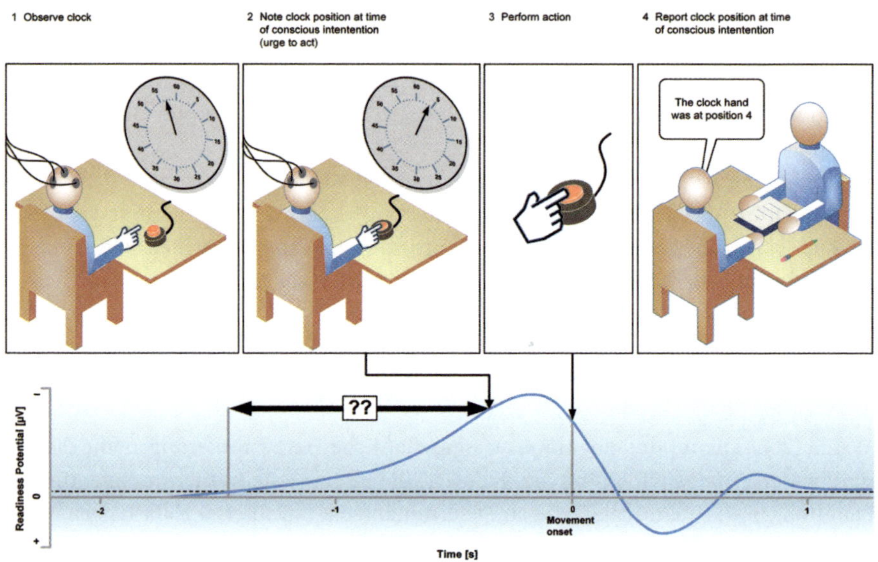

Abbildung 73: Der Ablauf des Libet-Experiments (modifiziert nach Haggard, 2008).

den bewussten Drang ca. 200 ms vor der Kontraktion (t_2) verspürt hatten (s. Abbildung 74). Selbst wenn man eine gewisse Verzögerung beim Datieren des bewussten Impulses berücksichtigt,[34] wird der bewusste Impuls erst nach dem Bereitschaftspotenzial registriert:

> What we found, in short, was that the brain exhibited an initiating process beginning 550 msec before the freely voluntary act; but awareness of the conscious will to perform the act appeared only 150–200 msec before the act. The voluntary process is therefore initiated unconsciously, some 400 msec before the subject becomes aware of her will or intention to perform the act. (Libet, 2004a, S. 123–124)

[34] Um den Fehler der Verzögerung beim Datieren zu kontrollieren, gab es eine Kontrollbedingung, bei der die Vpn an der Haut gereizt wurden und ebenfalls den Zeitpunkt der Reizung bekanntgeben sollten. Aus der Kenntnis des tatsächlichen Zeitpunktes konnte eine durchschnittliche Verzögerung von ca. 50 ms bis zur Datierung der Vpn errechnet werden.

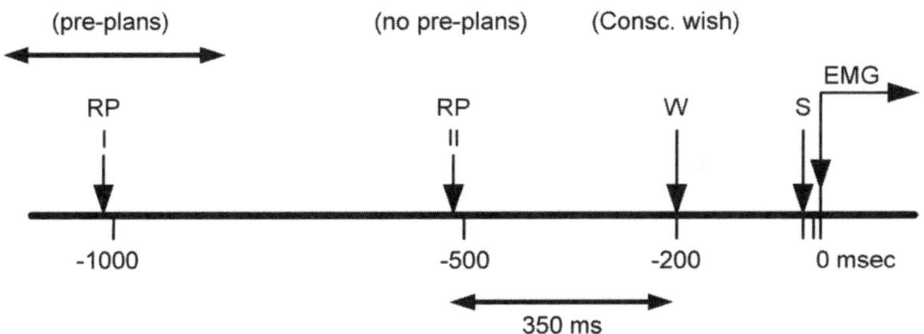

Abbildung 74: Ergebnisse des Experiments von Libet (1999).

In den Experimenten von Haggard und Eimer (1999) sollten die Vpn in einem frei gewählten Zeitraum innerhalb von drei Sekunden selbst entscheiden, ob sie die rechte oder linke Taste drücken. Bei ihnen trat das Bereitschaftspotenzial[35] im Durchschnitt ebenfalls 350 ms vor dem Zeitpunkt, zu dem die Vpn die Absicht verspürten, eine Taste zu drücken, auf.

In dem Artikel von Soon et al. (2008) wird argumentiert, dass das Gehirn eine Entscheidung sogar bis zu zehn Sekunden vor der Handlung initiiert. In ihrem Experiment sollten die Vpn mit dem rechten oder linken Zeigefinger eine Taste drücken. Währenddessen waren sukzessive Buchstaben am Bildschirm zu sehen, sodass der Zeitpunkt der Willensbildung genau bestimmt werden konnte, indem die Vpn nach der gefallenen Entscheidung den Buchstaben auswählten, der während ihres Entschlusses am Bildschirm zu sehen war.

Aus der mittels Magnetresonanztomographie festgestellten Aktivität des präfrontalen und parietalen Kortex im Gehirn ihrer Vpn konnten Soon et al. (2008) mit einer Genauigkeit von 60 % (gegenüber einer Zufallstrefferquote von 50 % vorhersagen), welcher Zeigefinger den Tastendruck ausübte.

Viele Autoren zogen aus den Libet- und Nachfolge-Studien den Schluss, dass die Annahme der Willensfreiheit illusionär wäre:

> Das Bereitschaftspotential setzt 350 ms vor der bewussten Intention ein (und diese wiederum geht der Reaktion selbst um ca. 200 ms voraus). Danach scheint es – um es paradox zu formulieren –, als sei die Handlungsentscheidung längst gefallen, wenn die bewusste Intention ausgebildet wird. Wenn das zutrifft, kann die Handlungsintention nicht die kausale Grundlage der Handlungsentscheidung sein. (Prinz, 1996, S. 99)

[35] Bei Libet war es das bilateralsymmetrische Bereitschaftspotenzial, bei Haggard und Eimer (1999) das lateralisierte Bereitschaftspotenzial, welches spezifischer ist.

Dieselbe Erkenntnis formuliert Wegner:

> The conclusion suggested by this research is that the experience of conscious will kicks in at some point *after* the brain has already started preparing for the action. [...] Clearly, free will or free choice of whether to *act now* could not be the initiating agent, contrary to one widely held view. (Wegner, 2002, S. 54)

Wegner (2003) zieht aus diesen und ähnlichen Ergebnissen den radikalen Schluss, dass unsere Handlungen nicht durch unsere Gedanken (Absichten zu handeln) hervorgebracht werden. Wir glaubten irrtümlicherweise, dass die Gedanken die Handlungen verursachen, weil sie (zufälligerweise!?[36]) zeitlich vor den Handlungen auftreten. In Wahrheit würden aber sowohl der Gedanke als auch die Handlung von separaten unbewussten neuronalen Prozessen verursacht (s. Abbildung 75). Bewusste Gedanken und Entscheidungen wären nach Wegner (2003) ein reines Epiphänomen und hätten selbst keine kausale Wirksamkeit (dazu kritisch Mele, 2018; Lavazza, 2019).

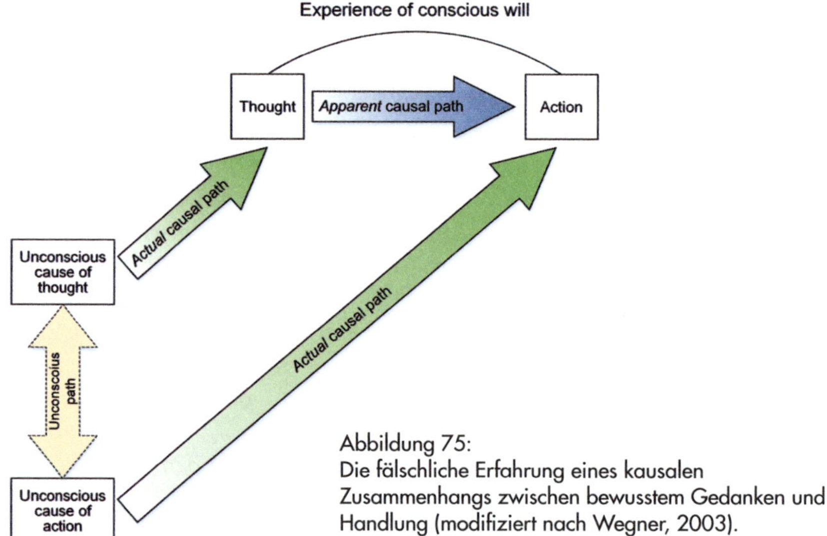

Abbildung 75:
Die fälschliche Erfahrung eines kausalen Zusammenhangs zwischen bewusstem Gedanken und Handlung (modifiziert nach Wegner, 2003).

Roth verabschiedet mit der Idee des freien Willens auch gleich die Idee des „Ichs“:

> Der Schluss aus solchen Untersuchungen (sofern sie korrekt durchgeführt und interpretiert wurden) lautet, dass die klassisch-philosophische wie auch alltagspsychologische Aussage „mein Arm und meine Hand haben nach der Kaffeetasse gegriffen, weil *ich* dies so gewollt

[36] Eine wahrlich seltsame Fügung scheint dies zu sein, dass die Absicht zufälligerweise immer vor der Handlung steht.

habe!" nicht richtig ist. Der Neurobiologe wird darauf hinweisen, dass der bewusste Willensakt gar nicht der Verursacher der genannten Bewegung sein könne, weil diese Bewegung bereits vorher durch neuronale Prozesse festgelegt, das heißt kausal verursacht sei. [...] Entsprechend müsse in der Tat die korrekte Formulierung lauten ‚Nicht mein bewusster Willensakt, sondern mein Gehirn hat entschieden!'[37] (Roth, 2007, S. 31)

Dem Cartoon-Zeichner Scott Adams sind die paradoxen Konsequenzen dieser Deutung besser bewusst als den Neurowissenschaftlern selbst (s. Abbildung 76).

Abbildung 76: Dilbert-Cartoon (1992). DILBERT © 1992 Scott Adams.

Libet selbst zog aus seinen Studien keine so skeptischen Folgerungen in Bezug auf die Willensfreiheit:

Meine Schlussfolgerung zur Willensfreiheit, die wirklich frei im Sinne der Nicht-Determiniertheit ist, besteht dann darin, dass die Existenz des freien Willens zumindest eine genauso gute, wenn nicht bessere wissenschaftliche Option ist als ihre Leugnung durch die deterministische Theorie. Die spekulative Natur von sowohl deterministischen als auch indeterministischen Theorien vorausgesetzt, warum sollten wir nicht die Sichtweise annehmen, dass wir einen freien Willen haben (bis wirklich widersprechende Belege auftauchen, wenn es überhaupt jemals dazu kommen sollte)? Eine solche Sichtweise würde uns zumindest gestatten, auf eine Weise vorzugehen, die unser eigenes tiefes Gefühl akzeptiert und sich ihm anpasst, nämlich dass wir einen freien

[37] In dem Zitat offenbart sich der mereologische Fehlschluss, unter dem man den Irrtum versteht, Teilen von Ganzheiten deren Fähigkeiten oder Attribute zuzuschreiben. Im Falle der Neurowissenschaften handelt es sich um die Zuschreibung psychologischer Attribute zum Gehirn (Bennett & Hacker, 2010). Dieser Fehler ist seit Aristoteles bekannt und wurde von Wittgenstein so formuliert: „[M]an könne nur vom lebenden Menschen, und was ihm ähnlich ist (sich ähnlich benimmt) sagen, es habe Empfindungen; es sähe; sei blind; höre; sei taub; sei bei Bewusstsein, oder bewusstlos" (Wittgenstein, 1982, § 281). Der mereologische Fehlschluss wird auch als Homunkulus-Fehlschluss bezeichnet (Keil, 2003), da ein Homunkulus (kleiner Mensch) im Menschen postuliert wird, der

Willen haben. Wir bräuchten uns nicht als Maschinen zu verstehen, die auf eine Weise handeln, die völlig von den bekannten physikalischen Gesetzen beherrscht wird. (Libet, 2004b, S. 287)

3.2.2 Kritik an den aus den Libet-Experimenten gezogenen Schlussfolgerungen

Sind die weitreichenden Schlussfolgerungen auf Grund der Libet- und Nachfolge-Experimente überhaupt gerechtfertigt? Schon Libet (Libet, 1999) wies darauf hin, dass einige Vpn, nachdem sie den Drang verspürt hatten, die Bewegung unterdrückten. In dem Fall wurde keine Fingerbewegung registriert und Libet folgerte daraus, dass man ein bewusstes Veto gegen einen Entschluss zu handeln einlegen könne. Libet, Gleason, Wright und Pearl (1983) berichten auch von einem Experiment, bei dem die Teilnehmer die Veto-Möglichkeit nutzten und dennoch ein Bereitschaftspotenzial messbar war. Viele Kommentatoren sind allerdings skeptisch gegenüber dieser Veto-Möglichkeit bzw. glauben, dass auch die Veto-Möglichkeit unbewusst durch das Gehirn determiniert ist (Spence, 1996; Mele, 2008).

Die INUS-Bedingung als Voraussetzung für eine Ursache-Wirkungs-Beziehung

Radder und Meynen (2012) unterziehen das Libet-Experiment einer sorgfältigen philosophischen Kritik. Ausgangspunkt ist der zeitliche Ablauf der drei Ereignisse Bereitschaftspotenzial (t1), Bewusstsein (t2) und Fingerbewegung (t3) sowie das Postulat, dass $t1 < t2 < t3$. Die bloße zeitliche Reihenfolge der Ereignisse reicht aber nicht, um die Möglichkeit der Initiierung einer freien Handlung auszuschließen. Lässt sich die starke Behauptung rechtfertigen, dass das Bereitschaftspotenzial zu *t1* auch die Ursache des Bewusstseins zu *t2* und der Fingerbewegung zu *t3* ist?

In der Philosophie wird oft die sogenannte INUS-Bedingung als Voraussetzung für das Vorliegen einer Ursache-Wirkungs-Beziehung genannt. INUS steht für „Insufficient, Non-redundant part of an Unnecessary but Sufficient condition". Betrachten wir zur Veranschaulichung das Beispiel eines elektrischen Kurzschlusses in einem Haus, der dazu geführt hat, dass das Haus abgebrannt ist. Der Kurzschluss alleine reicht noch nicht dafür aus, dass das Haus abbrennt, es muss eine weitere Bedingung dazukommen (z. B. brennbare Materialien in der Umgebung, eine defekte Sicherungsanlage). Der Kurzschluss ist somit eine *unzureichende* Ursache für den Brand (insufficient cause), er ist aber *nicht redundant* (also nicht überflüssig, denn ohne Kurzschluss hätte die de-

die Leistungen erbringt, die wir rechtmäßig eigentlich nur ganzen Menschen zuschreiben können: „Von menschlichen Wesen, nicht aber von ihren Gehirnen, kann man sagen, dass sie etwas sehen, hören, riechen und schmecken; von Menschen, nicht aber von Gehirnen, kann man sagen, dass sie Entscheidungen treffen oder unentschlossen sind" (Bennett & Hacker, 2010, S. 94).

fekte Sicherungsanlage keinen Brand ausgelöst). Da es viele andere Ursachen für einen Hausbrand geben kann (Defekt in der Gasleitung, Brandanschlag), ist der Kurzschluss *keine notwendige* Bedingung dafür, dass das Haus brennt. Im Zusammenhang mit anderen Bedingungen reicht der Kurzschluss aber für die Entstehung des Brandes, er ist folglich eine *hinreichende* Bedingung. Der Kurzschluss stellt somit tatsächlich dann die Ursache des Brandes dar, wenn die INUS-Bedingung erfüllt ist, er also in Zusammenhang mit anderen Faktoren ausreicht, um den Brand auszulösen.

Wie schaut es aus, wenn wir die INUS-Bedingung auf die Libet-Experimente anwenden? Ist das Bereitschaftspotenzial in Zusammenhang mit (möglicherweise vorliegenden) anderen Ereignissen im Gehirn hinreichend dafür, dass das Bewusstsein über die Entscheidung zu einem bestimmten Zeitpunkt nach dem Bereitschaftspotenzial und nicht schon davor oder noch später auftritt? Radder und Meynen verneinen das: „[…] the experimental results do not explain why, in a particular trial, the conscious will occured at specific time *t2*, rather than somewhat earlier or later“ (Rader & Meynen, 2012, S. 9). Wir wissen auch nicht, ob das Bereitschaftspotenzial nicht überhaupt überflüssig dafür ist, dass die Bereitschaft zur Handlung bewusst wird, weil es möglicherweise andere neurophysiologische Faktoren gibt, die zusammen mit dem Bereitschaftspotenzial auftreten, aber für sich genommen hinreichend für das Auftreten des Bewusstseins sind. Wenn also die INUS-Bedingung erfüllt sein muss, um von einer Ursache-Wirkungs-Beziehung zu reden, dann ist das für das Bereitschaftspotenzial als Ursache des Bewusstseins nicht der Fall. Gleichermaßen gilt, dass die Libet-Experimente nicht zeigen können, dass das Bereitschaftspotenzial die eigentliche Handlung initiiert, dass es also eine hinreichende Ursache für die nachfolgende Handlung ist. Und die Experimente zeigen auch nicht, warum das Bewusstsein überhaupt vor der Handlung auftritt (aus Sicht der Neurowissenschaft tritt es ja bereits nach der Initiierung der Handlung auf). Eigentlich würde es nicht benötigt, wenn es nicht die Handlung verursachen kann.

Eine schwächere Annahme würde besagen, dass das Bereitschaftspotenzial vielleicht keine hinreichende Bedingung, sondern eine notwendige Bedingung für das Bewusstsein und die nachfolgende Handlung darstellt. Aber auch diese Behauptung lässt sich bei genauerer Prüfung nicht aufrechterhalten. Prinzipiell sind ja viele notwendige Ursachen für das Bewusstsein der Initiierung einer Handlung denkbar, wie z. B. dass genug Sauerstoff im Gehirn vorhanden ist. Und obwohl hinsichtlich des Sauerstoffs im Gehirn zu argumentieren ist, dass er notwendig für das Bewusstwerden der Initiierung einer Handlung ist, gelingt das beim Bereitschaftspotenzial nicht. Selbst wenn gezeigt werden könnte, dass das Bereitschaftspotenzial notwendigerweise dem Bewusstsein vorangeht, heißt das noch nicht, dass auch der Zeitpunkt des Bewusstwerdens dadurch festgelegt ist. Das Starten eines Programmes wie Youtube ist z. B. eine notwendige Bedingung dafür, dass ein im Internet hochgeladenes Musikvideo am Computer angesehen werden kann. Das Starten von Youtube ist insofern eine notwendige Bedingung für das Betrachten des Videos, aber der Zeitpunkt des Betrachtens ist damit überhaupt nicht festgelegt, man kann das Video sofort betrachten, erst nach Stunden oder auch überhaupt nicht (Radder & Meynen, 2012). Youtube initiiert also z. B. nicht das Abspielen des ABBA-Hits „Waterloo" zu einem bestimmten Zeitpunkt, sondern ermöglicht das Hören und Sehen dieses oder jedes x-beliebigen anderen verfügbaren Videos zu einem beliebigen Zeitpunkt. Die Willensfreiheit wird dadurch überhaupt nicht eingeschränkt. In Analogie dazu ist nicht ersichtlich, wieso das Bereitschaftspotenzial das Bewusstwerden der Handlung und die Handlung selbst zu einem bestimmten Zeitpunkt erzwingen soll: „[…] *if* the readiness potential could be interpreted as a necessary condition, a natural interpretation would be to see it as enabling, rather than initiating, a variety of freely willed actions at a variety of freely willed times" (Radder & Meynen, 2012, S. 11).

Trevena und Miller (2010) führten ein Experiment durch, um zu überprüfen, ob auf jedes individuelle Bereitschaftspotenzial eine motorische Handlung folgt. Dabei sollten die 19 Vpn mit dem Zeigefinger der linken oder rechten Hand eine Taste drücken, wenn sie einen Ton hörten. In einer Bedingung sollten sie bei jedem Durchgang nach dem Hören des Tons die Taste drücken (*Always-move-Bedingung*), in einer zweiten Bedingung nur manchmal (*Sometimes-move-Bedingung*). Die Vpn wurden aufgefordert, ihre Entscheidung zurückzuhalten, bis sie den Ton hörten. Die Ergebnisse: Im EEG zeigte sich bereits eine Sekunde vor dem Ton eine elektronegative Aktivierung. Diese unterschied sich in den Durchgängen, in denen die Vpn eine Taste drückten, allerdings nicht von den Durchgängen, in denen sie sich gegen eine Bewegung entschieden: „Contrary to the hypotheses of unconscious control of movement, we found no evidence that either the EEG negativity or the LRP at or before a decision of whether to move (or which hand to move) predicts the outcome of that decision" (Trevana & Miller, 2010, S. 453). Trevana und Miller schlussfolgern, „that Libet's results do not provide evidence that voluntary movements are initiated unconsciously" (Trevana & Miller, 2010, S. 447).

Die Studie von Herrmann, Pauen, Byoung-Kyong, Busch und Rieger (2008) wies darauf hin, dass es das Bereitschaftspotenzial nicht nur bei Entscheidungssituationen gibt, sondern auch, wenn auf einen Reiz reagiert werden soll. Die Vpn mussten mit dem rechten Zeigefinger eine Taste drücken, wenn ein Quadrat zu sehen war, und mit dem linken Zeigefinger eine andere Taste, wenn ein anderes Objekt am Bildschirm erschien. Bereits vor der Reaktion der Vpn konnte ein Bereitschaftspotenzial registriert werden. Die Autoren schließen, dass es sich beim Bereitschaftspotenzial um eine unspezifische Reaktion in Erwartung einer motorischen Reaktion handelt und dass die Libet-Experimente damit keine Evidenz gegen die Freiheit des Willens lieferten.

In der Studie von Alexander et al. (2016) wurde das Libet-Paradigma etwas modifiziert. Die Vpn sollten sich zwischen vier am Bildschirm präsentierten Buchstaben entscheiden. Den Zeitpunkt der Entscheidung sollten sie sich anhand der Zeigerposition auf einer Uhr merken. In der Hälfte der Durchgänge sollten die Vpn eine Taste drücken, sobald sie sich entschieden hatten, oder nichts tun. Die Bereitschaftspotenziale zwischen den beiden Bedingungen unterschieden sich nicht bis zur Initiierung der Bewegung (da kam ein motorischer Anteil zum Bereitschaftspotenzial hinzu). Durch diese Ergebnisse kann die These, dass das Bereitschaftspotenzial unweigerlich eine bestimmte motorische Handlung determiniert, als widerlegt gelten. Die Ergebnisse stehen aber dennoch im Einklang mit der These, dass die Entscheidung (als mentale Handlung) durch das Bereitschaftspotenzial determiniert wird.

Ganz klar gegen die Annahme, dass das Bereitschaftspotenzial die Handlung „erzwingt", sprechen die Ergebnisse der Studie von Schultze-Kraft et al. (2016; s. dazu auch Uithol & Schurger, 2016). Die Vpn sollten mit dem rechten Fuß eine Taste am Boden drücken, wenn sie am Bildschirm ein grünes Licht sahen. Online wurde in Echtzeit das Bereitschaftspotenzial errechnet. Wenn der Computer ein Bereitschaftspotenzial festgestellt hatte, dann sah die Vp ein rotes Licht am Bildschirm und sollte daraufhin den Tastendruck abstoppen. Führte die Vp den Tastendruck dennoch aus, hatte der Computer das Duell gewonnen und den Tastendruck aus dem Bereitschaftspotenzial korrekt vorhergesagt. Es stellte sich aber heraus, dass die Vpn noch auf das Stoppsignal reagieren konnten, wenn es mehr als 200 Millisekunden vor dem Beginn der Bewegung aufschien. Die von Libet postulierte Veto-Möglichkeit scheint es also zu geben: „Our data suggest that subjects can still veto a movement even after the onset of the RP. Cancellation of movements was possible if stop signals occurred earlier than 200 ms before movement onset, thus constituting a point of no return" (Schultze-Kraft et al., 2016, S. 1080). Dieses Ergebnis steht auch im Einklang mit der Alltagserfahrung, dass man sich im letzten Moment noch umbesinnen und eine intendierte Bewegung noch abbrechen kann. Von Determination kann dann aber keine Rede mehr sein.

Schurger (Schurger, Sitt & Dehaene, 2012; Schurger, Mylopoulos & Rosenthal, 2016; s. dazu auch Uithol & Schurger, 2016) kritisiert die Ansicht, dass der Zeitpunkt des Beginns des Bereitschaftspotenzials mit dem Zeitpunkt der (unbewussten) Entscheidung gleichgesetzt wird, und plädiert für eine völlig neue Sichtweise: „The main new revelation is that the apparent build-up of this activity, up until about 200 ms pre-movement, may reflect the ebb and flow of background neuronal noise, rather than the outcome of a specific neural event corresponding to a ‚decision' to initiate movement" (Schurger et al., 2016, S. 77).

Seiner Ansicht nach gibt es im Gehirn permanent ein internes Hintergrundrauschen, d. h. eine fluktuierende neuronale Aktivität, die zufällig permanent zu- und abnimmt. Übersteigt die neuronale Aktivität eine bestimmte neuronale Schwelle, dann wird die Entscheidung zur Handlung gefällt und die Handlung ausgeführt. Der Zeitpunkt, zu dem die Vpn das erste Mal das Gefühl haben, die Handlung ausführen zu wollen, entspricht nach dieser Sichtweise also nicht dem Zeitpunkt, zu dem sich die Vpn über die unbewusst 100 Millisekunden davor gefällte Entscheidung bewusst werden, sondern entspricht dem Zeitpunkt, zu dem ein sich anbahnender Entscheidungsprozess die Entscheidungsschwelle überschritten hat und tatsächlich die Entscheidung zur Handlung gefällt wird. Da aber nicht jedes Hintergrundrauschen die Schwelle zur Entscheidung übersteigt, kann das Hintergrundrauschen nicht als „eigentliche" Entscheidung verstanden werden.

Bei den typischen Aufgaben der Libet-Experimente können die Vpn den Zeitpunkt, zu dem sie eine Bewegung ausführen wollen, frei wählen. Es gibt keinerlei Grund, einen bestimmten Zeitpunkt zu wählen. Es liegt nahe, dass bei einem solchen Experiment die Vpn die Entscheidung rein auf Basis interner Aktivierung eher dann treffen, wenn sich die fluktuierende neuronale Hintergrundaktivität gerade aufgebaut hat. Das bedeutet aber nicht, dass die neuronale Hintergrundaktivität die Entscheidung letztlich doch determiniert, sondern dass mangels anderer Gründe, sich jetzt für eine Bewegung zu entscheiden, sich die Vpn eher bei zufällig gerade hoher Hintergrundaktivität zu einer Bewegung entschließen.

Im Einklang mit seinem stochastischen Modell der späten Entscheidung („late decision model", die eigentliche Entscheidung erfolgt erst spät im Prozess des Aufbaus des Bereitschaftspotenzials) konnte Schurger zeigen, dass bei Versuchen im Rahmen des Libet-Paradigmas, bei denen die Vpn manchmal auf ein Klicken hin möglichst schnell die geforderte Bewegung ausführen sollten, diese die Bewegung rascher ausführten, wenn sich das Bereitschaftspotenzial gerade aufgebaut hatte (Versuche, bei denen die Vpn angaben, zufällig gerade den Entschluss zur Bewegung gefasst zu haben, wurden ausgeschieden). Bei einer derartigen Variation des klassischen Libet-Experiments (Schurger nennt diese Experimente „Libetus-interruptus-Aufgabe") kann das Bereitschaftspotenzial nicht als kausal determinierend für die Entscheidung angesehen werden, da diese ja noch nicht getroffen wurde (und es ist nicht sehr plausibel anzunehmen, dass das Gehirn „unbewusst" ahnt, dass jetzt gleich ein Klicken ertönen wird) und der Zeitpunkt des Klickens nicht vorhersehbar war: „Thus, the build-up of neuronal activity prior to initiating movement is not caused by an unconscious decision, it is part of the process leading up to the decision" (Schurger & Uithol, 2015).

Für Schurger umfasst das Bereitschaftspotenzial somit zwei Phasen: In der ersten Phase (in der noch keine Entscheidung gefällt wurde, weder bewusst noch neuronal, der „precommitment phase") ist nur eine fluktuierende – durch ein stochastisches Modell beschreibbare – neuronale Hintergrundaktivität vorhanden; in der zweiten Phase (ab ca. 200–150 ms vor der Handlung) wird die Bewegung ausgelöst („postcommitment motor-execution phase").

Die entscheidende Frage in dem Zusammenhang ist die nach dem Zeitpunkt der Entscheidung für eine Handlung. Nach der gängigen Erklärung von Libet fällt der Zeitpunkt des Fällens der Entscheidung mit dem Beginn der Entstehung des Bereitschaftspotenzials zusammen. Diese Sichtweise wurde allerdings schon frühzeitig vereinzelt kritisiert. So meinten Keller und Heckhausen (1990), dass die eigentliche Entscheidung am Beginn des Experiments gefällt wird, indem man bereit ist, sich der

Instruktion gemäß auf das Experiment einzulassen. Die neueren Resultate von Schurger integrierend, unterscheiden Brass, Furstenberg und Mele (2019) zwischen einer (von der Handlung) distalen (entfernten) und einer proximalen (nahen) Absicht (Intention), die Handlung auszuführen. Die distale Entscheidung wird gefällt, wenn man sich überhaupt auf ein Libet-Experiment einlässt. Die Vp entscheidet sich bewusst vor dem Experiment dafür, zu einem willkürlichen Zeitpunkt, zu dem sie den „Drang" verspürt, einen Finger oder das Handgelenk zu bewegen. Beim einzelnen Versuchsdurchgang reagiert die Vp auf das internale Signal der neuronalen Aktivierung. Das Überschreiten der kritischen Schwelle der neuronalen Aktivierung fällt dann mit der proximalen Intention (als unmittelbarer Absicht, jetzt die Bewegung zu vollziehen) zusammen.

Insgesamt spricht sogar die empirische Evidenz stark dagegen, die medial sehr weit verbreiteten Schlussfolgerungen Libets (im Gegensatz dazu wird die Kritik kaum rezipiert) zu belegen (s. dazu auch Klemm, 2010; Schlegel et al., 2013; Verbaarschot, Farquhar & Haselager, 2015). Abgesehen davon, dass nicht einmal geklärt ist, wofür das Bereitschaftspotenzial tatsächlich steht, ist die philosophische Tragweite der experimentellen Befunde nicht gegeben:

> Libet macht in seinem „Willensfreiheits"-Experiment den Fehler, mentale Impulse als experimentell isolierbar zu betrachten. Es lässt sich aber experimentell nicht überprüfen, was den „spontanen" Entschluss, die Hand zu bewegen, beeinflusst hat und was nicht. Deshalb bleibt unklar, *was* es kausal *genau* bedeutet, dass das Bereitschaftspotential eine halbe Sekunde vor dem erlebten Handlungsimpuls messbar ist. Jeder Schluss aus diesem experimentellen Ergebnis *pro* oder *contra* Existenz des freien Willens ist ein kausaler Fehlschluss. Ein Handlungsimpuls, der auf Anweisung des Versuchsleiters irgendwann „spontan" empfunden wird, ist *kein* isoliertes mentales Phänomen. Diesen mentalen Impuls und das davor gemessene Bereitschaftspotential nach dem Schema von Ursache und Wirkung zu deuten, wendet ein viel zu simples monokausales Schema auf ein komplexes, nicht-analysierbares Gefüge mentaler und physischer Bedingungen an. (Falkenburg, 2012, S. 356)

Die Debatte um die Reichweite der Libet-Experimente für die Frage nach der Willensfreiheit mitsamt ihren zahlreichen gesellschaftlichen Implikationen sollte m. E. die Wissenschaft und im Besonderen die aufstrebende Disziplin der Neurowissenschaft etwas mehr Bescheidenheit lehren. Der Preis für vorschnelle Schlussfolgerungen und medial weit verbreitete großspurige Stellungnahmen zu altehrwürdigen philosophischen Problemen, die man gelöst zu haben glaubt, ohne dass das der Fall ist, ist nämlich allzu oft eine zunehmende Wissenschaftsskepsis bzw. -feindlichkeit in der allgemeinen Öffentlichkeit.

3.2.3 Subliminale Reize als Determinanten kontrollierter Handlungen

> Nicht nur Studien, die zeigen, dass willentliche Handlungen unbewusst bereits initiiert werden, bevor eine bewusste Entscheidung stattgefunden hat, stellen eine Herausforderung für die Willensfreiheit dar, sondern auch Studien, die zeigen, dass bewusst und willentlich gesteuerte Handlungen durch unbewusste Reize ausgelöst waren. (Walde, 2006, S. 100)

In der kognitiven Psychologie wird zwischen bewussten, kontrollierten Prozessen und unbewussten, automatischen Prozessen unterschieden (Shiffrin & Schneider, 1977; Schneider & Shiffrin, 1977). Viele Studien belegen den Einfluss von automatisch ablaufenden Prozessen, die ohne Beteiligung des Bewusstseins einen Einfluss auf Entscheidungen, Urteile und auch Handlungen haben. Posner und Snyder (1975) haben drei Kriterien zur Unterscheidung von automatischen und kontrollierten Prozessen vorgeschlagen: Automatische Prozesse werden durch Reize ausgelöst, sie laufen unbewusst ab und sie beanspruchen keinen hohen kognitiven Aufwand, während kontrollierte Prozesse bewusst sind, von unseren Intentionen (Absichten) abhängen und höhere kognitive Kapazitäten beanspruchen.

> Allerdings sollte man diese Unterscheidung nicht als strikte Dichotomie interpretieren, da die meisten Handlungen auf einer Interaktion automatischer und kontrollierter Prozesse beruhen. Zudem lässt sich nicht jeder Prozess eindeutig als automatisch oder kontrolliert klassifizieren, sondern ein Prozess kann in Bezug auf eines der Kriterien automatisch, aber in Bezug auf ein anderes Kriterium kontrolliert sein. (Goschke, 2008, S. 243)

Besonders intensiv hat sich die Gruppe um John Bargh im Kontext des Priming-Paradigmas[38] mit dem Einfluss unbewusster Prozesse beschäftigt. Zum Beispiel zeigte sich in der Studie von Bargh, Gollwitzer, Lee-Chai, Barndollar und Trötschel (2001), dass sich Personen, bei denen das Konzept „Hilfsbereitschaft" aktiviert wurde, anschließend in einem Gewinnspiel kooperativer verhielten.

In der Studie von Gollwitzer, Heckhausen und Steller (1990) hatte die Handlungsabsicht bei einer Aufgabe einen unbewussten Einfluss auf das weitere Handeln. Die Vpn der ersten Gruppe sollten sich mit dem Für und Wider verschiedener Lösungsansätze eines persönlichen Problems beschäftigen (in dieser Bedingung ging es darum, eine überlegende/abwägende Einstellung, ein *„mindset of deliberation"*, zu erzeugen). Eine zweite Gruppe sollte sich für einen einzigen Lösungsansatz entscheiden und sich überlegen, welche konkreten nächsten Schritte zur Umsetzung der Lösung sinnvoll sind (Einstellung der Umsetzung oder ein *„mindset of implementation"*). Anschließend wurden allen Vpn Anfänge von drei Märchen vorgelegt, die sie fortsetzen sollten, u. a.

[38] Unter Priming versteht man die Aktivierung eines Gedächtnisinhalts durch entsprechende Hinweisreize (wenn man das Wort „grün" hört, denkt man z. B. an eine Wiese oder Wald).

ein Märchen, in dem ein König, der in den Krieg ziehen muss, sich überlegt, wer auf seine Tochter aufpassen könne. Je nachdem, ob sich die Vpn davor mit der Umsetzung eines Lösungsansatzes oder mit dem Für und Wider mehrerer Lösungsansätze beschäftigt hatten, zeigten sich Unterschiede in den Fortsetzungen der Märchen. Die Vpn, die über konkrete Handlungsschritte nachgedacht hatten, entwarfen auch eher nur einen einzigen Plan für den König, die anderen Vpn diskutierten wie zuvor verschiedene Lösungsmöglichkeiten.

Wegner (1994) hat eine Fülle von Befunden vorgelegt, wonach wir häufig das Gegenteil von dem tun, was wir wollen. Wegner spricht hier von „ironischen Prozessen", weil wir eigentlich genau das Gegenteil von dem beabsichtigten, was „uns dann passiert". Bereits Chevreul (1833) hatte bei spiritistischen Sitzungen bemerkt, dass bei Personen, die ein Pendel in der Hand hielten und sich darauf konzentrierten, es ruhig zu halten, alsbald eine nicht intendierte Bewegung des Pendels einsetzte. Carpenter fasst diesen und weitere Befunde zum Tischerlrücken, automatischem Schreiben und ähnlich okkulten Phänomenen folgendermaßen zusammen: „[...] in certain individuals, and in a certain state of mental concentration, the *expectation* of a result is sufficient to determine – without any voluntary effort, and even in opposition to the will – the muscular movements by which it is produced" (Carpenter, 1884, S. 287). Wir kennen solche Phänomene aus dem Alltag. Justament gerade dann, wenn wir möglichst rasch einschlafen wollen, weil wir am nächsten Morgen einen wichtigen Termin haben, will uns das überhaupt nicht gelingen. Wenn wir uns andererseits vornehmen, lange wachzubleiben und konzentriert zu arbeiten, überfällt uns mit einem Mal eine bleierne Müdigkeit und wir schaffen es nicht, länger wachzubleiben. Jeder kennt auch die Peinlichkeit von Freudschen Versprechern. Gerade die Äußerung, die man selbst als in dem Moment am wenigsten geeignet beurteilt, entschlüpft einem doch gegen seinen eigenen Willen.

Die Erklärung Wegners (1994) für ironische Prozesse lautet, dass zwei Systeme dafür zuständig sind, unsere Intentionen (Absichten) in Handlungen umzusetzen:

Das Handlungssystem (operating system) konzentriert sich auf die positiven Instanzen (mentale Inhalte) der intendierten Handlung und das Überwachungssystem (monitoring system) konzentriert sich auf negative mentale Inhalte, die anzeigen, dass eingegriffen werden muss: „[...] an intentional operating process that searches for the mental contents that will yield the desired state and an ironic monitoring process that searches for mental contents that signal the failure to achieve the desired state" (Wegner, 1994, S. 35). Das Handlungssystem arbeitet bewusst und kostet viele Ressourcen, das Überwachungssystem läuft eher automatisch unbewusst im Hintergrund, ohne großen kognitiven Aufwand. Nimmt man sich z. B. vor, gut gelaunt zu sein, dann kreiert das Handlungssystem positive Gedanken und Gefühle, während das Überwachungssystem nach Anzeichen negativer Gedanken und Gefühle fahndet und das Handlungssystem alarmiert, wenn es fündig wird. Wird das Handlungssystem überfordert (durch zu hohe Anforderungen, Zeitdruck, Ablenkung etc.) oder durch Drogen- bzw. Alkoholeinfluss oder Konzentrationsschwäche beeinträchtigt, übernimmt das Überwachungssystem und produziert dann selbst den Fehler, den es vermeiden will.

Wegner hat diese „ironischen Prozesse“ in vielen Studien systematisch untersucht (für einen Überblick s. Wegner, 1994), wovon zwei hier erwähnt seien. In einer der ersten Studien (Wegner, Schneider, Carter & White, 1987) forderte er Vpn auf, nicht an einen „weißen Bären“ zu denken. Das gelang nur wenigen Vpn, bei den meisten kehrte der Gedanke an den „weißen Bären“ mit aller Macht zurück, je stärker sie sich darauf konzentrierten, nicht an ihn zu denken. In einem Experiment von Wegner, Erber und Bowman (1993, zit. nach Wegner, 1994) sollten die Vpn vom Tonband abgespielte Sätze vervollständigen. Die Hälfte der Vpn wurde instruiert, keine sexistischen Aussagen zu tätigen, die andere Hälfte erhielt keine spezielle Instruktion. Danach hörten die Vpn Sätze wie „Frauen, die mit vielen Männern ausgehen, sind …“. Eine Fortsetzung wie „beliebt“ wurde als nicht sexistisch gewertet, eine Fortsetzung wie „Huren“ als sexistisch. Bei manchen Sätzen bestand eine hohe kognitive Anforderung, weil eine unmittelbare Antwort verlangt wurde, bei anderen Sätzen war sie niedrig, weil die Antwortzeit bis zu zehn Sekunden betragen durfte. Die Anzahl der sexistischen Aussagen war in der Gruppe, die sich bemühte, nicht sexistisch zu sein, bei kognitiver Beanspruchung genauso hoch wie in der Gruppe ohne Instruktion und ohne kognitive Beanspruchung (s. Abbildung 77).

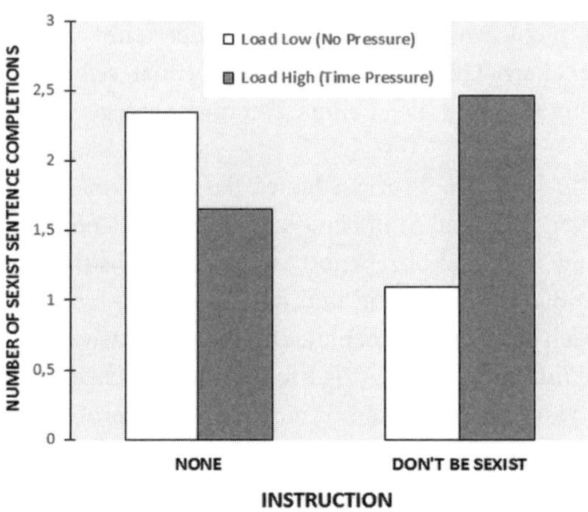

Abbildung 77: Anzahl sexistischer Satzergänzungen in Abhängigkeit von der Intention und der Beanspruchung (modifiziert nach Wegner, 1994).

Die Studien belegen, dass unsere bewussten Entscheidungen unter bestimmten Bedingungen nicht komplett unserer Kontrolle unterliegen und durch uns unbewusst bleibende Reize und Kontextvariablen beeinflusst werden. Allerdings zeigen sie nicht, dass bewusste Willensentscheidungen überhaupt nicht möglich sind. Im Gegenteil, die Studien von Wegner (1994) liefern eigentlich gute Belege dafür, dass unter optimalen Bedingungen (kein Zeitdruck, keine Ablenkung etc.) die Handlungen im Einklang mit den bewussten Absichten ausgeführt werden können.

3.2.4 Fehlattribution der Urheberschaft

In mehreren Studien konnte gezeigt werden, dass wir uns bezüglich der Ursachen unserer Handlungen irren können. Im Brückenexperiment von Dutton und Aron (1974) kontaktieren männliche Vpn die Interviewerin öfter, wenn sie kurz zuvor über eine gefährliche Brücke gegangen waren. Die Ursache ihrer Aktivierung und ihrer darauf folgenden Handlung der Kontaktaufnahme sahen die Vpn offenbar nicht im Gang über die Brücke. Vielmehr attribuierten sie ihre Aktivierung fälschlicherweise auf die Interviewerin.

In einem Experiment von Wegner und Wheatley (1999) sollten die Vpn gemeinsam mit einer anderen Vp (in Wirklichkeit die Mitarbeiterin des Versuchsleiters) kreisartige Mausbewegungen für jeweils ca. 30 Sekunden auf einem Computerbildschirm ausführen, auf dem kleine Symbole abgebildet waren (s. Abbildung 78).

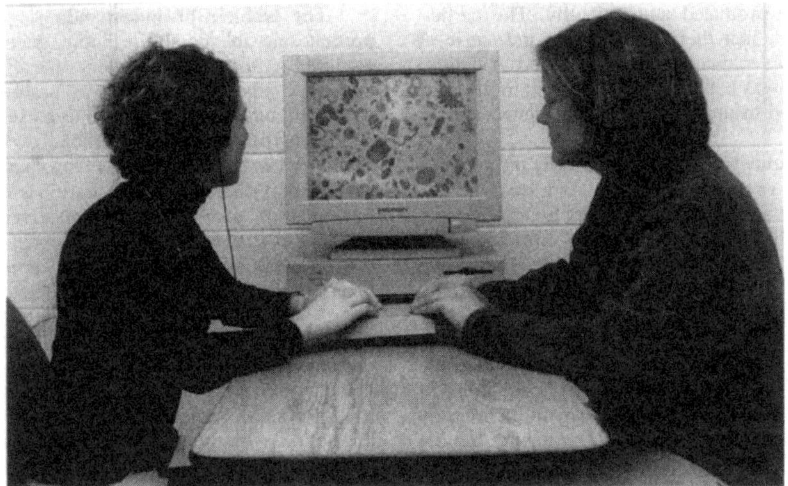

Abbildung 78: Setting im Experiment von Wegner und Wheatley (1999).

Die Vp hörte über Kopfhörer Musik und ab und zu wurden ihr bestimmte Wörter mitgeteilt. Die Vp ging davon aus, dass diese Wörter als Ablenkungsreize dienten und die andere Vp derselben Prozedur unterworfen war. Einige der Mausbewegungen wurden nur von der Mitarbeiterin vollzogen. Die Mitarbeiterin bekam dafür eine entsprechende Instruktion über Kopfhörer und steuerte in diesem Fall die Maus zu bestimmten Symbolen auf dem Bildschirm. Nach jedem Durchgang sollte die Vp beurteilen, ob sie den „Halt“ beabsichtigt hatte oder nicht. Es zeigte sich, dass die Vpn dann, wenn ihnen das Zielsymbol zwischen einer und fünf Sekunden vor dem Halt über Kopfhörer mitgeteilt worden war, den Halt deutlich stärker als von ihnen beabsichtigt empfanden (s. Abbildung 79). Sie glaubten offenbar, selbst den Cursor gesteuert zu haben und eine entsprechende Handlungsabsicht vollzogen zu haben: „Offensichtlich täuschten sie sich in ganz eklatanter Weise über die Urheberschaft der Bewegung“ (Walde, 2006, S. 112).

In der Studie von Linser und Goschke (2007) konnten sich die Vpn dafür entscheiden, entweder die linke oder rechte Taste zu betätigen. Kurz vor dem Tastendruck wurde ihnen subliminal entweder das Wort „rot“ oder „grün“ dargeboten. Wenn nachfolgend am Bildschirm ein kongruentes Objekt erschien (ein roter Kreis, wenn davor „rot“ als Primingreiz präsentiert wurde, oder ein grüner Kreis bei „grün“), hatten die Vpn im Vergleich zur inkongruenten Bedingung den Eindruck willentlicher Kontrolle über die Ereignisse. Sie unterlagen einer Kontrollillusion und dachten, ihr Tastendruck bewirke das nachfolgende Bild.

In Hypnose-Studien konnte bereits Hilgard (1965) zeigen, dass Vpn, die Handlungen durchführten, nachdem sie ihnen suggeriert worden waren, anschließend rationale Erklärungen und Begründungen für die Handlungen lieferten, als hätten sie selbst den freien Entschluss zur Handlung gefasst.

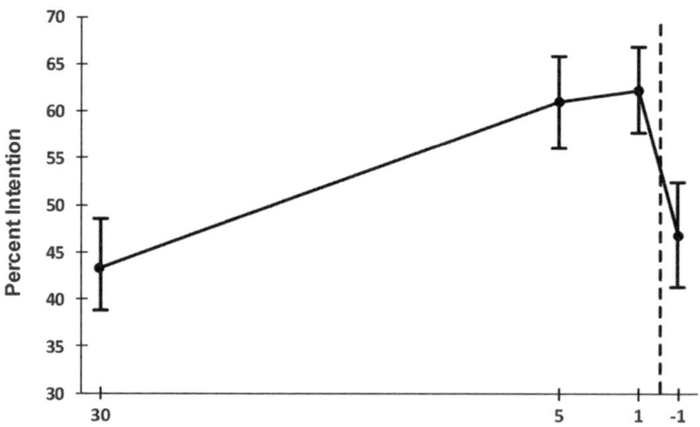

Abbildung 79: Ergebnisse des Experiments von Wegner und Wheatley (1999).

Alle diese Ergebnisse belegen, dass wir uns über die Urheberschaft unserer Handlungen täuschen können. Sie belegen jedoch nicht, dass wir uns über die Urheberschaft immer täuschen.[39]

3.2.5 Fazit zu den experimentellen Befunden

Es gibt keinen überzeugenden Nachweis dafür, dass ein Bereitschaftspotenzial im Gehirn erstens einen bewussten Entschluss zur Bewegung verursacht und zweitens die Bewegung selbst erzwingt. Somit können die Libet-Experimente mitnichten belegen, dass das Gehirn unsere Entscheidungen vorwegnimmt, bevor sie bewusst werden. Dass der einzelne Mensch sich anders entscheidet, wenn er vor der Entscheidung mit subliminalen Reizen konfrontiert wird, ist in den Studien zur subliminalen Beeinflussung unserer Entscheidungen nicht nachzuweisen. Die Befunde deuten nur darauf hin, dass unsere Entscheidungen durch subliminale Reize beeinflusst werden. Sie zeigen hingegen nicht, dass uns die subliminalen Reize keine Möglichkeiten der Entscheidung übriglassen. Auch die Befunde zur Fehlattribution belegen nicht, dass wir generell nicht frei entscheiden könnten, sondern höchstens, dass wir uns manchmal über die Ursachen unseres Verhaltens irren.

3.3 Der Determinismus als implizite Hintergrundüberzeugung für die Leugnung der Willensfreiheit

Neurowissenschaftler verweisen gerne auf die oben dargestellten Studien als Bestätigung für das Fehlen eines freien Willens. Im Grunde sind sie aber der Überzeugung, dass es auch ohne diese Experimente schlecht für die Willensfreiheit bestellt wäre:

> Aber um festzustellen, dass wir determiniert sind, bräuchten wir die Libet-Experimente nicht. Die Idee eines freien menschlichen Willens ist mit wissenschaftlichen Überlegungen prinzipiell nicht zu vereinbaren. Wissenschaft geht davon aus, dass alles, was geschieht, seine Ursachen hat und dass man diese Ursachen finden kann. Für mich ist es unverständlich, dass

---

[39] Zu beachten ist auch der methodische Einwand, dass niemals für eine einzelne Vp gezeigt werden kann, dass sie sich hinsichtlich der Ursachen ihrer Handlung irrt, sondern nur, dass statistisch gesehen alle Vpn im Mittel ein wenig irren. Wenn z. B. im Brückenexperiment (Dutton & Aron, 1974) eine Vp die Interviewerin kontaktiert, bleibt letztlich offen, ob sie tatsächlich weitere Informationen zum Experiment haben will oder ob sie die Interviewerin kontaktiert, weil sie ihre Erregung auf die Interviewerin zurückgeführt hat. Selbst wenn man die Vp nachfolgend fragen würde, ob sie sich zu der Interviewerin hingezogen fühlt, kann nicht bewiesen werden, dass die Zuneigung durch das Experiment (den Gang über die gefährliche Brücke) verursacht wurde und nicht bereits davor bestanden hat.

> jemand, der empirische Wissenschaft betreibt, glauben kann, dass freies, also nicht determiniertes Handeln denkbar ist. (Prinz, 2004, S. 22)

Unabhängig von den experimentellen Befunden halten es viele Neurowissenschaftler geradezu für Gemeingut, dass alle Prozesse im Gehirn deterministisch ablaufen: „Genauso zutreffend [wie der Konsens, dass fast alle Menschen meinen, einen freien Willen zu haben] ist aber die konsensfähige Feststellung der Neurobiologen, dass alle Prozesse im Gehirn deterministisch sind und Ursache für eine jegliche Handlung der unmittelbar vorangegangene Gesamtzustand des Gehirns ist“ (Singer, 2003, S. 33). Daher gilt: „Verschaltungen legen uns fest: Wir sollten aufhören, von Freiheit zu sprechen“ (Singer, 2004, S. 30).

Ähnlich äußert sich Tetens (2004), der folgende These aufstellt:

> Die Ursachen der Bewegungen unseres Organismus und die Tätigkeiten der Drüsen sind nicht unsere Bewusstseinserlebnisse, sondern die elektro-chemischen Aktivitäten der Nervenzellen. Handeln und Verhalten sind aus der Sicht der Neurobiologie und der neurobiologisch fundierten Psychologie lückenlos gehirngesteuerte Bewegungen eines menschlichen Organismus. (Tetens, 2004, S. 181)

Was wird aber eigentlich unter Determinismus verstanden? Der sogenannte *universale* Determinismus besagt, „dass der gesamte Weltlauf ein für alle Mal fixiert ist, so dass es zu jedem Zeitpunkt genau eine mögliche Zukunft gibt. Dasselbe gilt für die Vergangenheit und die Gegenwart: Niemals konnte oder kann etwas anderes geschehen als das, was tatsächlich geschehen ist oder geschieht“ (Keil, 2017, S. 18). Der Zustand des Universums ist dabei eine „durch strikte Naturgesetze festgelegte Folge des vorhergehenden. Dabei verhalten sich die aufeinanderfolgenden Zustände zueinander wie Ursache und Wirkung: ihre kausale Beziehung kann bis in alle Zukunft voraus, aber auch bis in alle Vergangenheit zurück berechnet werden“ (Falkenburg, 2012, S. 23).

Sehr häufig wird bei der Diskussion des universalen Determinismus der französische Mathematiker, Physiker und Astronom Pierre-Simone de Laplace (1749–1827) erwähnt, der einen allwissenden Dämon (später nach ihm der Laplacesche Dämon genannt) ersann, dem es möglich sein sollte, auf Basis des momentanen Weltzustands die Zukunft vorherzusagen:

> Eine Intelligenz, welche für einen gegebenen Augenblick alle in der Natur wirkenden Kräfte sowie die gegenseitige Lage der sie zusammensetzenden Elemente kennte, und überdies umfassend genug wäre, um diese gegebenen Größen der Analysis zu unterwerfen, würde in derselben Formel die Bewegungen der größten Weltkörper wie des leichtesten Atoms umschließen; nichts würde ihr ungewiß sein und Zukunft wie Vergangenheit würden ihr offen vor Augen liegen. (Laplace, 1814, zit. nach Keil, 2017, S. 18)

Der universale oder Laplacesche Determinismus ist eine metaphysische These, die weder empirisch falsifiziert noch verifiziert werden kann.[40] Von diesem universalen Determinismus lassen sich Bereichsdeterminismen unterscheiden, wie der neurowissenschaftliche Determinismus oder der psychologische Determinismus, die nur für einen bestimmten Gegenstandsbereich gelten sollen. Unabhängig vom universalen Determinismus können Bereichsdeterminismen aber nur dann wahr sein, wenn es sich um isolierte Systeme handeln würde. Ein Gehirnzustand z. B. kann den nachfolgenden Gehirnzustand nur dann deterministisch (d. h. zwingend) herbeiführen, wenn das Gehirn nicht mit der Außenwelt interagiert (oder dessen Träger nicht stirbt). Das Gehirn existiert aber nicht isoliert von seiner Außenwelt, sondern unterliegt deren Einflüssen, die wiederum nicht neurophysiologischen Gesetzen unterliegen (s. Keil, 2017). Wenn aus deterministischer Sicht an dem Punkt argumentiert wird, dass auch die äußeren Einflüsse von deterministischen Gesetzen bestimmt würden, belegt das nicht den Determinismus, sondern es wird zirkulär argumentiert (da man nur aus der Annahme, dass alles determiniert ist, ableiten kann, dass auch der äußere Einfluss determiniert ist). Das Problem für Bereichsdeterminismen ist also Folgendes: Wenn der universale Determinismus falsch ist, kann auch der Bereichsdeterminismus (z. B. neuronale Determinismus) nicht wahr sein, weil das Gehirn nicht isoliert von der Welt ist. Ist hingegen der universale Determinismus wahr, lässt sich ein Bereichsdeterminismus nicht sinnvoll formulieren, da „er nicht mit denjenigen Entitäten befasst ist, die allein im Verhältnis vollständiger Determination zueinander stehen, nämlich kompletten Weltzuständen“ (Keil, 2017, S. 55). Es wäre dann streng genommen nicht einmal möglich, alltagssprachlich übliche Ursache-Wirkungs-Beziehungen festzustellen, weil Ursachen und Wirkungen bei Gültigkeit des universalen Determinismus Momentanzustände des Universums wären. „Im Umkehrschluss würde dies bedeuten, dass alle gewöhnlichen Kausalurteile der Art ‚Der Steinwurf hat den Bruch des Fensters verursacht‘ falsch wären“ (Keil, 2017, S. 45).

Wichtig ist, dass das Kausalprinzip („Jedes Ereignis hat eine Ursache“) nicht automatisch mit dem Determinismus gleichzusetzen ist. So könnten Ereignisse auch nichtdeterministische Ursachen haben. Aus der Gültigkeit des Kausalprinzips folgt nicht, dass alle Ereignisse determiniert sind.

Für viele Neurowissenschaftler schließt die Annahme des Determinismus Willensfreiheit per se aus. Tatsächlich bedingt die Annahme des Determinismus nicht unmittelbar, dass es keine Willensfreiheit gibt. Philosophisch gesehen existieren unterschiedliche Positionen zur Frage der Vereinbarkeit von Determinismus und Willensfreiheit

---

[40] Weder lässt sich ein momentaner Weltzustand physikalisch erfassen noch gibt es ein „Supergesetz“, das alle physikalischen Gesetze und Kräfte zusammenfassen würde. Zudem hat der Weltlauf auch keine Neustart-Taste (Keil, 2017), sodass der Determinismus experimentell nicht überprüft werden kann.

(s. Tabelle 18). So treten *Kompatibilisten*[41] für die Vereinbarkeit von Determinismus und Willensfreiheit ein, während *Inkompatibilisten* sie leugnen (Walter, 2004). Unter den Inkompatibilisten gibt es drei verschiedene Positionen: Die erste Position („*harter Determinismus*"; Walter, 2004) schließt aus der Wahrheit des Determinismus, dass es keine Willensfreiheit gibt, weil alle unsere Entscheidungen und Handlungen durch vorangegangene Ereignisse in der Welt determiniert sind. Aus *libertarischer* Sicht ist die Welt indeterminiert und daher Willensfreiheit möglich. Schließlich kann man auch die Position vertreten, nach der die Welt zwar *indeterminiert* ist, indem z. B. indeterminierte quantenphysikalische Prozesse auftreten, aber das würde keine Willensfreiheit implizieren, da die quantenphysikalischen Prozesse nicht unserer willentlichen Steuerungsmöglichkeit unterliegen. Die

> Idee der Willensfreiheit beinhaltet eben auch, dass das Anderskönnen nicht *zufällig* sein soll. Indeterministische Ereignisse sind aber rein zufällig. Was wir mit Willensfreiheit meinen, ist nicht, dass wir nur *zufällig* anders handeln könnten. Wie oben erläutert, beinhaltet unser Konzept der Willensfreiheit zudem, dass freie verantwortliche Entscheidungen nicht regellos, sondern regelhaft, *aus Gründen* erfolgen. (Walter, 2004, S. 172)

Eine kompatibilistische Position vertritt z. B. Pauen (2004). Für ihn ist es ebenfalls wichtig, Freiheit von Zufälligkeit abzugrenzen, weil Zufall die für Freiheit konstitutive Verantwortlichkeit ausschließt.

Tabelle 18: Verschiedene klassische Positionen zum Zusammenhang von deterministischem Weltbild und Willensfreiheit.

	Unsere Welt ist durchgehend determiniert.	**Unsere Welt ist an „entscheidender Stelle" indeterminiert.**
Es gibt Willensfreiheit.	Kompatibilismus („weicher Determinist")	Inkompatibilismus (Libertarier)
Es gibt *keine* Willensfreiheit.	Inkompatibilismus („harter Determinist")	Inkompatibilismus (keine Bezeichnung)

Freie Handlungen müssen also einem Urheber zuzuschreiben sein und sie dürfen nicht erzwungen werden. Diese beiden Forderungen lassen sich für Pauen (2004) selbst in einer determinierten Welt durch „selbstbestimmte" Handlungen realisieren. In einer determinierten Welt kann eine Person zwar in *identischen* Situationen, also bei gleichen Wünschen, Interessen, Motivlagen nicht anders entscheiden, als sie entschieden

[41] Innerhalb der Kompatibilisten lässt sich nach Keil (2011) noch ein agnostischer Kompatibilismus von einem deterministischen Kompatibilismus unterscheiden. Der agnostische Kompatibilismus enthält sich dabei des Urteils in Bezug auf die Wahrheit des Determinismus.

hat, aber die Forderung, dass die Handlung selbst nicht nur unabhängig von den äußeren Umständen sein soll, sondern auch vom Akteur selbst, ist für Pauen (2004) eine überzogene Forderung, weil sie darauf hinausliefe, nur zufällige Entscheidungen als frei zu bezeichnen.

> Es gibt jedoch ein anderes Verständnis der Forderung nach Handlungsalternativen, das auf der Unterscheidung zwischen „können“ und „wollen“ basiert. Freiheit, so hatte sich gezeigt, setzt voraus, dass die Handlung von den Überzeugungen, Wünschen und Bedürfnissen der Person abhängt. Dies ist natürlich nur dann der Fall, wenn die äußeren Umstände der Person mehrere Alternativen offen lassen. Die Person *kann* also mehrere Handlungen tun, doch vermutlich wird sie nur eine tun *wollen* – nämlich diejenige, die ihren Präferenzen am besten entspricht. Von dieser Handlung können wir dann vor dem Vollzug der Handlung sagen, dass die Person sie sowohl tun als auch unterlassen kann, und nach dem Vollzug, dass die Person etwas anderes hätte tun *können* – sie hat es nur nicht *gewollt*. Die Handlung mag daher determiniert sein, sie muss nur durch die Person determiniert sein. (Pauen, 2004, S. 230)

Aus kompatibilistischer Sicht lassen sich Handlungen zwar auf die Person selbst zurückführen (das Urheberprinzip ist erfüllt), aber die Möglichkeit, unter identischen Bedingungen anders handeln zu können, ist illusorisch. Es gilt dann nur: Hätte die Person anderes gewollt, hätte sie anders handeln können. Da sie jedoch immer nur eines wollen kann, ist ihr diese alternative Möglichkeit genauso verwehrt gewesen, wie es Schopenhauer so schön anschaulich und sarkastisch beschrieben hat:

> „Es ist 6 Uhr Abends, die Tagesarbeit ist beendet. Ich kann jetzt einen Spaziergang machen; oder ich kann auch in den Klub gehn; ich kann auch auf den Thurm steigen, die Sonne untergehn zu sehn; ich kann auch ins Theater gehn; ich kann auch diesen, oder aber jenen Freund besuchen; ja, ich kann auch zum Thor hinauslaufen, in die weite Welt, und nie wiederkommen. Das Alles steht allein bei mir, ich habe völlige Freiheit dazu; thue jedoch davon jetzt nichts, sondern gehe eben so freiwillig nach Hause, zu meiner Frau.“ Das ist gerade so, als wenn das Wasser spräche: „Ich kann hohe Wellen schlagen (ja! nämlich im Meer und Sturm), ich kann reißend hinabeilen (ja! nämlich im Bett des Stroms), ich kann schäumend und sprudelnd hinunterstürzen (ja! nämlich im Wasserfall), ich kann frei als Strahl in die Luft steigen (ja! nämlich im Springbrunnen), ich kann endlich gar verkochen und verschwinden (ja! bei 80° Wärme); thue jedoch von dem Allen jetzt nichts, sondern bleibe freiwillig, ruhig und klar im spiegelnden Teiche.“ (Schopenhauer, 1838/1978, S. 77)

Der Kern des libertarischen Freiheitsbegriffs ist das determinismusunverträgliche So-oder-anders-Können unter gegebenen Bedingungen. Nimmt man den Determinismus ernst, geschieht immer nur das Tatsächliche, es gab nie eine andere Möglichkeit und es ist von Anbeginn an festgelegt, wie und wann und von wem diese Zeilen geschrieben werden. Aus libertarischer Sicht besteht jedoch die Möglichkeit, so oder anders zu handeln: „Die Fähigkeit, sich zu entscheiden, *ist nichts anderes* als die Fähigkeit, sich so oder anders zu entscheiden" (Keil, 2011, S. 170). An dieser Stelle kommt der Einwand, dass, wenn man tatsächlich in ein und derselben Situation auch gegenteilig entscheiden könne, die Entscheidung für die andere Option nur mehr nach dem Zufallsprinzip in irrationaler Weise zu fällen sei.

Aus libertarischer Sicht gibt es aber keinen Zeitpunkt vor dem Handlungsbeginn, zu dem unumstößlich feststeht, was der Akteur tun wird (Keil, 2009). Der Überlegende hat immer die Möglichkeit, weiter zu überlegen und eine andere Option zu wählen. Daher schlägt Keil (2011) vor, das „Anderskönnen unter denselben Umständen" als ein Weiterüberlegenkönnen aufzufassen:

> Zum Zeitpunkt des tatsächlichen Handlungsbeginns, bei einem gegebenen Überlegensstand, wäre im anderen möglichen Falle nicht die gegenteilige Handlung begonnen worden, sonst läge ein Fall von Handeln wider bessere Einsicht vor. Es hätte zu diesem Zeitpunkt aber eine Neubesinnung einsetzen können. In der Folge hätten sich die mentalen Einstellungen der Person verändert, und aufgrund dieser veränderten Einstellungen hätte sie dann anders gehandelt. (Keil, 2009, S. 60)

Die Vorgeschichte der tatsächlichen Handlung wäre in beiden Szenarios die gleiche gewesen, die alternative Handlung hätte nur etwas später eingesetzt.

Die Person könnte ihre Überlegungen wieder aufnehmen und Aspekte berücksichtigen, die in ihre bisherigen Überlegungen nicht eingeflossen sind, und dadurch zu einer begründeten alternativen Entscheidung kommen. Wenn ein Determinist jetzt fragt, wovon es abhängt, ob die Person weiter überlegt oder nicht, kann dieses „Abhängen" nicht „deterministisch" gedeutet werden, weil das genau das voraussetzen würde, was zur Diskussion steht, nämlich die Frage der Gültigkeit des Determinismus (man nennt das *„question-begging"* oder *petitio principii*). Das Argument „von irgendetwas muss es ja abhängen, dass die Entscheidung zum Weiterüberlegen gefällt wurde", darf also nicht so ausgelegt werden, als wäre die Entscheidung zum Weiterüberlegen dadurch determiniert worden.

3.4 Kritik am Determinismus

Der Determinismus erscheint vielen Menschen intuitiv plausibel. Folgende Punkte lassen sich jedoch an dieser Ansicht kritisieren:

1) Aus physikalischer Sicht ist die Annahme eines durchgängig deterministischen Weltgeschehens abwegig (s. Falkenburg, 2012). Bei thermodynamischen und quantenphysikalischen Prozessen handelt es sich um irreversible Vorgänge, die nur probabilistisch determiniert sind, also nicht vorhergesagt werden können. Einzelne quantenphysikalische Prozesse sind indeterministisch. Deterministische Prozesse, wie sie im

Rahmen der Newtonschen Mechanik beschrieben werden, sind hingegen umkehrbare oder reversible Prozesse (Falkenburg, 2012). Das hat eine wichtige Konsequenz für die Diskussion der Willensfreiheit:

> Eine deterministische Theorie liefert also gerade das nicht, was wir hier erklären wollen: den objektiven Unterschied von Früher und Später, der festlegt, in welche Richtung sich ein System entwickelt. Deterministische Systeme sind reversibel; ihre Entwicklung kann auch in umgekehrter zeitlicher Reihenfolge ablaufen. (Falkenburg, 2012, S. 236)

Falkenburg (2012) schließt:

> 1. *Entweder* ist unser Zeitbewusstsein physikalistisch erklärbar, d.h. es beruht auf dem inneren Zeitpfeil *irreversibler* neuronaler Prozesse. Da deterministische Prozesse grundsätzlich reversibel sind, kann das Zeiterleben dann *nicht strikt determiniert* sein. 2. *Oder* aber unser Zeitbewusstsein ist *strikt* durch das neuronale Geschehen determiniert. Dann muss dieses Geschehen reversibel sein, kann aber den Unterschied von Früher oder Später [...] nicht kodieren. Dann bleibt die erlebte *Zeitrichtung* [die ja in den Libet-Experimenten eine große Rolle spielt] irreduzibel. (ebd.)

Im Einklang mit Falkenburg weist Keil (2009) darauf hin, dass die fundamentalen Naturgesetze wie das Gravitationsgesetz keine Aussagen über den Ablauf von Ereignissen ermöglichen. Sie sind

> überhaupt keine Sukzessionsgesetze über Ereignisse, sondern Koexistenzgesetze über Universalien, Aussagen über Kräftegleichgewichte, Erhaltungssätze und Ähnliches. Diese Gesetze * haben keine direkte kausale Interpretation, * fixieren nicht alternativlos den Weltlauf, stützen also nicht den Laplace-Determinismus * und sind deshalb selbst aus inkompatibilistischer Sicht nicht freiheitsgefährdend. (Keil, 2009, S. 6)

Das Gravitationsgesetz impliziert nicht, dass ein bestimmter Körper, der aus einem Meter Höhe auf den Boden fällt, dort mit einer bestimmten Geschwindigkeit ankommt. Die meisten Körper fallen durch Kräfteüberlagerung schneller oder langsamer oder sie werden überhaupt aufgehalten. Das Gravitationsgesetz sagt überhaupt nichts über den tatsächlichen Verlauf von Ereignissen aus. Natürlich kann man versuchen, die Reichweite der Naturgesetze für die Empirie durch sogenannte Ceteris-paribus-Klauseln zu retten (indem man dann z.B. sagt, dass der fallende Stein unter „sonst gleichen Bedingungen“ zum Zeitpunkt t am Boden aufkommen wird), aber dann muss man zumindest die strikte Geltung der Naturgesetze aufgeben. Sie sind dann höchstens approximativ wahr, im Idealfall, oder statistisch gültig (s. Keil, 2009). Es nützt auch nichts, die einzelnen Kräfte zu einem Supergesetz zusammenzufassen, das den Überlagerungseffekt korrekt beschreibt (Keil, 2015), weil sich dadurch das Problem nur verschiebt. Ein solches Gesetz bleibt „empfindlich für alle diejenigen Gegenbeispiele, die sich *weiteren* möglichen Einflüssen verdanken" (Keil, 2015, S. 184). Je mehr wir versuchen, ad hoc ein Gesetz an einen konkreten Fall anzupassen, desto weniger Erklärungskraft hat ein solches Gesetz, da nur mehr sehr wenige Fälle – im Extremfall ein einziges Geschehen – unter dies subsumiert werden könnte.

Wachter (2012) argumentiert, dass überhaupt kein Ereignis deterministisch in dem Sinne sein kann, dass es seine Wirkung auf jeden Fall erzielt. Natürlich ist jede Ursache hinreichend für eine Wirkung in dem Sinne, dass wenn A unmittelbar B verursacht hat, A offenkundig genügte, um B zu verursachen. Aber daraus folgt nicht, dass A eine zwingende Ursache für B in dem Sinne ist, dass es unmöglich ist, dass A eintritt, aber B nicht, obwohl die Naturgesetze gleichgeblieben sind. „Daraus, dass zwei Pferde hinreichend sind, um den Wagen zu bewegen (während eines der Pferde nicht hinreichend ist), folgt nicht, dass sie es auch tatsächlich tun werden" (Wachter, 2012, S. 397).

Nach Ansicht von Wachter (2012) gibt es keine zwingenden deterministischen Ereignisse, weil jedes Ereignis, auch ein deterministisches, aufgehalten oder gestört werden kann. Selbst ein Asteroid oder eine Flutwelle könnten aufgehalten werden. Natürlich wird ein Asteroid selten aufgehalten, „wenn es nichts gibt, dass groß genug ist, ihn aufzuhalten, dann hält ihn nichts auf. Aber ein unaufhaltsamer Vorgang wäre einer, der ausschließt, dass es etwas gibt, das groß genug ist, ihn aufzuhalten" (Wachter, 2012, S. 399). Wenn ein deterministischer Vorgang durch einen anderen deterministischen Vorgang gekreuzt würde, wäre es theoretisch möglich, aus der Kenntnis beider Vorgänge die Wirkung vorherzusagen. Entscheidend ist, dass es aber auch indeterministische Ereignisse (s. o.) geben kann, die deterministische Ereignisse stören.

> Aus der Möglichkeit von indeterministisch verursachten Störereignissen folgt, dass es keine hinreichenden Ursachen gibt und geben kann und kein Ereignis ein späteres in einem halbwegs strengen Sinn „festlegt". Selbst wenn [Ereignis] G1 eine deterministische und die *vollständige* Ursache von [Ereignis] G2 war, hätte nach dem Eintreten von G1 G2 durch einen indeterministischen Vorgang verhindert werden können. (Wachter, 2012, S. 402)

Daraus folgt unmittelbar, dass auch kein Gehirnereignis ein späteres festlegen kann. Wolf Singers oben erwähnte Feststellung, „dass alle Prozesse im Gehirn deterministisch sind und Ursache für eine jegliche Handlung der unmittelbar vorangegangene Gesamtzustand des Gehirns ist" (Singer, 2003, S. 33), muss somit zurückgewiesen werden.

2) Neurowissenschaftler verwechseln den synchronen (gleichzeitigen) Sinn von „determinieren" mit dem „diachronen" (ungleichzeitigen) Sinn. Betrachten wir dazu ein Zitat von Markowitsch (2004):

> Obige Beispiele veranschaulichen, dass alles, was wir tun oder nicht tun, nicht unser „freies Ich" tut, sondern durch Nervenzellen vollbracht wird, die einmal – in sich gegenseitig unterstützender, synergistischer Aktivität arbeiten (beispielsweise im „gesunden", drogenfreien Gehirn eines ‚normal' im Leben stehenden jungen Erwachsenen) – einmal dissoziierend, interferenzanfällig und mit Synergieverlusten (beispielsweise im geschädigten Gehirn). Immer aber kommt die gegenwärtige, momentane nervliche Aktivitätskonstellation nicht aus dem Nichts, sondern ist bedingt durch genetische Anlagen und durch die während des Lebens gemachten Erfahrungen und damit durch kontinuierliche Einwirkungen und Veränderungen des Gehirns. Überdauernde neuronale Aktivitätsmanifestationen unseres Gehirns lassen uns in jedem einzelnen Moment unseres Lebens so denken, handeln und reagieren, wie es auf Grund der stofflichen Zusammensetzung vorgegeben ist. (Markowitsch, 2004, S. 167)

Bei solchen Ausführungen fühlt man sich an die vulgärmaterialistische Position Carl Vogts erinnert, der meinte: „Die Gedanken stehen in demselben Verhältnis zum Gehirn wie die Galle zur Leber oder der Urin zu den Nieren" (1847/1971).

Markowitsch begeht hier zudem einen fundamentalen Denkfehler, denn auch er verwechselt den *synchronen* Sinn von „determinieren" mit dem *diachronen* Sinn (Keil, 2009):

> Dasjenige Festlegen, von dem der Determinismus spricht, ist ein Vorgang in der Zeit. Dasjenige Festlegen, von dem [die Neurowissenschaftler sprechen], ist hingegen eine Beziehung zwischen einer Hirnaktivität und ihrer zeitgleichen mentalen Entsprechung. Die Verwechslung der beiden Arten von „Determination" führt zur Identifikation des neuronalen Substrats oder Korrelats eines mentalen Ereignisses mit dessen Ursache. Zwischen einem mentalen Ereignis und seinem zeitgleichen physischen Substrat kann es aber keine Kausalbeziehungen geben, weder in der einen noch in der anderen Richtung. Verursachungsvorgänge brauchen immer Zeit. Wenn man hier von „festlegen" sprechen möchte, dann ist das ein anderer Sinn von festlegen als der für den Determinismus einschlägige. Mentale Ereignisse sind nach allem, was wir wissen, physisch realisiert, sodass es keine mentale Veränderung ohne eine physische geben kann. Diese Realisierungsbeziehung hat aber mit dem Determinismus nichts zu tun und ist als solche auch nicht freiheitsgefährdend. Tatsächlich ist das So-oder-Anderskönnen, von dem libertarische Philosophen sprechen, kein Anderskönnen gegenüber einem aktuellen physiologischen Geschehen, das wäre absurd, sondern es ist ein Anderskönnen bei gegebener Vorgeschichte. (Keil, 2009, S. 135)

Die Mimik eines Menschen drückt aus, was er gerade empfindet, sie determiniert die Empfindung aber nicht. Die Muskeln kontrahieren, weil der Mensch Liegestütze macht, die Muskelkontraktionen determinieren aber nicht die sportliche Betätigung. Der Mensch denkt, indem in seinem Gehirn Prozesse ablaufen, die Hirnaktivität determiniert aber nicht sein Denken und Verhalten.

Nach Keil (2009) wird mit dem Begriff Determinismus überhaupt sehr nachlässig umgegangen, wodurch oft nicht klar ist, was genau gemeint wird. So gibt es eine Reihe von „schwächeren“ Kausalverben als „festlegen“, die Determinationsverhältnisse ausdrücken, aber die Art der Determination im Dunkeln lassen, wie z. B. „Bestimmte Faktoren *steuern* das Verhalten, Gehirnvorgänge *bedingen* Handlungen, Gene *prägen* die Persönlichkeit, Entscheidungen *beruhen* auf neuronalen Prozessen“ (Keil, 2009, S. 24). Dazu kommen noch Verben wie beeinflussen, kontrollieren, bestimmen, auslösen, zu etwas führen. „Allen diesen Verben ist gemeinsam, dass sie weniger implizieren als strenge naturgesetzliche Determination, aber offen lassen, wie viel weniger. Dieses weiche Idiom ist in Theorien der empirischen Humanwissenschaften weit verbreitet. Das ist nicht weiter schlimm; zu beanstanden ist allerdings, wenn diese weichen Verben mit freiheitswiderlegender Konnotation eingesetzt werden“ (Keil, 2009, S. 24).

3) Auf Basis eines deterministischen Weltbildes lassen sich keine Folgerungen für das praktische Leben ziehen. Im Alltag hilft den Deterministen die Erkenntnis, dass jedwede Handlung und Entscheidung determiniert ist, nicht weiter. Im Alltag müssen fortwährend Entscheidungen gefällt werden und der Determinist weiß ja nicht im Voraus, wozu er aus seiner Sicht determiniert ist. Es bleibt ihm nichts anderes übrig, als zu überlegen, ob er dem Ratschlag folgen soll und schwer erkrankt zum Arzt gehen soll oder ob er es sein lassen soll. Falsch wäre jedenfalls die fatalistische Schlussfolgerung, dass es ganz gleichgültig ist, wie er sich entscheidet, weil die Zukunft so und so schon unverrückbar feststeht. Solange der Determinist nicht weiß, welche Zukunft tatsächlich kommt, lässt sich sein Fatalismus nicht rechtfertigen. Alles ist möglich. Der Fatalist kann zum Arzt gehen, aber es ist auch möglich, dass er ohne Arztbesuch gesundet oder trotz Arztbesuchs stirbt. In einem logischen Sinn kann die Zukunft natürlich nicht anders sein, als sie sein wird. Aber diese Zukunft enthält bereits unsere Entscheidungen und Handlungen. Das „gilt völlig unabhängig vom Determinismus. Diese Unmöglichkeit schließt indes nicht aus, dass, wozu ich mich entscheide, einen Einfluss darauf hat, welche der möglichen Zukünfte die tatsächliche sein wird“ (Keil, 2017, S. 28). Aus der deterministischen Weltanschauung lassen sich überhaupt keine praktischen Konsequenzen für die Lebensführung ziehen. Es lässt sich auch keine Maxime des eigenen Handelns aufstellen und es macht auch keinen Sinn, auf Basis des Determinismus an irgendetwas zu appelieren,[42] anderen Menschen Ratschläge zu erteilen etc.

4) Hielte man den universalen Determinismus für gültig, gäbe es in weiterer Folge auch keine Möglichkeit, zu moralischen Fragen sinnvoll Stellung zu nehmen. Neurowissenschaftler behaupten gerne, dass die Determiniertheit aller unserer Handlungen durch

[42] Ganz abstrus ist in dieser Hinsicht die Argumentation von Miles (2013): Er hält die Sozialpsychologie sogar für mitverantwortlich für die durch Ungleichheit bedingte Armut, weil sie nicht zur Kenntnis nimmt, dass die Unfreiheit des Willens längst bewiesen ist, und so einem Denken Vorschub leistet, dass jeder selbst seines Glückes Schmied wäre: „[...] the myth of the free will does not just excuse indifference to poverty, it creates and maintains much of that poverty in the first

neuronale Verschaltungen Begriffe wie „Schuld“ oder „Verantwortung“ überflüssig machten. Manche glauben sogar, dass auf neurowissenschaftlicher Basis ein humaneres Menschenbild vertreten werden könnte: „Diese Einsicht [dass keiner anders denken und handeln kann, als durch die Verschaltungen im Gehirn festgelegt ist] könnte zu einer humaneren, weniger diskriminierenden Beurteilung von Mitmenschen führen, die das Pech hatten, mit einem Organ volljährig geworden zu sein, dessen funktionelle Architektur ihnen kein angepaßtes Verhalten erlaubt“ (Singer, 2004, S. 63). Anstatt von „Freiheit“ und „Verantwortung“ zu sprechen, plädieren sie stattdessen dafür, die Ursachen unserer Handlungen „neurowissenschaftlich“ zu lokalisieren:

> Meiner Ansicht nach ist jedes kriminelle Verhalten bedingt durch etwas Pathologisches. In mittelferner Zukunft wird man möglicherweise sehen, dass sich alle Hirne von Mördern in mindestens einer Determinante von Hirnen aller Nicht-Mörder unterscheiden und dass genau diese biologischen Abweichungen bedingen, dass jemand mordet. (Markowitsch, 2007, S. 120)

Diese *biologistische Sicht* impliziert für Markowitsch ebenso wie Singer (2004) nicht, dass Verbrechen folgenlos bleiben sollen, obwohl von Schuld nicht gesprochen werden könne: „Generalabsolution bedeutet, eine Tat bleibt folgenlos. Das kann nicht sein. Aber wenn jemand eine Straftat begeht, weil er gar nicht anders kann, dann muss die Gesellschaft Konsequenzen für ihr Strafrecht ziehen“ (Markowitsch, 2007, S. 120). Allerdings könnten

> Gefährlichkeitsprognosen aus dem Kernspin [...] ein Weg sein, um die Frage von Sicherungsverwahrung, Lockerungen oder Entlassungen besser zu beantworten. Sie könnten angepasst wirkende Psychopathen enttarnen, die in der Regel sofort rückfällig werden. Sie könnten aber auch verhindern, dass man Leute wegsperrt, die gar keine Gefahr mehr darstellen. Die Hirnforschung könnte das Rechtssystem insgesamt auf ein objektiveres Fundament stellen. Ein wissenschaftlich fundiertes Maßnahmerecht wäre das Ziel. (Markowitsch, 2007, S. 123)

Kritiker vermuten hingegen, dass die Realisierung solcher Pläne zu einer inhumanen und totalitären Gesellschaft führen würde:

> Würde sich das reduktionistische Programm tatsächlich verwirklichen lassen, dann wäre der Mensch – und zwar in eben derselben Weise wie im Behaviorismus intendiert – einer totalen Kontrolle unterworfen. Diese Tendenz zur Objektivierung führt letztlich dazu, dass mit Menschen, die sich in eine Beratungs- oder in eine Behandlungssituation begeben, nicht mehr gesprochen werden muss. Man schiebt sie in eine Maschine und weiß sofort, woran es fehlt. Selbstbeobachtung und Selbstauskünfte sind dabei nicht nur bloß verzichtbar – sie sind geradezu störend. (Benetka & Werbik, 2016, S. 37)

---

place“ (Miles, 2013, S. 216). Auch ihm müsste man entgegnen: Wenn das so ist, dann sind wir eben determiniert dazu.

Die Ansicht, dass es weiterhin Sanktionen für kriminelles Verhalten geben solle, obwohl keine Veranwortung vorlag, muss ebenso kritisch betrachtet werden. Aus strafrechtlicher Sicht ist Strafe ohne Schuld nämlich rechtsstaatswidrig (Keil, 2010), weil dann Vergeltung für einen Vorgang erfolgt, den der Betreffende nicht zu verantworten hat. Die Justiz geht in ihrem Schuldverständnis davon aus, dass der Täter anders hätte handeln können, und sie hält ihm dies auch vor (ein solcher Vorwurf wäre witzlos, wenn der Täter tatsächlich keine Möglichkeit hätte, anders zu handeln): „Die Schuld macht dem Täter den persönlichen Vorwurf, dass er die rechtswidrige Handlung nicht unterlassen hat, obwohl er sie unterlassen konnte" (Wetzel, 1969, zit. nach Keil, 2010, S. 166). Außerdem wird die Schuld von der Justiz verwendet, um das gerechte Strafmaß zu bestimmen.

> Hirnforscher haben nicht mehr und nicht weniger als andere Staatsbürger das Recht, sich zu rechtspolitischen Fragen zu äußern. Sie haben allerdings keine spezielle Kompetenz dazu und können deshalb auch keine besondere Autorität für ihre Einlassungen beanspruchen. [...] Fällt der Beurteilungsmaßstab der persönlichen Schuld des Täters weg, so gibt es keinen prinzipiellen Einwand dagegen, beliebige Straftäter lebenslang wegzusperren. Wer sollte beim Gelegenheitsdieb mit Sicherheit die Rückfallgefahr ausschließen? Es hinge allein vom Sicherheitsbedürfnis der Gesellschaft ab, welches Strafmaß jeweils als angemessen betrachtet wird. Aus dieser Perspektive grenzt Singers oben zitierte Behauptung, die Ersetzung des Schuldprinzips durch den Präventionsgedanken führe zu einer „humaneren, weniger diskriminierenden Beurteilung" von Straftätern, an Zynismus. (Keil, 2010, S. 168)

Vom deterministischen Standpunkt aus ist die Ansicht, dass Verbrecher für ihre Konsequenzen Strafen erhalten *sollen*, obwohl sie keine Verantwortung dafür tragen, zudem inkonsequent, weil es in einer deterministischen Welt schlicht keinen Adressaten für derartige Appelle gibt. Wenn die Neurowissenschaftler auf der einen Seite stets betonen, dass es „gut" und „böse" nicht gibt,[43] dann können sie nicht auf der anderen Seite Normen für „richtiges" oder „falsches" Verhalten aufstellen, das dann gegebenenfalls bestraft wird. Sollte die Mehrheit der Menschen in einer Gesellschaft z. B. durch eine unglückliche genetische Mutation Gefallen am traditionell „Bösen" finden, haben

[43] So meint Markowitsch: „Neurowissenschaftlich können wir echte – oder vom Probanden für echt gehaltene – und erlogene traumatische Erinnerungen übrigens schon unterscheiden. *Ich würde das aber nicht moralisch bewerten wollen*" (Markowitsch, 2007, S. 118; Hervorhebung A. H.). An anderer Stelle betont Markowitsch: „Neuronen sind nicht böse" (ebd., S. 121) und: „Ich kann nichts dafür, dass ich kein Bankräuber wurde" (ebd., S. 117). Als Neurowissenschaftler sieht er keine Möglichkeit, zwischen „gut" und „böse" zu unterscheiden, und wie das obige Zitat aufzeigt, will er das auch überhaupt nicht, weil sowohl gute als auch böse Handlungen determiniert sind, es daher eigentlich so etwas wie „gut" und „böse" nicht mehr gibt. Wenn ein Neurowissenschaftler wie Markowitsch die neurowissenschaftliche Betrachtungsweise auch für ethische Belange heranziehen will, dann müsste er auch so konsequent sein zu erkennen, dass die Normen für „richtiges" Verhalten und in weiterer Folge auch Sanktionen für ein die Gesellschaft schädigendes Verhalten ebenfalls nicht aus den Neuronen zu ersehen sind.

Deterministen kein Argument dagegen, wenn Sanktionen für Verbrechen abgeschafft werden. Umgekehrt können Deterministen auch nicht gegen drakonische Sanktionen von Verbrechen argumentieren. Die Unterscheidung zwischen „gut“ und „böse“ degeneriert vor dem deterministischen Hintergrund in ein willkürliches „gefällt mir“ oder „gefällt mir nicht“.

Im Übrigen gilt auch an dieser Stelle: Wenn dafür argumentiert wird, dass Strafen in einer determinierten Welt ungerecht wären, oder dafür argumentiert wird, dass Strafen trotz fehlender Verantwortung verhängt werden sollten, dann wären wir eben dazu determiniert (Keil, 2017). Die einen wären dazu determiniert, „diese Praxis für ungerecht zu halten; wer es anders sieht, wäre zu dieser Auffassung determiniert“ (Keil, 2017, S. 25). Daraus wird ersichtlich, dass der Determinismus niemals als Argument für irgendwelche Forderungen dienen kann: „Wenn Menschen einander auffordern, etwas zu tun oder zu lassen, so unterstellen sie, dass dem Angesprochenen dies auch frei steht“ (Keil, 2017, S. 25). Wenn der von Zenon als Dieb gestellte Sklave rief, dass es vom Schicksal bestimmt war und er stehlen musste, dann ist die Antwort, „auch gepeitscht werden“ daher nur konsequent (Keil, 2017). Wenn nämlich das gesamte Weltgeschehen determiniert ist, dann auch jedwede Folgen einer Handlung, das Lob, die Strafe etc. Von daher ist jeglicher Appell von Neurowissenschaftlern auf Basis des Determinismus verfehlt, weil es sich wie beim Sklaven von Zenon nur um einen halbierten Determinismus handeln würde. Wenn nämlich das Verbrechen determiniert war, dann auch die Konsequenz, also die Bestrafung oder der Freispruch. Wenn niemand moralisch verantwortlich ist, kann man auch keinem Richter einen Vorwurf machen, dass „er an einer Strafrechtspraxis festhält, deren Fundament nicht existiert“ (Grundmann, 2001, S. 7). Aus dem Determinismus lässt sich niemals etwas Praktisches für das Strafrecht folgern (Keil, 2017).

Günther (2009) hat sich mit den möglichen Zwecken der Strafe unter der Annahme der Gültigkeit des deterministischen Weltbildes auseinandergesetzt und kommt zu der Schlussfolgerung, dass in einer solchen Gesellschaft die Sicherheitsverwahrung an die Stelle der Strafe treten müsste, um die Schutzbedürfnisse der Allgemeinheit zu gewährleisten. Die Schutzbedürfnisse können allerdings je nach Gesellschaft und Situation ganz unterschiedlich ausfallen und die Frage nach der Legitimität der jeweiligen Schutzbedürfnisse (ist es z. B. zulässig, politische Dissidenten zu internieren oder nicht?) lässt sich vor dem Hintergrund eines deterministischen Weltbildes nicht mehr stellen:

> Die Allgemeinheit könnte bei der Festlegung der Zwecke, um derentwillen gestraft wird, ebensowenig ein freiheitliches Menschenbild zugrunde legen wie bei der Auswahl der gefährlichen Individuen, die bestraft werden sollen. Wenn die Strafe nicht mehr dem Schutz rechtlich gesicherter Freiheit dient – welche Zwecke bleiben dann noch übrig? Vermutlich dürfte man noch nicht einmal von „Zwecken“ sprechen, soweit dies eine selbstbestimmte Entscheidung von Personen impliziert. Stattdessen bliebe nur das nackte Überlebensinteresse einer Mehrheit gegenüber einer Minderheit (genauer: einer Mehrheit von Gehirnen gegen eine Minderheit von Gehirnen). Was als strafwürdiges Verhalten gilt, hinge davon ab, welche Gruppe sich in

> einer bestimmten Population von Menschen(-gehirnen) durchgesetzt hat. Strafe oder eine sichernde Maßnahme gegen gefährliche Gehirne wäre dann nichts anderes als ein Mittel im Kampf ums Dasein. Gerecht wäre das, was der sich durchsetzenden Gruppe nützt, indem es sie schützt – gerecht wäre das Recht des Stärkeren. Spätestens seit Platon gilt dies als Gegenteil der Gerechtigkeit [...]. Der Humanismus, für den die strafrechtskritischen Hirnforscher eintreten, erweist sich somit als eine Illusion. (Günther, 2009, S. 236)

5) Die Argumentation der Deterministen ist selbstwidersprüchlich. Wenn Deterministen meinen, dass es keine Freiheit gäbe, dann gilt dies auch für ihre eigenen Ansichten zum Determinismus, das heißt, auch die Zustimmung zu einer Behauptung und deren argumentativer Begründung ist dann determiniert (Gabriel, 2015). Die Ansicht, der Determinismus wäre wahr, verliert ihren Anspruch auf Wahrheit, wenn deren Äußerung durch eine lange Vorgeschichte basierend auf Genen und Umwelteinflüssen (alles Einflüsse, die notwendig sein sollen, aber für die geäußerte Meinung letztlich kontingent, also zufällig sind) bedingt ist. Hätte die Vorgeschichte anders ausgesehen, wäre der Philosoph zu einer anderen Ansicht gekommen:

> So wie ich determiniert wäre, ihre Behauptung als falsch zu verwerfen, wären sie selbst determiniert, sie als wahr anzuerkennen. Ein wirklicher Austausch von Argumenten mit dem Ziel, den anderen von der Wahrheit seiner Auffassung zu überzeugen, könnte demnach gar nicht stattfinden. Der Determinismus hebt den Wahrheitsbegriff und damit auch seinen eigenen Wahrheits- und Geltungsanspruch auf. (Gabriel, 2015, S. 41)

Der Anspruch auf Geltung der eigenen Aussagen kann von Deterministen nicht aufrechterhalten werden, weil es eine Voraussetzung der Anerkennung einer Behauptung ist, dass diese aus freien Stücken anerkannt wird, kraft der vorgebrachten Gründe und nicht kraft der physiologischen Wirkursachen.[44] Vernünftig lässt sich also mit Deterministen nicht diskutieren, wenn man sie ernst nimmt.[45] Neurowissenschaftler

> können sich nicht mehr widerspruchsfrei als handlungsfähige Subjekte verstehen und sich für ihr eigenes Tun und Lassen Verantwortung zuschreiben. In der eigenen Lebenspraxis geht indes wohl niemand soweit (auch weil man es mit sich widersetzenden Mitmenschen zu tun

[44] Dazu Gaßmann in seiner Kritik des deterministischen Systems Baruch de Spinozas (1632–1677): „Wäre das erkennende Subjekt determiniert, dann hätte es nicht die Freiheit und Selbständigkeit gegenüber dem Gegenstand und dem Begriff, um beide miteinander vergleichen zu können. Erkannte Wahrheit und universaler Determinismus widersprechen einander. Entweder gibt es Wahrheit, dann gibt es keinen universalen Determinismus, oder es ist alles determiniert, dann lässt sich die Wahrheit des Determinismus nicht behaupten, weil das menschliche Subjekt nur ein Hampelmann Gottes (oder der Natur) wäre, es könnte nur wie ein Papagei plappern, was ihm das determinierende göttliche Absolute bestimmt hat“ (Gaßmann, 2010, S. 52).

[45] Insgeheim wird der Determinismus in der Diskussion natürlich nicht ernst genommen. Mit einem Automaten würde niemand ernsthaft über die Wahrheit des Determinismus reden wollen.

> bekäme, die niemanden so schnell aus der eigenen Verantwortung entlassen, nur weil er oder sie einem neuropsychologischen Szientismus huldigt). (Benetka & Werbik, 2016, S. 38)

6) Der Schluss von einer durch Läsionen beeinträchtigten Entscheidungsfreiheit auf die generelle Beeinträchtigung der Entscheidungsfreiheit ist unzulässig. Neurowissenschaftler argumentieren gerne mit den Erfahrungen mit Läsionen des Gehirns, aus denen kausale Schlüsse über die Rolle des Gehirns gezogen werden könnten. Berühmt ist das Fallbeispiel des Eisenbahnarbeiters Phineas Gage, dem bei Sprengungen eine ein Meter lange Eisenstange durch den Kopf schoss, sodass das Frontalhirn irreversibel geschädigt wurde. Gage überlebte den Unfall noch zwölf Jahre, soll aber starke Persönlichkeitsveränderungen bei unverändertem Intellekt und ungestörter Motorik aufgewiesen haben. Allerdings ist es selbst um die Wahrheit dieser Parade-Lehrbucherzählung nicht so gut bestellt. So wird die Krankheitsgeschichte von Gage nur sehr selektiv wiedergegeben (Schleim, 2011), „d. h. aus der Sicht heutiger Annahmen über den Zusammenhang zwischen Schädigungen des Frontallappens und dadurch ‚verursachten' antisozialen Verhaltens" (Benetka & Werbik, 2016, S. 54). Fakten, die nicht zum Bild einer organisch bedingten antisozialen Persönlichkeitsstörung passen, wie dass Gage eine große Zuneigung zu Kindern, Pferden und Hunden hatte und Kindern besonders gerne ausgedachte Geschichten erzählte, werden verschwiegen oder verfälscht (aus dem begeisterten Geschichtenerzähler wird dann der notorische Lügner, der Geschichten erzählte, die jeder Grundlage entbehrten).

Der Verweis auf bestimmte Läsionen (z. B. Veränderungen im präfrontalen Kortex bei Gewaltverbrechern, s. Roth, 2007) und der gleichzeitige Verweis auf den universalen Determinismus wirft die Frage auf: Sind wir alle unfrei oder nur manche? Viele Neurowissenschaftler wie Markowitsch, Roth oder Singer behaupten beides. Diese Doppelstrategie ist aus Sicht von Keil (2010) aber inkonsequent, denn beide Überlegungen schwächen einander:

> Besondere Fähigkeitseinschränkungen sind eben nicht der Normalfall, sondern der Ausnahmefall. Der Determinismus ist aber eine universale These und begründet gerade nicht die Ausnahme von der Regel. Wenn also Veränderungen im präfrontalen Kortex als schuldmindernde Besonderheiten angeführt werden, kann nicht zugleich der neurophysiologische Determinismus gegen *jede* Schuldzuschreibung ins Feld geführt werden. (Keil, 2010, S. 167)

Der Läsionsmethode stehen zudem prinzipielle Schwierigkeiten gegenüber:

> Äußerst selten sind Läsionen [...] wirklich auf ein streng umschriebenes Hirnareal begrenzt, und interindividuelle Unterschiede in der Hirnanatomie und -struktur werden nicht immer adäquat berücksichtigt. Selbst bei eindeutig umschriebenem Läsionsort und assoziiertem kognitiven Funktionsausfall kann nicht zwingend geschlussfolgert werden, dass die betreffende Hirnregion für den kognitiven Prozess unabdingbar ist. (Bellebaum et al., 2012, zit. nach Benetka & Werbik, 2016, S. 56)

Selbst wenn bei bestimmten schweren Läsionen außer Frage stehen mag, dass die Läsionen eine freie Willensentscheidung verhindern, bedeutet das im Gegensatz zur Annahme von Markowitsch (2004), der von einem Kontinuum zwischen dem geschädigten und dem gesunden Gehirn ausgeht, nicht, dass die Entscheidungen von Menschen ohne Hirnläsionen ebenso „unfrei“ wären. Die Beispiele zeigen bestenfalls, dass wir nicht immer über Willensfreiheit verfügen, aber das haben selbst die stärksten Verfechter der Willensfreiheit nie geleugnet. Der Schluss von dieser exemplarischen Unfreiheit auf generelle menschliche Unfreiheit ist völlig unbegründet.

> Der Schluss von Neigungs- oder Fähigkeitsunterschieden auf den Ausschluss oder auch nur die Graduierung von Schuld oder Verantwortung ist also ein Fehlschluss. Es wäre sehr überraschend, wenn es jedem Menschen exakt gleich leichtfiele, bei passender Gelegenheit auf aggressives Verhalten oder auf eine sexuelle Belästigung zu verzichten. (Keil, 2010, S. 172)

7) Gründe können nicht auf Ursachen reduziert werden: Aus deterministischer Sicht wird der Unterschied zwischen Gründen und Ursachen nivelliert. Für Deterministen werden Handlungen kausal verursacht. Menschen handeln aber aus Gründen, ihr Verhalten wird nicht wie das Auflösen eines Zuckerstücks im Wasser passiv verursacht. Ein Schüler hebt seinen Arm, weil er etwas sagen will und nicht weil die Motoneuronen die Muskeln des Arms kontrahieren lassen.[46] Der Schüler meldet sich zu Wort, indem seine Muskeln kontrahieren, nicht weil seine Muskeln kontrahieren (s. Hergovich, 2016). Gründe können weiters deshalb nicht auf physiologische Ursache-Wirkungs-Beziehungen reduziert werden, weil sie einer normativen Bewertung unterliegen. Wir unterscheiden im Alltag zwischen „guten“ und „schlechten“ Gründen und Begründungen (s. Schueler, 2010). Auf physiologischer Ebene lassen sich aber keine Bewertungsmaßstäbe für Gründe finden.

3.5 Fazit zur Willensfreiheit

Die Bemühungen innerhalb der Psychologie, insbesondere von Seiten der Neuropsychologie, Willensfreiheit empirisch zu widerlegen, müssen als gescheitert angesehen werden:

---

[46] Der Physikalist Beckermann vertritt diese Ansicht: „Wenn ich meinen Arm hebe und sich dementsprechend mein Arm hebt, dann liegt das primär daran, dass in meinem Arm bestimmte Muskelkontraktionen und -relaxationen stattfinden“ (Beckermann, 2012, S. 9). Falsch! Menschen heben ihren Arm in einer bestimmten Lebenssituation aus einem bestimmten Grund. Der Arm wird primär deshalb gehoben, weil man sich zu Wort melden will, den Kellner darauf aufmerksam machen will, dass man zahlen will u. Ä. Nur wenn ein neurologisches Problem vorliegt (wie z. B. beim Tourette-Syndrom, bei dem unwillkürliche Bewegungen wie das Ausschlagen von Gliedmaßen auftreten können), wird der Arm primär deshalb gehoben, weil die Motoneuronen die Muskeln kontrahieren lassen.

> Kaum jemand mag bestreiten, welche Rolle das Gehirn für uns spielt. Dies bedeutet jedoch nicht, dass Handlungen nicht durch uns als Personen initiiert oder gesteuert werden – mittels unserer Gehirne. […] Ob wir unser Menschenbild ändern sollen, können die Neurowissenschaften nicht entscheiden. Fragen nach dem Menschenbild erfordern eine Auseinandersetzung mit konzeptuellen Fragen (wie z.B. nach dem mereologischen Fehlschluss), mit ethischen Fragen und mit dem Alltagsverständnis. Statt reduktionistisch ein neues Selbstverständnis zu postulieren, ist zu betrachten, was genau die Neurowissenschaften wirklich zeigen und was nicht […] und wie neurowissenschaftliche Studien sinnvoll in Bedeutungs- und Sinnzusammenhänge integriert werden können, ohne Bewusstsein und Subjektivität zu negieren. (Nagel, 2017, S. 22)

Menschen können im Rahmen des durch die Naturgesetze vorgegebenen Spielraums „frei" Handlungen vollziehen. Indem sie Handlungen vollziehen, bestimmen sie den Weltlauf ursächlich mit, ohne selbst Spielball der Naturgesetze zu sein. Dies hat v.a. einen kontrafaktischen Sinn: Wäre die Handlung nicht vollzogen worden, dann hätte dieses Ereignis nicht stattgefunden (hätte ich z.B. dieses Buch nicht geschrieben, wäre es nie erschienen, s. Keil, 2015). Sie werden zu diesen Handlungen nicht genötigt oder determiniert. Und denoch können wir die Freiheit nicht positiv beweisen:

> Man kann zeigen, dass der Freiheit *nichts entgegensteht*, aber da nicht zu sehen ist, was als ein positiver Freiheitsbeweis zählen könnte, muss Freiheit, mit Kants Wort, postuliert werden. Das besagt nicht, dass sie eine „Fiktion" oder eine „notwendige Illusion" wäre, sondern drückt eben den Umstand aus, dass sie nicht bewiesen […] werden kann. „Wenn es aber für etwas keinen Beweis gibt, liegt der Fehler bei demjenigen, der gleichwohl einen verlangt." (Keil, 2015, S. 472)

Ein weiteres Beispiel ist vielleicht geeignet, die Situation zu verdeutlichen: So könnte ein Wissenschaftler auf die Idee kommen, dass es so etwas wie Gegenwart nicht gibt, weil das Jetzt-Intervall bei immer genauerer Messung immer „nichtiger" wird, d.h. sich in nichts auflöst. Da es die Vergangenheit nicht mehr und die Zukunft noch nicht gibt, Vergangenheit und Zukunft also auch nicht vorhanden (gegenwärtig) sind, wäre die Idee der Zeit insgesamt eine „Illusion". Das ist natürlich ein Unsinn, entspringt aber dem vulgären Zeitverständnis (s. Heidegger 1927/2006) und damit letztlich der Idee, dass das, was man wissenschaftlich (d.h. in dem Fall physikalisch) nicht messen und beweisen kann, überhaupt nicht existiert. Im Bezug auf menschliche Freiheit ist die Situation ähnlich gelagert, weil Freiheit immer Möglichkeiten beinhaltet, die – wenn ergriffen – zur Handlung gerinnen und derart auch nicht festgehalten oder objektiviert werden können. Immanuel Kant ist daher nach wie vor uneingeschränkt zuzustimmen:

> Der Mensch fühlt also ein Vermögen in sich, sich durch nichts in der Welt zu irgend Etwas zwingen zu lassen. Es fällt solches zwar öfters schwer aus anderen Gründen; aber es ist doch möglich, er hat doch die Kraft dazu. (Kant, 1821/1964, S. 182)

3.6 Zur Phänomenologie der Entscheidung

Viele unserer Entscheidungen erfolgen gewohnheitsmäßig oder nach stereotypen Abläufen, über die wir uns bewusst keine Gedanken mehr machen. So beruht auch die Wahl unseres Weges in die Arbeit auf vorangegangenen Entscheidungen (fahre ich mit dem Rad oder nehme ich die U-Bahn, biege ich an dieser Kreuzung links oder rechts ab). Wenn wir in die Arbeit fahren, haben wir nicht mehr das Gefühl, uns entscheiden zu müssen, man spricht hier auch von routinisierten Entscheidungen (Pfister, Jungermann & Fischer, 2016). Andere Entscheidungen, wie z. B. der Kauf von Brot in der Bäckerei, verlaufen mit einem etwas höheren Bewusstseinsanteil. Eingeschliffene stereotype Regeln spielen hier eine Rolle (wenn es Dinkelbrot gibt, dann nehme ich Dinkelbrot, ansonsten das Bauernbrot), die zur Verfügung stehenden Optionen werden durchaus auch bewertet. Man spricht hier von stereotypen Entscheidungen. Bei größeren Entscheidungen, wie z. B. der Frage der Berufswahl oder wohin der nächste Urlaub gehen soll, sind die vorgegebenen Optionen oftmals nicht klar, sondern müssen erst erarbeitet werden. Je existenzieller und schwerwiegender die Entscheidungen sind, umso freier sind sie im gelingenden Fall.

An diesen „echten“ Entscheidungen lassen sich zwei Merkmale festmachen. *Erstens* haben wir es hier mit einem dynamischen Prozess zu tun, bei dem es keine fixen invarianten Größen gibt, die in Form eines Kräfteparallelogramms ein prinzipiell vorausberechenbares Resultat erzeugen würden: „Alle Komponenten, die in den dynamischen Prozess des Erwägens und Entscheidens eingehen, modifizieren, beeinflussen und durchdringen sich fortlaufend, und ehe eines der Motive sich durchsetzt, macht es gar keinen Sinn zu sagen, es sei das stärkere“ (Fuchs, 2008, S. 233). Motive, Wünsche, Interessen ändern sich während einer Entscheidungssituation fortlaufend. Dadurch, dass wir uns selbst zu ihnen ins Verhältnis setzen, werden sie modifiziert und verharren nicht in ihrem ursprünglichen Zustand. Das hat auch zur Folge, dass es ein und dieselbe psychische Ausgangssituation niemals wieder gibt. Die Zeitlichkeit des Psychischen ist geschichtlich fortschreitend und ein Wiedereintreten derselben psychischen Ausgangsbedingungen ausgeschlossen:

> Der Strom des Seelenlebens ist als ganzer einmalig, seine Stadien unwiederholbar und seine invarianten Strukturen nur Abstraktionen: Keine Erinnerung, kein Gefühl oder Gedanke wiederholt sich in exakt gleicher Form. Denn alles früher Erlebte wird entweder miterinnert oder beeinflusst das Gegenwärtige implizit, als Vergessenes oder Verdrängtes. (Fuchs, 2008, S. 234)

Zweitens sind Entscheidungen nie völlig intelligibel, d. h. nur aus rationalen Gründen verstehbar. Gefühle ermöglichen uns, antizipierte Vorwegnahmen von Entscheidungen ganzheitlich zu bewerten und abzuschätzen, ob die Entscheidung für sich stimmig ist, ob sie zu uns passt: „Die Authentizität der schließlich getroffenen Entscheidung ergibt sich demnach weniger aus rationaler Erwägung der Gründe als aus einer *gespürten Kongruenz*" (Fuchs, 2008, S. 234). Im Entscheidungsprozess beeinflussen bewusste (explizite, verbalisierte) und unbewusste (implizite, intuitive) Anteile einander wechselseitig: „Entscheiden ist also weder ein rational-diskursiver noch ein irrational-blinder Prozess, sondern bedeutet im gelingenden Fall das Sich-Einstellen einer spürbaren Kongruenz, eine Form nicht berechenbarer Sinnbildung" (Fuchs, 2008, S. 233).

3.7 Psychologische Studien zu den Konsequenzen des Glaubens an den freien Willen

Während die Frage nach der Freiheit des Willens eine philosophische Frage ist, die – wie wir gesehen haben – nicht so ohne weiteres empirisch beantwortet werden kann, gibt es durchaus empirische Methoden, um die Frage nach den Konsequenzen des Glaubens an einen freien Willen zu untersuchen.

Crescioni et al. (2016) führten eine Serie von Studien zum Zusammenhang zwischen dem Glauben an den freien Willen und verschiedenen Variablen durch. Personen, die an den freien Willen glaubten, gaben ein größeres Glücksempfinden, mehr Sinn im Leben, eine größere Zufriedenheit mit dem Leben, höhere Effizienzerwartungen und weniger erlebten Stress an. Insgesamt nahmen Personen, die an den freien Willen glaubten, die Welt positiver wahr und sahen auch mehr Spielraum für sich selbst, das eigene Schicksal positiv zu gestalten.

In einer Studie von Stillman, Baumeister, Vohs, Lambert, Fincham und Brewer (2010) erwarteten die studentischen Vpn mit höherem Glauben an den freien Willen einen höheren Berufserfolg als diejenigen mit geringem Glauben an den freien Willen. In einer zweiten Studie wurden die Leistungen von 65 Tagelöhnern von ihren Vorgesetzten beurteilt und mit ihrem Glauben an den freien Willen in Verbindung gebracht. Auch hier zeigten sich positive Zusammenhänge zwischen dem Glauben an den freien Willen und einer positiven Beurteilung der Arbeitsleistungen.

Baumeister, Masicampo und DeWall (2009) legten in zwei Studien dar, dass Personen, die einen höheren Glauben an den freien Willen haben, hilfsbereiter sind. In Studie 1 zeigten die Vpn eine höhere Hilfsbereitschaft bei fiktiven Szenarios, wenn der Glaube an den freien Willen durch die experimentelle Manipulation verstärkt wurde. In Studie 2 hatten die Vpn die Möglichkeit, sich in einer als real empfundenen Situation als hilfsbereit zu erweisen. Die Hilfsbereitschaft war bei Personen, die an die Existenz des freien Willens glaubten, höher. Studie 3 zeigte schließlich, dass sich Personen, die Richtung Determinismus beeinflusst wurden, gegenüber ihnen zugeteilten Partnern aggressiver verhielten (indem sie diesen mehr scharfe Sauce auf das Essen gaben, obwohl sie wussten, dass diese keine scharf gewürzten Speisen mochten).

Die Studien von Vohs und Schooler (2008) brachten ähnliche Ergebnisse. Diejenigen Vpn, denen durch die experimentelle Manipulation nahegelegt wurde, dass es keinen freien Willen gäbe (die Vpn lasen einen Text des Nobelpreisträgers Francis Crick, der eine radikal materialistisch-deterministische Sicht vertritt), schwindelten eher als Personen, bei denen das nicht der Fall war. Die Vpn sollten Rechenaufgaben lösen. Es wurde ihnen mitgeteilt, dass sie durch einen Programmierfehler die korrekte Antwort am Bildschirm sehen würden, aber die Leertaste drücken könnten, um nicht die Lösung zu sehen. Der Versuchsleiter würde nicht erfahren, wie oft sie die Leertaste drücken, sie sollten aber bitte ehrlich sein und sie jedes Mal drücken. Es wurde registriert, wie oft die Leertaste betätigt wurde, damit die Lösung unsichtbar blieb. In der Versuchsgruppe (kein freier Wille) war das im Schnitt 6-mal der Fall, in der Kontrollgruppe 10,33-mal.

Im Widerspruch zu den geschilderten Ergebnissen wurde in den Studien von Crone und Levy (2019) kein Zusammenhang zwischen dem Glauben an einen freien Willen und der Hilfsbereitschaft bzw. Bereitschaft zu schwindeln gefunden. Daraus leiten die Autoren die Möglichkeit ab, dass zumindest der Einfluss des permanent mehr oder weniger vorhandenen Glaubens an den freien Willen auf das moralische Verhalten möglicherweise überschätzt wird. Allerdings wurde bei Crone und Levy (2019) der Glaube an einen freien Willen nicht experimentell beeinflusst, sondern mittels Fragebögen der dispositionell vorhandene Glaube an einen freien Willen erhoben.

In Studien von Shariff et al. (2014) wurde untersucht, wie sich der Glaube an den freien Willen auf die Tendenz, härtere Strafen zu geben, auswirkt. In Studie 2 wurde der Glaube an den freien Willen experimentell beeinflusst, indem die Vpn entweder einen Text, in dem der freie Wille geleugnet und eine mechanistische Sicht auf den Menschen eingenommen wurde, oder einen neutralen Text lesen sollten. In Studie 3 wurde der Glaube an den freien Willen manipuliert, indem ein neurowissenschaftlicher Text zu lesen war, der ebenfalls ein mechanistisches Weltbild vermittelte (die Effektivität der Manipulation wurde in einer unabhängigen Studie getestet). Anschließend bekamen die Vpn in beiden Studien die Fallvignette eines Mannes dargeboten, der wegen Todschlags angeklagt ist. Die Vpn sollten sich in die Rolle des Richters hineinversetzen und über das Strafausmaß entscheiden. Dabei wurde den Vpn mitgeteilt, dass der Verurteilte vor der Haft eine zweijährige Therapie absolvierte (eine Therapie, die 100-prozentig effektiv wäre). Die Vpn hatten die Wahl, nur die Therapie zu verordnen (Skalenwert 1 auf der Skala von 1–7), den Angeklagten im Anschluss an die Therapie für zwei Jahre (2), fünf Jahre (3), zehn Jahre (4), 25 Jahre mit der Chance auf Begnadigung nach 15 Jahren (5), 25 Jahre ohne Chance auf Begnadigung (6) oder lebenslang (7) zu inhaftieren. Die Ergebnisse (s. Abbildung 80) zeigen, dass im Durchschnitt viel härtere Bestrafungen verhängt werden, wenn die Vpn einen höheren Glauben an den freien Willen haben (neutrale Bedingung).

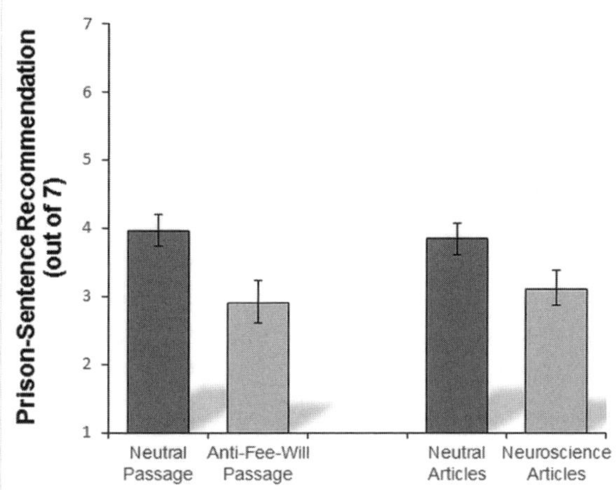

Abbildung 80: Unterschiede zwischen den Bedingungen in der Studie von Shariff et al. (2014).

In den Studien von MacKenzie, Vohs und Baumeister (2014) wurde der Zusammenhang zwischen dem Glauben an einen freien Willen und der Dankbarkeit untersucht. Dabei zeigte sich, dass Personen, die stärker an den freien Willen glauben, generell dankbarer sind. Die experimentelle Manipulation des Glaubens an den freien Willen bewirkte ebenfalls eine höhere Dankbarkeit. (Dabei mussten sich die Vpn an Situationen in ihrem Leben erinnern, in denen sie Dankbarkeit verspürt hatten. Danach sollten sie angeben, wie hoch ihre gefühlte Dankbarkeit für dieses Ereignis momentan ist.)

Menschen, die an den freien Willen glauben, verhalten sich auch weniger konformistisch und agieren autonomer als Personen, bei denen das nicht der Fall ist (Alquist, Ainsworth & Baumeister, 2013). Und sie gehen in strittigen Situationen (z.B. wenn beim Fußball der Ball von einem Feldspieler mit der Hand berührt wurde und die Frage zu klären ist, ob das Handspiel mit Absicht erfolgte) eher davon aus, dass das Verhalten absichtlich vollzogen wurde (Genschow, Rigoni & Brass, 2019).

Insgesamt zeigen sich in den meisten Studien (eine Ausnahme stellt die Studie von Crone und Levy, 2019, dar) durchweg positive Effekte des Glaubens an den freien Willen. Menschen, die an den freien Willen glauben, fühlen sich selbst besser, sie gehen davon aus, mehr Handlungsmöglichkeiten im Leben zu haben, sie sind ehrlicher und sie verhalten sich anderen Menschen gegenüber respektvoller und hilfsbereiter als deterministisch eingestellte Menschen. Das Ergebnis, wonach Personen, die an den freien Willen glauben, zu härteren Strafen tendieren, steht nicht im Widerspruch zu diesen Ergebnissen, sondern drückt aus, dass diese Menschen sich selbst und anderen mehr Verantwortung für ihr Handeln zuschreiben. Jemand, der für sein Handeln selbst verantwortlich ist, bekommt die positiven Folgen dieser Verantwortung zu spüren, indem man ihm mehr Dankbarkeit entgegenbringt. Im negativen Fall muss er aber damit rechnen, dafür auch zur Verantwortung gezogen zu werden. Die höhere Bestrafung ist Ausdruck dieser zugeschriebenen Verantwortung.

3.8 Die Theorie der subjektiven Freiheit von Steiner

Eine der wenigen psychologischen Theorien zur Freiheit stammt von Steiner (1970). Er unterscheidet zwischen Ergebnis- und Entscheidungsfreiheit. Die Ergebnisfreiheit ist umso höher, je besser die Ergebnisse ausfallen und je höher die Gewissheit ist, diese guten Ergebnisse auch zu erreichen. Auf eine Formel gebracht bedeutet das:

> Ergebnisfreiheit E = (Wert der Ergebnisse x der subjektiven Wahrscheinlichkeit, diese zu erreichen) – Kosten.

Die Entscheidungsfreiheit wiederum ist umso höher, je mehr Alternativen es gibt. Allerdings spielt die Bewertung der Alternativen auch eine Rolle (Entscheidungsfreiheit und Ergebnisfreiheit sind also nicht unabhängig voneinander). Wenn man z. B. in einem Restaurant eine große Speisenauswahl hat, aber einem nur ein einziges Gericht zusagt, ist die erlebte Entscheidungsfreiheit nicht hoch. Am höchsten wird die Entscheidungsfreiheit empfunden, wenn bei gegebener Anzahl an Alternativen alle Alternativen gleichwertig erscheinen, d. h. man sie mit gleicher subjektiver Wahrscheinlichkeit bevorzugt. In dem Fall ist die Entscheidungsfreiheit hoch, aber man hat die „Qual der Wahl".

Bekommt der Student zur bestandenen Abschlussprüfung von seinen wohlhabenden Eltern einen kleinen Sportwagen geschenkt, so ist seine Ergebnisfreiheit hoch, seine Entscheidungsfreiheit aber gering. Wenn man in einer Confiserie die Wahl zwischen vielen Sorten Schokolade hat, besteht eine hohe Entscheidungsfreiheit, aber nur eine geringe Ergebnisfreiheit.

Eine sehr große Anzahl an Alternativen kann jedoch als unangenehm empfunden werden, man spricht dann von einer „Tyrannei der Freiheit". So zeigte eine Reihe von Studien, dass die Bewertung von Optionen besser ausfällt, wenn nicht zu viele Alternativen vorhanden sind. In der Studie von Iyengar und Lepper (2000) sollten die Vpn Schokolade entweder aus sechs oder aus 30 Geschmacksrichtungen wählen. In der Bedingung mit sechs Sorten wurde die Qualität der gewählten Schokolade besser bewertet. Iyenbar und Lepper (2000) postulieren einen umgekehrt U-förmigen Zusammenhang zwischen der Anzahl der Sorten und der Bewertung bzw. Zufriedenheit der Konsumenten (s. Abbildung 81).

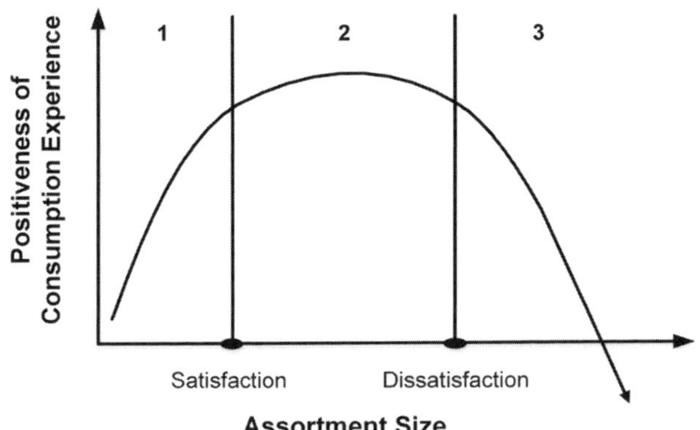

Abbildung 81: Die Beziehung zwischen der Anzahl der Alternativen und der Zufriedenheit mit dem Produkt (modifiziert nach Iyengar & Lepper, 2000).

Umgekehrt führt die Bedrohung der Freiheit (indem z. B. Alternativen wegfallen, beim Schlussverkauf oder wenn Angebote nur eine bestimmte Zeit lang gelten) zu Reaktanz. Unter Reaktanz (Brehm, 1972) versteht man einen Erregungs- und Motivationszustand, der darauf abzielt, die bedrohte Freiheit wiederzuerlangen. Auf emotionaler Ebene zeigt sich dann Wut oder Aggression, auf der Verhaltensebene versucht die Person, das bedrohte Verhalten dennoch auszuführen (indem sie z. B. das Kleidungsstück, das im Ausverkauf bereits vergriffen ist, woanders zu erlangen sucht). Der *Romeo-und-Julia-Effekt* (der Effekt einer großen Liebe, die v. a. deshalb so groß ist, weil sie nicht geduldet wird) kann auch als Reaktanzeffekt betrachtet werden.

4 Literatur

Ader, R. & Cohen, N. (1975). Behaviorally conditioned immunosuppression. *Psychosomatic Medicine, 37*, 333–340.

Albert, M. S., Heller, H. S. & Milberg, W. (1988). Changes in naming ability with age. *Psychology and Aging, 3*, 173–178.

Alexander, P., Schlegel, A., Sinnott-Armstrong, W., Roskies, A. L., Wheatley, T. & Tse, P. U. (2016). Readiness potentials driven by non-motoric processes. *Consciousness and Cognition, 39*, 38–47.

Alquist, J. L., Ainsworth, S. E. & Baumeister, R. F. (2013). Determined to conform: Disbelief in free will increases conformity. *Journal of Experimental Social Psychology, 49*, 80–86.

Amsel, A. & Rashotte, M. E. (1977). Entwicklungsrichtlinien der S-R-Lerntheorien in Amerika. Mit spezieller Berücksichtigung Clark L. Hulls, seiner Vorgänger und Nachfolger. In H. Zeier (Hrsg.), *Die Psychologie des 20. Jahrhunderts. Bd. IV, Pawlow und die Folgen (S. 83–160)*. Zürich: Kindler.

Anderson, J. R. (2000). *Learning and memory: An integrated approach*. New York: Wiley.

Anderson, J. R. (2007). *Kognitive Psychologie* (6. Auflage, dt. Ausgabe herausgegeben von J. Funke). Berlin: Springer.

Anderson, J. R. & Bower, G. H. (1972). Configural properties in sentence memory. *Journal of Verbal Learning and Verbal Behavior, 11*, 595–605.

Aronson, E., Wilson, T. D. & Akert, R. M. (2008). *Sozialpsychologie*. München: Pearson.

Atkinson, R. C. & Shiffrin, R. M. (1968). Human memory: A proposed system and its control processes. *Psychology of Learning and Motivation*, *2*, 89–195.

Ayton, P. & Fischer, I. (2004). The hot hand fallacy and the gambler's fallacy: Two faces of subjective randomness? *Memory & Cognition, 32*, 1369–1378.

Baddeley, A. D. (1992). Working memory. *Science, 255*(5044), 556–559.

Baddeley, A. D. (2000). The episodic puffer: A new component of working memory? *Trends in Cognitive Sciences, 4*, 417–423.

Baddeley, A. D., Thompson, N. & Buchanan, M. (1975). Word length and the structure of short-term memory. *Journal of Verbal Learning and Verbal Behavior, 14*, 575–589.

Baltaci, K. (2020). Massentests. Die Angst vor falsch positiven Ergebnissen ist unberechtigt. *Die Presse, 23.11.2020*, verfügbar unter https://www.diepresse.com/5901102/massentests-die-angst-vor-falsch-positiven-ergebnissen-ist-unberechtigt am 9.12.2020.

Bandura, A. (1965). Influence of models' reinforcement contingencies on the acquisition of imitative responses. *Journal of Personality and Social Psychology*, *1*, 589–595.

Bandura, A. (1977). Self-efficacy: Toward a unifying theory of behavioral change. *Psychological Review, 84*, 191–215.

Bandura, A. (1986). *Social foundations of thought and action*. Englewood Cliffs, NJ: Prentice Hall.

Bargh, J. A., Gollwitzer, P. M., Lee-Chai, A., Barndollar, K. & Trötschel, R. (2001). The automated will: Nonconscious activation and pursuit of behavioral goals. *Journal of Personality and Social Psychology, 81*, 1014–1027.

Bar-Hillel, M. A. & Falk, R. (1982). Some teasers concerning conditional probabilities. *Cognition, 11*, 109–122.

Bartlett, F. C. (1932). *Remembering: A study in experimental and social psychology*. Cambridge: Cambridge University Press.

Baumeister, R. F., Masicampo, E. J. & DeWall, C. N. (2009). Prosocial benefits of feeling free: Disbelief in free will increases aggression and reduces helpfulness. *Personality and Social Psychology Bulletin, 35*, 260–268.

Becker-Carus, C. & Wendt, M. (2017). *Allgemeine Psychologie. Eine Einführung*. Berlin: Springer.

Beckermann, A. (2012). Naturwissenschaften und manifestes Weltbild. Über den Naturalismus. *Deutsche Zeitschrift für Philosophie, 60*, 5–26.

Beller, S. (1998). *Inhaltseffekte beim logischen Denken – Der Fall der Wason'schen Wahlaufgabe*. Vortrag beim 41. Kongress der Deutschen Gesellschaft für Psychologie in Dresden.

Beller, S. & Bender, A. (2010). *Allgemeine Psychologie – Denken und Sprache*. Göttingen: Hogrefe.

Benetka, G. (2012). *Zur Kritik des Subjektbegriffs in der Psychologie*. Wien: Verlag Sigmund Freud Privatuniversität.

Benetka, G. & Werbik, H. (2016). *Kritik der Neuropsychologie*. Eine Streitschrift. Gießen: Psychosozial-Verlag.

Bennett, A. T. D. (1996). Do animals have cognitive maps? *Journal of Experimental Biology, 199*, 219–242.

Bennett, M. R. & Hacker, P. M. S. (2010). *Die philosophischen Grundlagen der Neurowissenschaften*. Darmstadt: Wissenschaftliche Buchgesellschaft.

Birnbaum, M. H. (1983). Base rates in Bayesian inference: Signal detection analysis of the cab problem. *American Journal of Psychology, 96*, 85–94.

Bjork, D. W. (1997). *B. F. Skinner – a life*. Washington: American Psychological Association.

Botterill, G. & Carruthers, P. (1999). *The philosophy of psychology*. Cambridge: Cambridge University Press.

Bower, G. H., Clark, M. C., Lesgold, A. M. & Winzenz, D. (1969). Hierarchical retrieval schemes in recall of categorical word lists. *Journal of Verbal Learning and Verbal Behavior, 8*, 323–343.

Bransford, J. D. & Johnson, M. K. (1972). Contextual prerequisites for understanding: Some investigations of comprehension and recall. *Journal of Verbal Learning and Verbal Behavior, 11*, 717–726.

Brass, M., Furstenberg, A. & Mele, A. R. (2019). Why neuroscience does not disprove free will. *Neuroscience & Biobehavioral Reviews, 102*, 251–263.

Brehm, J. W. (1972). *Responses to loss of freedom: A theory of psychological reactance*. Morristown: General Learning Press.

Bruner, J. S. (1960). *The process of education*. Cambridge, MA: Harvard University Press.

Bruner, J. S. (1997). *Sinn, Kultur und Ich-Identität. Zur Kulturpsychologie des Sinns*. Heidelberg: Carl-Auer-Systeme.

Bruner, J. S. & Goodman, C. C. (1947). Value and need as organizing factors in perception. *Journal of Abnormal and Social Psychology, 42*, 33–44.

Budescu, D. V. (1987). A Markov model for generation of random binary sequences. *Journal of Experimental Psychology: Human Perception and Performance, 13*, 25–39.

Butler, R. A. (1953). Discrimination learning by rhesus monkeys to visual-exploration motivation. *Journal of Comparative and Physiological Psychology, 46*, 95–98.

Cabeza, R., Rao, S., Wagner, A. D., Mayer, A. R. & Schacter, D. L. (2001). Can medial temporal lobe regions distinguish true from false? An event-related fMRI study of veridical and illusory recognition memory. *Proceedings of the National Academy of Sciences, 98*, 4805–4810.

Carpenter, W. G. (1884). *Principles of mental physiology with their applications to the training and discipline of the mind and study of its morbid conditions.* New York: Appleton.

Catania, A. C. & Cutts, D. (1963). Experimental control of superstitious responding in humans. *Journal of the Experimental Analysis of Behavior, 6*, 203–208.

Cattell, R. B. (1963). Theory of fluid and crystallized intelligence: A critical experiment. *Journal of Educational Psychology, 54*, 1–22.

Chaitin, G. J. (1975). Randomness and mathematical proof. *Scientific American, 232*, 47–52.

Chapman, L. J. & Chapman, J. P. (1959). Atmosphere effect re-examined. *Journal of Experimental Psychology, 58*, 220–226.

Chase, W. G. & Simon, H. A. (1973). Perception in chess. *Cognitive Psychology, 4*, 55–81.

Chenal, R., Sing Ho, L. K., Kokkinakis, I., Selby, K., Greub, G., d'Acremont, V. & Favrat, B. (2020). Eine Fallserie über die Schwierigkeiten in der klinischen Praxis. Nachweis von SARS-CoV-2 mittels RT-PCR aus nasopharyngealem Abstrich. *Swiss Medical Forum, 20*, 415–419.

Chevreul, M. E. (1833). Lettre à M. Ampère sure une classe particulaires. *Review des Deux Mondes, 2*, 258–266.

Chomsky, N. (1959). Review of Skinner's Verbal Behavior. *Language, 35*, 26–58.

Chomsky, N. (1988). *Language and Problems of Knowledge.* The Managua Lectures. Cambridge: The MIT Press.

Cohen, L. J. (1981). Can human irrationality be experimentally demonstrated? *The Behavioral and Brain Sciences, 4*, 317–370.

Cohen, N. J. & Squire, L. R. (1980). Preserved learning and retention of pattern-analyzing skill in amnesia: Dissociation of knowing how and knowing that. *Science, 210*, 207–210.

Coles, N. A., Larsen, J. T. & Lench, H. C. (2019). A Meta-analysis of the facial feedback literature: Effects of facial feedback on emotional experience are small and variable. *Psychological Bulletin, 145*, 610–651.

Connolly, T. & Bukszar, E. W. (1990). Hindsight bias: Self-flattery or cognitive error? *Behavioral and Decision Making, 3*, 205–211.

Cosmides, L. & Tooby, J. (1996). Are humans good intuitive statisticans after all: Rethinking some conclusions from the literature on judgment under uncertainty. *Cognition, 58*, 1–73.

Craik, F. I. & Lockhart, R. S. (1972). Levels of processing: A framework for memory research. *Journal of Verbal Learning and Verbal Behavior, 11*, 671–684.

Crescioni, A. W., Baumeister, R. F., Ainsworth, S. E., Ent, M. & Lambert, N. M. (2016). Subjective correlates and consequences of belief in free will. *Philosophical Psychology, 29*, 41–63.

Crespi, L. P. (1942). Quantitative variation of incentive and performance in the white rat. *American Journal of Psychology, 55*, 467–517.

Crone, D. L. & Levy, N. L. (2019). Are free will believers nicer people (four studies suggest not)? *Social Psychological and Personality Science, 10*, 612–619.

Damrad-Frye, R. & Laird, J. D. (1989). The experience of boredom: The role of the self-perception of attention. *Journal of Personality and Social Psychology, 57*, 315–320.

Deese, J. (1959). On the prediction of occurrence of particular verbal intrusion in immediate recall. *Journal of Experimental Psychology, 58*, 17–22.

Degen, R. (2005). Wenn das Essen hochkommt. *Tabula, 2*, 8 f.

Demmerling, C. (2016). Sprache, Denken, praktische Begriffe. Überlegungen zur Frage nach der Sprachabhängigkeit des Denkens und Handelns. In M. Soboleva (Hrsg.), *Das Denken des Denkens. Ein philosophischer Überblick (S. 39–60)*. Bielefeld: transcript.

Dörner, D. (1976). *Problemlösen als Informationsverarbeitung*. Stuttgart: Kohlhammer.

Duncker, K. (1935). *Zur Psychologie des produktiven Denkens*. Berlin: Springer.

Dunsmoor, J. E., Mitroff, S. R. & LaBar, K. S. (2009). Generalization of conditioned fear along a dimension of increasing fear intensity. *Learning & Memory, 16*, 460–469.

Dutton, D. G. & Aron, A. P. (1974). Some evidence of heightened sexual attraction under conditions of high anxiety. *Journal of Personality and Social Psychology, 30*, 510–517.

Ebbinghaus, H. (1885). *Über das Gedächtnis: Untersuchungen zur experimentellen Psychologie*. Leipzig: Duncker & Humblot.

Eddy, D. M. (1982). Probabilistic reasoning in clinical medicine: Problems and opportunities. In D. Kahneman, P. Slovic & A. Tversky (1982), *Judgment under uncertainty: Heuristics and biases (pp. 249–267)*. Cambridge: Cambridge University Press.

Edwards, W. (1954). The theory of decision making. *Psychological Bulletin, 51*, 380–417.

Elger, C. et al. (2004). Das Manifest. Elf führende Neurowissenschaftler über Gegenwart und Zukunft der Hirnforschung. *Gehirn und Geist, 6*, 30–37.

Epstein, S. (1994). Integration of the cognitive and psychodynamic unconscious. *American Psychologist, 49*, 709–724.

Ericsson, K. A. (1985). Memory skill. *Canadian Journal of Psychology, 39*, 188–231.

Ericsson, K. A., Cheng, X., Pan, Y., Ku, Y., Ge, Y. & Hu, Y. (2017). Memory skills mediating superior memory in a world-class memorist. *Memory, 25*, 1294–1302.

Ericsson, K. A., Krampe, R. T. & Tesch-Römer, C. (1993). The role of deliberate practice in the acquisition of expert performance. *Psychological Review, 100*, 363–406.

Estes, W. (1976). The cognitive side of probability learning. *Psychological Review, 83*, 37–64.

Evans, J. St. B. T. & Over, D. E. (1996). *Rationality and reasoning*. Hove: Psychology Press.

Evans, J. St. B. T. & Over, D. E. (2009). Heuristic thinking and human intelligence: A commentary on Marewski, Gaissmaier & Gigerenzer. *Cognitive Processes, 11*, 171–175.

Falkenburg, B. (2012). *Mythos Determinismus. Wieviel erklärt uns die Hirnforschung?* Berlin: Springer.

Farmer, G. D., Warren, P. A. & Hahn, U. (2017). Who „believes" in the gambler's fallacy and why? *Journal of Experimental Psychology: General, 146*, 63–76.

Feinberg, R. A. (1986). Credit cards as spending facilitating stimuli – a conditioning interpretation. *Journal of Consumer Research, 13*, 348–356.

Fiedler, K. (1988). The dependence of the conjunction fallacy on subtle linguistic factors. *Psychological Research, 50*, 123–129.

Fischhoff, B. (1980). For those condemned to study the past: Reflections on historical judgment. In R. A. Shweder & D. Fiske (Eds.), *New directions for methodology of behavioral science: Fallible judgment in behavioral research (pp. 79–93)*. San Francisco: Jossey-Bass.

Forer, B. R. (1949). The fallacy of personal validation: A classroom demonstration of gullibility. *Journal of Abnormal and Social Psychology, 44*, 123–134.

Fruzetti, A. E., Toland, K., Teller, S. A. & Loftus, E. F. (1992). Memory and eyewitness testimony. In M. M. Gruneberg & P. E. Morris (Eds.), *Aspects of memory: The practical aspects (pp. 18–50)*. Florence: Taylor & Frances/Routledge.

Fuchs, T. (2008). Was heißt ‚sich entscheiden'? Die Phänomenologie von Entscheidungsprozessen und die Debatte um die Willensfreiheit. In H. Joas & M. Jung (Hrsg.), *Über das anthropologische Kreuz der Entscheidung (S. 225–240)*. Baden-Baden: Nomos.

Funder, D. C. (2000). Gone with the wind: Individual differences in heuristics and biases undermine the implication of systematic irrationality [commentary to Stanovich & West, 2000]. *Behavioral and Brain Sciences, 23*, 673 f.

Funke, J. (2003). *Problemlösendes Denken*. Stuttgart: Kohlhammer.

Gabriel, G. (2015). *Erkenntnis*. Berlin: Walter de Gruyter.

Gaissmaier, W. & Marewski, J. N. (2011). Forecasting elections with mere recognition from small, lousy samples: A comparison of collective recognition, wisdom of crowds, and representative polls. *Judgment and Decision Making, 6*, 73–88.

Garcia, J., Ervin, F. R. & Koelling, R. A. (1966). Learning with prolonged delay of reinforcement. *Psychonomic Science, 5*, 121 f.

Garcia, J. & Koelling, R. A. (1966). Relation of cue to consequence in avoidance learning. *Psychonomic Science, 4*, 123 f.

Gaßmann, B. (2010). Spinozas Substanzmonismus und die Aporien des Determinismus. *Erinnyen – Zeitschrift für Materialistische Ethik*, 21, 41–62.

Gazzaniga, M. S. & Heatherton, T. F. (2003). *Psychological science: The mind, brain, and behavior*. New York: W. W. Norton & Company.

Genschow, O., Rigoni, D. & Brass, M. (2019). The hand of God or the hand of Maradona? Believing in free will increases perceived intentionality of others' behavior. *Consciousness and Cognition, 70*, 80–87.

Germis, C. (2007). Mut zur Bauchentscheidung. *Frankfurter Allgemeine* vom 4.6.2007. Online-Information, verfügbar unter http://www.faz.net/aktuell/feuilleton/wirtschaft/mut-zur-bauchentscheidung-1439198.html am 18.2.2018.

Gerrig, R. E. (2015). *Psychologie* (20. Auflage, in deutscher Bearbeitung von T. Dörfler und J. Roos). Halbergmoos: Pearson.

Gibson, J. J. (1966). *The senses considered as perceptual systems*. Boston: Houghton Mifflin.

Gigerenzer, G. (1988). Woher kommen Theorien über kognitive Prozesse? *Psychologische Rundschau, 39*, 91–100.

Gigerenzer, G. (1991). How to make cognitive illusions disappear: Beyond „heuristics and biases". In W. Stroebe & M. Hewstone (Eds.), *European review of social psychology (Vol. 2, pp. 83–115)*. New York: John Wiley.

Gigerenzer, G. (1993). Die Repräsentation von Information und ihre Auswirkung auf statistisches Denken. In W. Hell, K. Fiedler & G. Gigerenzer (Hrsg.), *Kognitive Täuschungen (S. 99–127)*. Heidelberg: Spektrum.

Gigerenzer, G. (1996). Rationality: Why social context matters. In P. B. Bates & U. M. Staudinger (Eds.), *Interactive minds: Life-span perspectives on the social foundation of cognition (pp. 319–346).* New York: Cambridge University Press.

Gigerenzer, G. (2015). Towards a paradigm shift in cancer screening: Informed citizens instead of greater participation. *The British Medical Journal, 350*: h2175.

Gigerenzer, G. & Gaissmaier, W. (2011). Heuristic decision making. *Annual Review of Psychology, 62*, 451–482.

Gigerenzer, G. & Goldstein, D. G. (1996). Reasoning the fast and frugal way: Models of bounded rationality. *Psychological Review, 103*, 650–669.

Gigerenzer, G. & Hoffrage, U. (1995). How to improve Bayesian reasoning without instruction: Frequency formats. *Psychological Review, 102*, 684–704.

Gigerenzer, G. & Hug, K. (1992). Domain-specific reasoning: Social contracts, cheating, and perspective change. *Cognition, 43*, 127–171.

Gigerenzer, G., Kuoni, J. & Ritschard, R. (2015). Was Ärzte wissen müssen. *Swiss Medical Forum, 15*, 787–793.

Gigerenzer, G., Todd, P. M. & ABC Research Group (1999). *Simple heuristics that make us smart.* New York: Oxford University Press.

Gilovich, T., Vallone, R. & Tversky, A. (1985). The hot hand in basketball: On the misperception of random sequences. *Cognitive Psychology, 17*, 295–314.

Gluck, M. A., Mercado, E. & Meyers, C. E. (2010). *Lernen und Gedächtnis. Vom Gehirn zum Verhalten.* Heidelberg: Spektrum.

Godden, D. R. & Baddeley, A. D. (1975). Context-dependent memory in two natural environments: On land and under water. *British Journal of Psychology, 66*, 325–331.

Goldstein, D. & Gigerenzer, G. (2002). Models of ecological rationality: The recognition heuristic. *Psychological Review, 109*, 75–90.

Goldstein, D. & Gigerenzer, G. (2009). Fast and frugal forecasting. *International Journal of Forecasting, 25*, 760–772.

Gollwitzer, P., Heckhausen, H. & Steller, B. (1990). Deliberative and implemental mindsets: Cognitive tuning toward congruous thoughts and information. *Journal of Personality and Social Psychology, 59*, 1119–1127.

Goodman, N. (1983). *Fact, fiction and forecast.* Cambridge: Harvard University Press.

Goschke, T. (2008). Volition und kognitive Kontrolle. In J. Müsseler (Hrsg.), *Allgemeine Psychologie (S. 232–260).* Berlin: Springer.

Grice, G. R. (1948). The relation of secondary reinforcement to delayed reward in visual discrimination learning. *Journal of Experimental Psychology, 38*, 1–16.

Grice, P. (1989). *Studies in the way of words.* Cambridge, MA: Harvard University Press.

Griggs, R. A. & Cox, J. R. (1982). The elusive thematic-materials effects in Wason's selection task. *British Journal of Psychology, 73*, 407–420.

Grundmann, T. (2001). Wenn der Determinismus wahr wäre … Über die Möglichkeit von Willensfreiheit in der natürlichen Welt. Online-Information, verfügbar unter https://uni-tuebingen.de/fileadmin/Uni_Tuebingen/Fakultaeten/PhiloGeschichte/Dokumente/Downloads/ver%c3%b6ffentlichungen/Willensfreiheit.pdf am 18.10.2018.

Günther, K. (2009). Die naturalistische Herausforderung des Schuldstrafrechts. In S. Schleim, T. M. Spranger & H. Walter (Hrsg.), *Von der Neuroethik zum Neurorecht? (S. 214–242)*. Göttingen: Vandenhoeck & Ruprecht.

Günther, M. (1976). *B. F. Skinners Konzeption verbalen Verhaltens*. Hamburg: Helmut Buske.

Haggard, P. (2008). Human volition: Towards a neuroscience of will. *Nature Review Neuroscience, 9*, 934–946.

Haggard, P. & Eimer, M. (1999). On the relation between brain potentials and the awareness of voluntary movements. *Experimental Brain Research, 126*, 128–133.

Haggbloom, S. J. (2002). The 100 most eminent psychologists of the 20th century. *Review of General Psychology, 6*, 139–152.

Hall, R. W. & Anand, K. W. S. (2014). Pain management in newborns. In R. H. Lane & R. M. Kliegman (Eds.), *Current Controversies in Perinatology (pp. 895–924)*. Philadelphia: Elsevier.

Harlow, H. F. (1958). The nature of love. *American Psychologist, 13*, 673–685.

Healy, B., Khan, A., Metezai, H., Blyth, I. & Asad, H. (2021). The impact of false positive COVID-19 results in an area of low prevalence. *Clinical Medicine, 21*, published on November 26 ahead of print, https://doi.org/10.7861/clinmed.2020-0839.

Heidegger, M. (1954). *Was heißt Denken?* Tübingen: Max Niemeyer.

Heidegger, M. (1927/2006). *Sein und Zeit*. Tübingen: Max Niemeyer.

Helberg, C. (2020). Corona-PCR-Test und Vortestwahrscheinlichkeit: So kann es zu falschen Ergebnissen kommen. Online-Information, verfügbar unter correctiv.org/faktencheck/hintergrund/2020/06/18/corona-pcr-test-und-vortestwahrscheinlichkeit-so-kann-es-zu-falschen-ergebnissen-kommen am 23.11.2020.

Hell, W. (1993). Gedächtnistäuschungen. In W. Hell, K. Fiedler & G. Gigerenzer (Hrsg.), *Kognitive Täuschungen. Fehl-Leistungen und Mechanismen des Urteilens, Denkens und Erinnerns (S. 13–38)*. Heidelberg: Spektrum.

Heltzer, R. A. & Vyse, S. A. (1994). Problem solving and intermittent consequences: The experimental control of superstitious beliefs. *The Psychological Record, 44*, 155–169.

Henle, M. (1962). On the relation between logic and thinking. *Psychological Review, 69*, 366–378.

Hergovich, A. (2005). *Der Glaube an Psi. Die Psychologie der paranormalen Überzeugungen*. Bern: Huber.

Hergovich, A. (2016). Zum Verhältnis von Lebenswelt und Wissenschaft. Eine späte Erwiderung auf Ansgar Beckermann. *Deutsche Zeitschrift für Philosophie, 64*, 20–44.

Herkner, W. (1992). *Psychologie*. Wien: Springer.

Herrmann, C. S., Pauen, M., Byoung-Kyong, M., Busch, N. A. & Rieger, J. W. (2008). Analysis of a choice-reaction task yields a new interpretation of Libet's experiments. *International Journal of Psychophysiology, 67*, 151–157.

Herrnstein, R. J. (1970). On the law of effect. *Journal of Experimental Analysis of Behavior, 13*, 243–266.

Hertwig, R. (1996). Sind die Gesetze des Denkens die Gesetze der Wahrscheinlichkeitstheorie und der Logik? In H. Mandl (Hrsg.), *Bericht über den 40. Kongreß der Deutschen Gesellschaft für Psychologie (S. 102–113)*. Göttingen: Hogrefe.

Hertwig, R. (2006). Strategien und Heuristiken. In J. Funke & P. A. Frensch (Hrsg.), *Handbuch der Psychologie (Bd. 5, Handbuch der Allgemeinen Psychologie – Kognition, S. 461–469)*. Göttingen: Hogrefe.

Hertwig, R. & Gigerenzer, G. (1999). The „conjunction fallacy“ revisited: How intelligent inferences look like reasoning errors. *Journal of Behavioral Decision Making, 12*, 275–305.

Hertwig, R. & Hoffrage, U. (2001). Eingeschränkte und ökologische Rationalität: Ein Forschungsprogramm. *Psychologische Rundschau, 52*, 11–19.

Hess, T. M. (2005). Memory and aging in context. *Psychological Bulletin, 131*, 383–406.

Hilgard, E. R. (1965). *Hypnotic Susceptibility*. New York: Harcourt, Brace & World.

Hölzl, E., Kirchler, E. & Rodler, C. (2002). Hindsight bias in economic expectations: I knew all along what I want to hear. *Journal of Applied Psychology, 87*, 437–443.

Hoffrage, U. & Gigerenzer, G. (1998). Using natural frequencies to improve diagnostic inferences. *Academic Medicine, 73*, 538–540.

Hyde, T. S. & Jenkins, J. J. (1973). Recall for words as a function of semantic, graphic, and syntactic orienting task. *Journal of Verbal Learning and Verbal Behavior, 12*, 471–480.

INSTAND (2020). Kommentar zum Extra Ringversuch Gruppe 340 Virusgenom-Nachweis – SARS-CoV-2. Online-Information, verfügbar unter https://www.instand-ev.de/System/rv-files/340%20DE%20SARS-CoV-2%20Genom%20April%202020%2020200502j.pdf am 9.12.2020.

Iso-Ahola, S. E. (2017). Reproducibility in psychological science: When do psychological phenomena exist? *Frontiers in Psychology, 8*, 879.

Iyengar, S. S. & Lepper, M. R. (2000). When choice is demotivating: Can one desire too much of a good thing? *Journal of Personality and Social Psychology, 79*, 995–1006.

Jaafer, R., Aherfi, S., Wurtz, N., Grimaldier, C., Van Hoang, T., Colson, P., Raoult, D. & LaScola, B. (2020, in print). Correlation between 3790 quantitative Polymerase Chain Reaction-positives samples and positive cell cultures, including 1941 severe acute respiratory syndrome Coronavirus 2 isolates. *Clinical Infectious Diseases*, https://doi.org/10.1093/cid/ciaa1491.

Jenkins, J. G. & Dallenbach, K. M. (1924). Obliviscence during sleep and waking. *American Journal of Psychology, 35*, 605–612.

Jensen, R. (1996). Behaviorism, latent learning and cognitive maps: Needed revisions in introductory psychology textbooks. *The Behavior Analyst, 29*, 187–209.

Johnson, J. T. (1986). The knowledge of what might have been: Affective and attributional consequences of near outcomes. *Personality and Social Psychology Bulletin, 12*, 51–62.

Johnson-Laird, P. N., Legrenzi, P. & Legrenzi, M. S. (1972). Reasoning and a sense of reality. *British Journal of Psychology, 63*, 395–400.

Jost, A. (1896). Die Assoziationsfestigkeit in ihrer Abhängigkeit von der Verteilung der Wiederholungen. *Zeitschrift für Psychologie und Physiologie der Sinnesorgane, 14*, 436–472.

Kahneman, D. (1981). Who shall be the arbiter of our intuitions. *Behavioral and Brain Sciences, 4*, 339 f.

Kahneman, D. (2003). A perspective on judgment and choice: Mapping bounded rationality. *American Psychologist, 58*, 697–720.

Kahneman, D. & Frederick, S. (2002). Representativeness revisited: Attribute substitution in intuitive judgment. In T. Gilovich, D. Griffin & D. Kahneman (Eds.), *Heuristics and Biases (pp. 49–81)*. New York: Cambridge University Press.

Kahneman, D. & Miller, D. T. (1986). Norm theory: Comparing reality to its alternatives. *Psychological Review, 93*, 136–153.

Kahneman, D. & Tversky, A. (1973). On the psychology of prediction. *Psychological Review, 80*, 237.

Kahneman, D. & Tversky, A. (1974). Judgment under uncertainty: Heuristics and biases. *Science, 185*, 1124–1131.

Kahneman, D. & Tversky, A. (1982). The simulation heuristic. In D. Kahneman, P. Slovic & A. Tversky (Eds.), *Judgment under uncertainty: Heuristics and biases (pp. 201–208)*. Cambridge: Cambridge University Press.

Kandel, E. (1979). Cellular insights into behavior and learning. *The Harvey lectures, 73*, 29–92.

Kant, I. (1821/1964). *Vorlesungen über die Metaphysik*. Darmstadt: Wissenschaftliche Buchgesellschaft.

Kapur, S., Craik, F. I. M., Tulving, E., Wilson, A. A., Houle, S. & Brown, G. M. (1994). Neuroanatomical correlates of encoding in episodic memory: Levels of processing effect. *Proceedings of the National Academy of Science, USA, 91*, 2008–2011.

Keil, G. (2003). Über den Homunkulus-Fehlschluss. *Zeitschrift für philosophische Forschung, 57*, 1–26.

Keil, G. (2009). Wir können auch anders. Skizze einer libertarischen Konzeption der Willensfreiheit. *Erwägen - Wissen - Ethik, 19*, 3–16.

Keil, G. (2010). Keine Strafe ohne Schuld, keine Schuld ohne freien Willen. *Studien zur theologischen Ethik, 128*, 159–173.

Keil, G. (2011). Libertarische Freiheit für natürliche Wesen. Zu Ansgar Beckermanns Freiheitsauffassung. *Allgemeine Zeitschrift für Philosophie, 36*, 154–176.

Keil, G. (2015). *Handeln und Verursachen*. Frankfurt a. Main: Klostermann.

Keil, G. (2017). *Willensfreiheit*. Berlin: Walter de Gruyter.

Keller, I. & Heckhausen, H. (1990). Readiness potentials preceding spontaneous motor acts: Voluntary vs involuntary control. *Electroencephalography and Clinical Neurophysiology, 76*, 351–361.

Klemm, W. R. (2010). Free will debates: Simple experiments are not so simple. *Advances in Cognitive Psychology, 6*, 47–65.

Kolmogoroff, A. N. (1933/1973). *Grundbegriffe der Wahrscheinlichkeitsrechnung*. Heidelberg: Springer.

Kolmogoroff, A. N. (1965). Three approaches to the quantitative definition of information. *Problems in Information Transmission, 56*, 263–269.

Kornhuber, H. H. & Deecke, L. (1965). Hirnpotentialänderungen bei Willkürbewegungen und passiven Bewegungen des Menschen. Bereitschaftspotential und reafferente Potentiale. *Pflügers Archiv European Journal of Physiology, 284*, 1–17.

Krueger, W. C. F. (1929). The effect of overlearning on retention. *Journal of Experimental Psychology, 12*(1), 71.

Kussmann, T. (1977). Pawlow und das klassische Konditionieren. In H. Zeier (Hrsg.), *Die Psychologie des 20. Jahrhunderts, Bd. IV, Pawlow und die Folgen (S. 20–56)*. Zürich: Kindler.

Kutschera, F. v. (1975). *Sprachphilosophie*. München: Wilhelm Fink.

LaFrance, M., Hecht, M. A. (1995). Why smiles generate leniency. *Personality and Social Psychology Bulletin, 21*, 207–214.

Lange, F. A. (1974). *Geschichte des Materialismus und Kritik seiner Bedeutung in der Gegenwart. Zweites Buch. Geschichte des Materialismus seit Kant*. Frankfurt a. Main: Suhrkamp.

Lavazza, A. (2019). Why cognitive sciences do not prove that free will is an epiphenomenon. *Frontiers in Psychology, 10*, 326.

Lefrancois, G. R. (2015). *Psychologie des Lernens*. Berlin: Springer.

Lerner, M. J. & Miller, D. T. (1978). Just world research and the attribution process: Locking back and ahead. *Psychological Bulletin, 85*, 1030–1051.

Lewis, C. H. & Anderson, J. R. (1976). Interference with real world knowledge. *Cognitive Psychology, 8*, 311–335.

Libet, B. (1985). Unconscious cerebral initiative and the role of conscious will in voluntary action. *The Behavioral and Brain Sciences, 8*, 529–566.

Libet, B. (1999). Do we have free will? *Journal of Consciousness Studies, 6*, 47–55.

Libet, B. (2004a). *Mind time*. Cambridge, MA: Harvard University Press.

Libet, B. (2004b). Haben wir einen freien Willen? In C. Geyer (Hrsg.), *Hirnforschung und Willensfreiheit. Zur Deutung der neuesten Experimente (S. 268–289)*. Frankfurt a. Main: Suhrkamp.

Libet, B., Gleason, C. A., Wright, E. W. & Pearl, D. K. (1983). Time of conscious intention to act in relation to onset of cerebral activity (readiness-potential) the unconscious initiation of a freely voluntary act. *Brain, 106*, 623–642.

Lichtenstein, S., Slovic, P., Fischhoff, B., Layman, M. & Combs, B. (1978). Judged frequency of lethal events. *Journal of Experimental Psychology: Human Learning and Memory, 4*, 551.

Light, L. L. & Singh, A. (1987). Implicit and explicit memory in young and older adults. *Journal of Experimental Psychology: Learning, Memory, and Cognition, 13*, 531–541.

Linser, K. & Goschke, T. (2007). Unconscious modulation of the conscious experience of voluntary control. *Cognition, 104*, 459–475.

Loftus, E. F. (1975). Leading questions and the eyewitness report. *Cognitive Psychology, 7*, 560–572.

Loftus, E. F. (1998). Falsche Erinnerungen. Spektrum Magazin vom 1.1.98. Online-Information, verfügbar unter http://www.spektrum.de/magazin/falsche-erinnerungen/823559.

Loftus, E. F., Miller, D. G. & Burns, H. J. (1978). Semantic integration of verbal information into a visual memory. *Journal of Experimental Psychology: Human Learning and Memory, 4*, 19–31.

Loftus, E. F. & Palmer, J. C. (1974). Reconstruction of automobile destruction: An example of the interaction between language and memory. *Journal of Verbal Learning and Verbal Behavior, 13*, 585–589.

Lowe, E. J. (1993). Rationality, deduction and mental models. In K. I. Manktelow & D. E. Over (Eds.), *Rationality: Psychological and philosophical perspectives (pp. 211–259)*. London: Routledge.

Luchins, A. S. (1942). Mechanization in problem solving. *Psychological Monographs, 54*, Whole No. 248.

Luchins, A. S. & Luchins, E. H. (1950). New experimental attempts at preventing mechanization in problem solving. *Journal of General Psychology, 42*, 279–297.

MacCorquodale, K. (1970). On Chomsky's review of Skinner's verbal behavior. *Journal of the Experimental Analysis of Behavior, 13*, 83–89.

MacKenzie, M. J., Vohs, K. D. & Baumeister, R. F. (2014). You didn't have to do that: Belief in free will promotes gratitude. *Personality and Social Psychological Bulletin, 40*, 1423–1434.

Mackintosh, N. J. (1977). Kognitive Lerntheorien. In H. Zeier (Hrsg.), *Die Psychologie des 20. Jahrhunderts. Band IV: Pawlow und die Folgen. Von der klassischen Konditionierung bis zur Verhaltenstherapie (S. 161–188)*. Zürich: Kindler.

Maier, N. R. F. (1945). Reasoning in humans III: The mechanisms of equivalent stimuli and of reasoning. *Journal of Experimental Psychology, 35*, 349–360.

Markowitsch, H. J. (2004). Warum wir keinen freien Willen haben. Der sogenannte freie Wille aus Sicht der Hirnforschung. *Psychologische Rundschau, 55*, 163–168.

Markowitsch, H. J. (2007). „Neuronen sind nicht böse". Der Hinforscher Hans Markowitsch und der Sozialwissenschaftler Jan Reemtsma im Spiegelinterview über die Bedeutung des freien Willens für das Strafrecht, die Schuldfähigkeit von Kriminellen und den Einsatz der Neurowissenschaften vor Gericht. *Der Spiegel, 31*, 117–123.

Marks, D. & Kahmann, D. (1980). *The psychology of the psychic*. New York: Prometheus Books.

Mayer, R. E. (1979). *Denken und Problemlösen. Eine Einführung in menschliches Denken und Lernen*. Berlin: Springer.

Mazur, J. E. (1975). The matching law and quantifications related to Premack's principle. *Experimental Psychology: Animal Behavioral Processes, 1*, 374–386.

McAllister, W. R. (1953). Eyelid conditioning as a function of the CS-US interval. *Journal of Experimental Psychology, 45*, 417–422.

McCloskey, M. & Zaragoza, M. (1985). Misleading postevent information and memory for events: Arguments and evidence against memory impairment hypotheses. *Journal of Experimental Psychology: General*, 114, 1–16.

Medvec, V. H., Madey, S. F. & Gilovich, T. (1995). When less is more: Counterfactual thinking and satisfaction among Olympic medalists. *Journal of Personality and Social Psychology, 69*, 603–610.

Meehl, P. E. (1956). Wanted – a good cook book. *American Psychologist, 11*, 263–272.

Mele, A. R. (2008). Proximal intentions, intention-reports, and vetoing. *Philosophical Psychology, 21*, 1–14.

Mele, A. R. (2018). Free will, moral responsibility, and scientific epiphenomenalism. *Frontiers in Psychology, 9*, 2536.

Miles, J. B. (2013). ‚Irresponsible and a Disservice': The integrity of social psychology turns on the free will dilemma. *British Journal of Social Psychology, 52*, 205–218.

Miller, G. A., Galanter, E., Pribram, K. A. (1960). *Plans and the structure of behavior*. New York: Holt, Rhinehart & Winston.

Mishler, E. G. (1979). Meaning in context: Is there any other kind? *Harvard Educational Review, 49*, 1–19.

Morse, W. H. & Skinner, B. F. (1957). A second type of superstition in the pigeon. *American Journal of Psychology, 70*, 308–311.

Myers, D. (2008). *Psychologie.* Heidelberg: Springer.

Nagel, S. K. (2017). Hirnforschung und der freie Wille. In F. Erbguth & R. J. Jox (Hrsg.), *Angewandte Ethik in der Neuromedizin (S. 13–24).* Berlin: Springer.

Neisser, U. (1982). *Memory Observed: Remembering in natural contexts.* San Francisco: Freeman.

Neumaier, A. (1999). *Koordinatives Anforderungsprofil und Koordinationstraining: Grundlagen, Analyse, Methodik.* Köln: Sportverlag Strauß.

Newell, A., Shaw, J. C. & Simon, H. A. (1959). Report on a general problem-solving program. *Proceedings of the International Conference on Information Processing,* 256–264.

Nickerson, R. (1996). Ambiguities and unstated assumptions in probabilistic reasoning. *Psychological Bulletin, 120,* 410–433.

Nisbett, R. E. & Borgida, E. (1975). Attribution and the psychology of prediction. *Journal of Personality and Social Psychology, 32,* 932–943.

Noah, T., Schul, Y. & Mayo, R. (2018). When both the original study and its failed replication are correct: Feeling observed eliminates the facial-feedback effect. *Journal of Personality and Social Psychology, 114,* 657–664.

Oaksford, M. & Chater, N. (1994). A rational analysis of the selection task as optimal data selection. *Psychological Review, 101,* 608.

Österreichische Gesellschaft für Laboratoriumsmedizin und Klinische Chemie (2020). Labordiagnostik bei Coronavirus SARS-CoV-2. Online-Information, verfügbar unter https://www.oeglmkc.at/corona.html am 23.9.2020.

Ono, K. (1987). Superstitious behavior in humans. *Journal of the Experimental Analysis of Behavior, 47,* 261–271.

Pachur, T., Hertwig, R. & Steinmann, F. (2012). How do people judge risks: Availability heuristic, affect heuristic, or both? *Journal of Experimental Psychology: Applied, 18,* 314–330.

Paltiel, A. D., Zheng, A. & Walensky, R. P. (2020). Assessment of SARS-CoV-2 screening strategies to permit the safe reopening of College campuses in the United States. *Journal of the American Medical Association Network Open, 3,* e2016818.

Pashler, H., Rohrer, D., Cepeda, N. J. & Carpenter, S. K. (2007). Enhancing learning and retarding forgetting: Choices and consequences. *Psychonomic Bulletin & Review, 14,* 187–193.

Pauen, M. (2004). Freiheit: Eine ganz normale Fähigkeit. *Psychologische Rundschau, 55,* 229–232.

Pawlow, I. P. (1932). Experimentelle Neurosen. *Deutsche Zeitschrift für Nervenkunde, 124,* 137–139.

Pawlow, I. P. (1953). *Sämtliche Werke (Bd. I–VI).* Berlin: Akademie-Verlag.

Pfister, H.-R., Jungermann, H. & Fischer, K. (2016). *Die Psychologie der Entscheidung. Eine Einführung.* Berlin: Springer.

Piefke, M. & Fink, G. (2013). Gedächtnissysteme und Taxonomie von Gedächtnisstörungen. In T. Partsch & G. Falkai (Hrsg.), *Gedächtnisstörungen (S. 14–30).* Berlin: Springer.

Posner, M. I. & Snyder, C. R. R. (1975). Attention and cognitive control. In R. L. Solso (Ed.), *Information Processing and Cognition (pp. 55–85).* Hillsdale, NJ: Erlbaum.

Premack, D. (1959). Toward empirical behavior laws. I. Positive reinforcement. *Psychological Review, 66,* 219–233.

Premack, D. (1961). Predicting instrumental performance from the independent rate of the contingent response. *Journal of Experimental Psychology, 61,* 163–171.

Premack, D. (1971). Catching up with common sense or two sides of a generalization: Reinforcement and punishment. In R. Glaser (Ed.), *The nature of reinforcement*. New York: Academic Press.

Prinz, W. (1996). Freiheit oder Wissenschaft? In K. Foppa & M. v. Cranach (Hrsg.), *Freiheit des Entscheidens und Handelns – Ein Problem der nomologischen Psychologie (S. 86–103)*. Heidelberg: Asanger.

Prinz, W. (2004). Der Mensch ist nicht frei. Ein Gespräch. In C. Geyer (Hrsg.), *Hirnforschung und Willensfreiheit. Zur Deutung der neuesten Experimente (S. 20–26)*. Frankfurt a. Main: Suhrkamp.

Quinn, W. G. & Dudai, Y. (1976). Memory phases in Drosophila. *Nature, 262*, 576 f.

Rachlin, H. C. (1976). *Behavior and learning*. San Francisco: Freeman.

Radder, H. & Meynen, G. (2012). Does the brain „initiate" freely willed processes? A philosophy of science critique of Libet-type experiments and their interpretation. *Theory & Psychology, 23*, 3–21.

Razran, G. H. S. (1940). Conditioned response changes in rating and appraising sociopolitical slogans. *Psychological Bulletin, 37*, 481.

Rescorla, R. A. & Wagner, A. R. (1972). A theory of Pavlovian conditioning: Variations in the effectiveness of reinforcement and nonreinforcement. In A. H. Black & W. F. Prokasy (Eds.), *Classical Conditioning II: Current Theory and Research (pp. 64–99)*. New York: Appleton-Century-Crofts.

Rips, L. (1994). *The psychology of proof: Deductive reasoning in human thinking*. Cambridge, MA: MIT Press.

Roediger, H. L. (1980). Memory metaphors in cognitive psychology. *Memory & Cognition, 8*, 231–246.

Roediger H. L. & McDermott, K. B. (1995). Creating false memories: Remembering words not presented in lists. *Journal of Experimental Psychology: Learning, Memory, and Cognition, 21*, 803–814.

Rolf, T. (2016). Es kommt stets anders. Denken als positive Nichtigkeit. In M. Soboleva (Hrsg.), *Das Denken des Denkens. Ein philosophischer Überblick (S. 15–38)*. Bielefeld: transcript.

Ross, M. & Sicoly, F. (1979). Egocentric biases in availability and attribution. *Journal of Personality and Social Psychology, 37*, 322.

Roth, G. (2007). Worüber dürfen Hirnforscher reden – und in welcher Weise? In H.-P. Krüger (Hrsg.), *Hirn als Subjekt? Philosophische Grenzfragen der Neurobiologie. Deutsche Zeitschrift für Philosophie, Sonderband 15 (S. 27–38)*. Berlin: Akademie-Verlag.

Roth, K. & Winter, R. (1994). Entwicklung koordinativer Fähigkeiten. In J. Baur, K. Bös & R. Singer (Hrsg.), *Motorische Entwicklung. Ein Handbuch (S. 191–216)*. Schorndorf: Hofmann.

Sagan, C. (1989). Understanding growth rates: The secret of the Persian Chessboard. *Parade (February 14)*, 14.

Salancik, G. R. & Conway, M. (1975). Attitude inferences from salient and relevant cognitive content about behavior. *Journal of Personality and Social Psychology, 32*, 829.

Schedlowskim, M. & Tewes, U. (Hrsg.) (1996). *Psychoneuroimmunologie*. Heidelberg: Spektrum.

Scheibehenne, B. & Bröder, A. (2007). Predicting Wimbledon 2005 tennis results by mere player name recognition. *International Journal of Forecasting, 23*, 415–426.

Schlegel, A., Prescott, A., Sinnott-Armstrong, W. et al. (2013). Backing up the wrong fee: Readiness potentials reflect process independent of free will. *Experimental Brain Research, 229*, 329–335.

Schleim, S. (2011). Brains in context in the neurolaw debate: The examples of free will and „dangerous" brains. *International Journal of Law and Psychiatry, 35*, 104–111.

Schlenger, W. (2020). Medizinreport. PCR-Tests auf SARS-CoV-2. Ergebnisse richtig interpretieren. *Deutsches Ärzteblatt, 117,* A1194–1195.

Schneider, W. & Shiffrin, R. M. (1977). Controlled and automatic human information processing: I. Detection, search and attention. *Psychological Review, 84*, 1–66.

Schopenhauer, A. (1838/1978). *Preisschrift über die Freiheit des Willens*. Hamburg: Meiner.

Schueler, G. F. (2010). Handlungserklärungen: Ursachen und Zwecke. In C. Horn & G. Löhrer (Hrsg.), *Gründe und Zwecke (S. 246–263)*. Frankfurt a. Main: Suhrkamp.

Schultze-Kraft, M., Birman, D., Rusconi, M. Allefeld, C., Görgen, K., Dähne, S., Blankertz, B. & Haynes, J.-D. (2016). The point of no return in vetoing self-initiated movements. *Proceedings of the National Academy of Sciences, 113*, 1080–1085.

Schurger, A., Mylopoulos, M. & Rosenthal, D. (2016). Neural antecedents of spontaneous voluntary movement: A new perspective. *Trends in Cognitive Sciences, 20, 77–79.*

Schurger, A., Sitt, J. D. & Dehaene, S. (2012). An accumulator model for spontaneous neural activity prior to self-initiated movement. *Proceedings of the National Academy of Sciences, 109,* E2904–2913.

Schurger, A. & Uithol, S. (2015). Nowhere and everywhere: The causal origin of voluntary action. *Review of Philosophical Psychology, 6,* 761–778.

Schwarz, N., Bless, H., Strack, F., Klumpp, G., Rittenauer-Schatka, H. & Simons, A. (1991). Ease of retrieval as information: Another look at the availability heuristic. *Journal of Personality and Social Psychology, 61*, 195.

Schwarz, N. & Clore, G. L. (1983). Mood, misattribution, and judgments of well-being: Informative and directive functions of affective states. *Journal of Personality and Social Psychology, 45*, 513–523.

Seligman, M. E. P. (1970). On the generality of the laws of learning. *Psychological Review, 77*, 406–418.

Shariff, A. F., Green, J. D., Karremans, J. C., Luguri, J. B., Clark, C. J., Scholer, J. W., Baumeister, R. F. & Vohs, K. D. (2014). Free will and punishment: A mechanistic view of human nature reduces retribution. *Psychological Science, 25*, 1563–1570.

Shiffrin, R. M. & Schneider, W. (1977). Controlled and automated human information processing: II. Perceptual learning, automated attending and a general theory. *Psychological Review, 84*, 127–190.

Siegel, S., Hearst, E., George, N. & O'Neal, E. (1968). Generalization gradients obtained from individual subjects following classical conditioning. *Journal of Experimental Psychology, 78*, 171–174.

Simon, H. A. (1956). Rational choice and the structure of environments. *Psychological Review, 63*, 129–138.

Simon, H. A. (1990). Invariants of human-behavior. *Annual Review of Psychology, 41*, 1–19.

Singer, W. (2003). *Ein neues Menschenbild? – Gespräche über Hirnforschung*. Frankfurt a. Main: Suhrkamp.

Singer, W. (2004). Verschaltungen legen uns fest. Wir sollten aufhören, von Freiheit zu sprechen. In C. Geyer (Hrsg.), *Hirnforschung und Willensfreiheit. Zur Deutung der neuesten Experimente (S. 30–65).* Frankfurt a. Main: Suhrkamp.

Skinner, B. F. (1948). „Superstition" in the pigeon. *Journal of Experimental Psychology, 38*, 168–172.

Skinner, B. F. (1953). *Science and human behavior*. New York: Macmillan.

Skinner, B. F. (1957). *Verbal behavior*. New Jersey: Prentice Hall.

Skinner, B. F (1972a). On „having" a poem. *The Saturday Review, 15 July 1972.*

Skinner, B. F. (1972b). *Beyond freedom and dignity*. London: Jonathan Cape.

Skinner, B. F. (1972c). *Futurum Zwei: ‚Walden Two'. Die Vision einer aggressionsfreien Gesellschaft.* Reinbek bei Hamburg: Rowohlt.

Skinner, B. F. (1973). *Wissenschaft und menschliches Verhalten*. München: Kindler.

Slaby, J. & Choudhury, S. (2018). Proposal for a critical neuroscience. In M. Meloni, J. Cromby, D. Fitzgerald & S. Lloyd (eds.), *The Palgrave Handbook of Biology and Society (pp. 341–370).* Basingstoke: Palgrave MacMillan.

Sloman, S. A. (2002). Two systems of reasoning. In T. Gilovich, D. Griffin & D. Kahneman (Eds.), *Heuristics and biases (pp. 379–396).* New York: Cambridge University Press.

Slovic, P., Finucane, M., Peters, E., MacGregor, D. G. (2007). The affect heuristic. *European Journal of Operational Research, 177*, 1333–1352.

Slovic, P., Kunreuther, H. & White, G. F. (1974). Decision processes, rationality, and judgment of natural hazards. In G. F. White (Ed.), *Natural hazards, local, national and global (pp. 187–205).* London: Oxford University Press.

Smedslund, J. (1970). On the circular relation between logic and understanding. *Scandinavian Journal of Psychology, 11*, 217–219.

Smedslund, J. (1990). A critique of Kahnemans distinction between fallacy and misunderstanding. *Scandinavian Journal of Psychology, 31*, 110–120.

Smith, J. C. & Roll, D. L. (1967). Trace conditioning with X-rays as an aversive stimulus. *Psychonomic Science, 9*, 11–12.

Soon, C. S., Brass, M., Heinze, H. J. & Haynes, J. D. (2008). Unconscious determinants of free decisions in the human brain. *Nature Neuroscience, 11*, 543–545.

Spence, S. A. (1996). Free will in the light of neuropsychiatry. *Philosophy, Psychiatry, & Psychology, 3*, 75–90.

Spencer-Brown, G. (1957/1996). *Wahrscheinlichkeit und Wissenschaft*. Heidelberg: Carl-Auer-Systeme.

Sperling, G. (1960). The information available in brief visual presentations. *Psychological Monographs: General and Applied, 74*, 1.

Staats, A. W. & Staats, C. K. (1958). Attitudes established by classical conditioning. *The Journal of Abnormal and Social Psychology, 57*, 37–40.

Stanovich, K. E. & West, R. (2000). Individual differences in reasoning: Implications for the rationality debate? *Behavioral and Brain Sciences*, 23, 645–726.

Stein, E. (1996). *Without good reason: The rationality debate in philosophy and cognitive science.* Oxford: Clarendon Press.

Steiner, I. D. (1970). Perceived freedom. In L. Berkowitz (Ed.), *Advances in experimental social psychology (Bd. 5, pp. 267–299)*. New York: Academic Press.

Stenning, K. (2002). *Seeing reason: Language and image in learning to think*. Oxford: Oxford University Press.

Stich, S. P. (1985). Could man be an irrational animal? Some notes on the epistemology of rationality. *Synthese, 64*, 115–135.

Stich, S. P. & Nisbett, R. E. (1980). Justification and the psychology of human reasoning. *Philosophy of Science, 47*, 188–202.

Stillman, T. F., Baumeister, R. F., Vohs, K. D., Lambert, N. M., Fincham, F. D. & Brewer, L. E. (2010). Personal philosophy and personnel achievement: Belief in free will predicts better job performance. *Social Psychological and Personality Science, 1*, 43–50.

Strack, F. (2016). Reflection on the Smiling Registered Replication Report. *Perspectives on Psychological Science, 11*, 929–930.

Strack, F., Martin, L. L. & Stepper, S. (1988). Inhibiting and facilitating conditions of the human smile: A nonobtrusive test of the facial feedback hypothesis. *Journal of Personality and Social Psychology, 54*, 768–777.

Strack, F. & Neumann, R. (2000). Furrowing the brow may undermine perceived fame: The role of facial feedback in judgments of celebrity. *Personality and Social Psychology Bulletin, 26*, 762–768.

Surkova, E., Nikolayevskyy, V. & Drobniewski, F. (2020, in print). False-positive COVID-19 results: Hidden problems and costs. *The Lancet Respiratory Medicine, Comment*, https://doi.org/10.1016/S2213-2600(20)30453-7.

Takahashi, M. et al. (2006). One percent ability and ninety-nine percent perspiration: A study of a Japanese memorist. *Journal of Experimental Psychology: Learning, Memory and Cognition, 32*, 1195–1200.

Teipel, D. (1988). Altersbezogene Veränderungen koordinativer Fähigkeiten. In H. Baumann (Hrsg.), *Älter werden – fit bleiben (S. 111–123)*. Ahrensburg: Czwalina.

Tetens, H. (2004). Willensfreiheit als erlernte Selbstkommentierung. Sieben philosophische Thesen. *Psychologische Rundschau, 55*, 178–185.

Thomas, E. L. & Robinson, H. A. (1972). *Improving reading in every class: A source-book for teachers*. Boston, MA: Allyn and Bacon.

Tolman, E. C. (1932). *Purposive behavior in animals and men*. University of Michigan: Appleton-Century-Crofts.

Trevena, J. & Miller, J. (2010). Brain preparation before a voluntary action: Evidence against unconscious movement initiation. *Consciousness and Cognition, 19*, 447–456.

Turnbull, W. (1981). Naive conceptions of free will and the deterministic paradox. *Canadian Journal of Behavioural Science, 13*, 1–13.

Tversky, A. & Kahneman, D. (1973). Availability: A heuristic for judging frequency and probability. *Cognitive Psychology, 5*, 207–232.

Tversky, A. & Kahneman, D. (1974). Judgments under uncertainty: Heuristics and biases. *Science, 185*, 1124–1131.

Tversky, A. & Kahneman, D. (1980). Causal schemas in judgments under uncertainty. In M. Fishbein (Ed.), *Progress in social psychology (Vol. 1, pp. 49–72)*. Hilsdale, NJ: Lawrence Erlbaum Associates.

Tversky, A. & Kahneman, D. (1983). Extensional versus intuitive reasoning: The conjunction fallacy in probability judgment. *Psychological Review, 90*, 293.

Uithol, S. & Schurger, A. (2016). Reckoning the moment of reckoning in spontaneous voluntary movement. *Proceedings of the National Academy of Sciences, 113*, 817–819.

Verbaarschot, C., Farquhar, J. & Haselager, P. (2015). Lost in time ...: The search for intentions and readiness potentials. *Consciousness and Cognition, 33*, 300–315.

Vogt, K. (1847/1971). Physiologische Briefe für Gebildete aller Stände. In D. Wittich (Ed.), Schriften zum kleinbürgerlichen Materialismus in Deutschland. Berlin: Akademie.

Vohs, K. D. & Schooler, J. W. (2008). The value of believing in free will: Encouraging belief in determinism increases cheating. *Psychological Science, 19*, 49–54.

Von Mises, R. (1957). *Probability, statistics and truth*. New York: MacMillan.

Vyse, S. A. (1991). Behavioral variability and rule-generation: General, restricted, and superstitious contingency statements. *The Psychological Record, 41*, 487–506.

Vyse, S. A. (1997). *Believing in magic: The psychology of superstition*. New York: Oxford University Press.

Wachter, D. (2012). Kein Gehirnereignis kann ein späteres festlegen. *Zeitschrift für philosophische Forschung, 66*, 393–408.

Wade, K. A., Garry, M., Read, J. D., Lindsay, D. S. (2002). A picture is worth a thousand lies: Using false photographs to create false childhood memories. *Psychonomic Bulletin & Review, 9*, 507–603.

Wagenmakers, E. J., Beek, T., Dijkhoff, L. & Gronau, Q. F. (2016). Registered Replication Report: Strack, Martin & Stepper (1988). *Perspectives on Psychological Science, 11*, 917–928.

Wagner, G. A. & Morris, E. K. (1987). „Superstitious" behaviour in children. *The Psychological Record, 37*, 471–488.

Walde, B. (2006). *Willensfreiheit und Hirnforschung. Das Freiheitsmodell des epistemischen Libertarismus*. Paderborn: Mentis.

Walter, H. (2004). Willensfreiheit, Verantwortlichkeit und Neurowissenschaft. *Psychologische Rundschau, 55*, 169–177.

Wang, W. et al. (2020). Detection of SARS-CoV-2 in different types of clinical specimens. *JAMA, 323*, 1843–1844, doi: 10.1001/jama.2020.3786.

Wänke, M., Bohner, G. & Jurkowitsch, A. (1997). There are many reasons to drive a BMW: Does imagined ease of argument generation influence attitudes? *Journal of Consumer Research, 24*, 170–177.

Wason, P. C. (1960). On the failure to eliminate hypotheses in a conceptual task. *Quarterly Journal of Experimental Psychology, 12*, 129–140.

Watson, J. B. (1913). Psychology as the behaviorist views it. *Psychological Review, 20*, 158–177.

Watson, J. B. (1985, im Original 1928/29). Das Utopia des Behavioristen. *Gruppendynamik, 16*, 119–129.

Watson, J. B. & Rayner, R. (1920). Conditioned emotional reaction. *Journal of Experimental Psychology, 3*, 1–14.

Watson, J., Whiting, P. F. & Brush, J. E. (2020). Practice pointer: Interpreting a Covid-19 test result. *British Medical Journal, 369,* m1808.

Wegner, D. M. (1994). Ironic processes of mental control. *Psychological Review, 101*, 34–52.

Wegner, D. M. (2002). *The illusion of conscious will.* Cambridge, Massachusetts: MIT.

Wegner, D. M. (2003). The mind's best tricks: How we experience conscious will. *Trends in Cognitive Sciences, 7*, 65–69.

Wegner, D. M., Schneider, D. J., Carter, S. R. & White, L. (1987). Paradoxical effects of thought suppression. *Journal of Personality and Social Psychology, 58*, 409–418.

Wegner, D. M. & Wheatley, T. (1999). Apparent mental causation. *American Psychologist, 54*, 480–492.

Wickens, D. (1973). Some characteristics of word encoding. *Memory & Cognition, 1*, 485–490.

Wittgenstein, L. (1982). *Philosophische Untersuchungen*. Frankfurt a. Main: Suhrkamp.

Zhang, Z.-L., Hou, Y., Li, D.-T. & Li, F.-Z. (2020). Diagnostic efficacy of anti-SARS-CoV-2 lgG/lgM test for Covid-19: A meta-analysis. *Journal of Medical Virology, Early View,* https://doi.org/10.1002/jmv.26211.

Zimbardo, P. G. (1983). *Psychologie* (unter Mitarbeit von F. L. Ruch, dt. Ausgabe herausgegeben von W. F. Angermeier, J. C. Brengelmann & Th. J. Thiekötter). Berlin: Springer.

Zimbardo, P. G. & Gerrig, R. J. (2004). *Psychologie* (dt. Bearbeitung von Ralf Graf). Hallbergmoos: Pearson.

Zimbardo, P. G. & Gerrig, R. J. (2008). *Psychologie* (18. Auflage). Hallbergmoos: Pearson.

Abbildungsverzeichnis

Wir haben uns bemüht, alle Rechteinhaber ausfindig zu machen. Nicht immer war das möglich. Bei berechtigten Rechtsansprüchen bitten wir, den Verlag zu kontaktieren. Sind bei Abbildungen keine Quellen genannt, stammen sie vom Autor.

Stichwortverzeichnis